U0585999

本书的出版受到中国清洁发展机制基金资助（编号：2014037）

气 候 变 化 与
能 源 经 济 研 究 丛 书

偏向型技术进步对
中国工业碳强度的影响研究

PIANXIANGXING JISHU JINBU DUI
ZHONGGUO GONGYE TANQIANGDU DE YINGXIANG YANJIU

王班班 ◎ 著

人民出版社

气候变化与能源经济研究丛书
编 委 会

主　编：齐绍洲　吴力波　张继宏

编　委：(以姓氏笔画为序)

王班班　齐绍洲　吴力波　张继宏

李　锴　李长河　汤维祺　徐　红

程　思　谭秀杰

总　　序

　　全球气候变暖对全人类构成严峻挑战,而且应对气候变化的行动越迟缓社会成本就越大。因此,当前各国必须密切合作,减缓和适应气候变化,并探索低碳经济发展的新模式。为此,国际社会历经20余载的反复磋商,先后达成《联合国气候变化框架公约》和《京都议定书》,并于2015年12月在《联合国气候变化框架公约》第21次缔约方大会上达成《巴黎协定》。《巴黎协定》是历史上首个关于气候变化的全球性协定,为2020年后全球应对气候变化的目标和行动作出了安排。

　　气候变化与大气污染同根同源,其治理也具有协同效应。当前,中国正面临日益严重的环境污染,大面积持续雾霾天气的治理刻不容缓,以环境为代价的粗放型发展模式已难以为继。中国自"十二五"以来就将能源强度和碳强度作为约束性目标写入五年规划,并层层分解至各省、直辖市、自治区乃至行业和企业,党的十八大更是明确提出要发展绿色低碳经济、实现发展模式根本转变;我国向联合国提交的自主减排贡献(NDRC)承诺在2030年碳排放达到峰值。与此同时,中国在应对气候变化的国际气候治理中逐渐开始扮演领导者的角色,为推动达成《巴黎协议》作出了建设性的贡献。因此,无论是中国国内自身日益迫切的需要,还是在全球气候治理中发挥领导作用,树立负责任大国形象,我国都需要加强应对气候变化和大气污染治理,通过绿色低碳转型,实现可持续发展。

　　应对气候变化首要是改变当前的高碳能源体系,并推动经济社会发展方式的变革。自工业革命以来,人类活动所需要的能源主要来自化石能源消费,化石能源无节制的消费产生的碳排放,是引起全球气候问题的根源,还造成了环境污染严重、资源约束趋紧、生态系统退化的后果。因此,变革能源体系尤为关键。这一方面需要节能减排和提高能源效率,另一方面则要大力发展新能源和可再生能源,从而推动能源结构的低碳化。能源体系的变革,涉及到能源生产、能源消费、能源技术和能源管理体制的变革以及能源国际合作。在能源体系低碳化的基础上,经济社会发展方式的变革是更根本、更彻底、更长远的任务,这将推动人类社会从工业文明过渡到生态文明。中国迫切需要改变经济社会发展方式,全面协调经济发展、社会发展和资源节约、环境保护之间的关系,实现节能减排和经济社会持续发展的双赢。

应对气候变化需要能源体系和发展方式的深刻变革,也需要增强社会公众的低碳意识与行为,这给经济学提出了新的研究任务和方向:其一,能源体系变革的路径及影响,包括节能减排及能效提升、新能源技术创新和产业化、行政措施和市场化手段等方面的研究。其二,低碳经济及其发展模式,包括碳效率及其影响因素、碳脱钩相关理论和机制、减排路径及创新激励机制等方面的研究。其三,应对气候变化的相关国际制度,包括国家间减排责任的分担、气候政策与国际经济的合作以及全球气候治理等方面的研究。其四,政府在引领整个社会向低碳社会发展过程中,要发挥主导作用,通过有效传播,提高公众对气候变化问题的认知,增进公众对低碳社会和低碳理念的认同感,优化公众行为,自觉采取节能减排行动。发达国家已对这些问题进行了大量的研究,初步形成了相关的理论体系和研究方法,对发达国家经济社会的低碳转型产生了重要影响,并为气候谈判和相关国际合作提供了理论支撑。相比发达国家,中国在积极应对气候变化的同时还肩负着工业化、城镇化、绿色化等经济社会发展的重任,因而更加迫切需要对中国的气候变化和能源经济问题进行深入研究。

基于上述考虑,我们组织编写了这套"气候变化与能源经济研究丛书",包括《FDI对中国工业能源效率的影响研究》《不确定性条件下油价宏观经济影响的动态一般均衡模拟研究》《偏向型技术进步对中国工业碳强度的影响研究》《碳减排路径与绿色创新激励机制》《气候壁垒对人民币实际有效汇率的影响》

《全球主要碳市场制度研究》《气候政策与国际贸易：经济、法律、制度视角》和
《政府低碳理念传播的理论与实践》。上述研究立足于绿色低碳经济发展与低
碳社会建构，关注国际气候谈判趋势，瞄准能源经济研究领域的前沿，主要是一
批青年博士最新的研究成果，体现出青年学者对环境、气候变化和低碳经济转型
的关注、思考和探索，希望能为全球应对气候变化和我国低碳经济转型与可持续
发展作出自己的贡献。

齐绍洲　吴力波　张继宏

2017 年 2 月

前　　言

从哥本哈根气候大会到《巴黎协定》,中国在应对气候变化的国际合作中逐渐开始扮演领导者的角色。中国承诺到 2020 年单位 GDP 二氧化碳排放量(碳强度)比 2005 年下降 40%—45%,到 2030 年碳强度下降 60%—65%,同时实现碳排放量达峰。这既是中国作为负责任的大国在应对气候变化国际合作中所采取的强有力的行动,也与治理雾霾、改善环境的国内需求相适应。为此,自"十二五"以来中国将碳强度目标写入五年规划,并将目标层层分解至各省、直辖市、自治区乃至行业和企业。与此同时,市场化的减排政策工具也被提到了重要的位置。2013—2014 年间,中国在北京、天津、上海、深圳、重庆、广东、湖北启动了"五市两省"的碳交易试点,尝试通过市场手段对企业等主体的二氧化碳排放权制定价格,从而使其为碳排放所带来的社会损失支付成本,并通过交易机制实现社会减排成本的最小化。

在中国降低碳强度目标的实现路径和政策选择中,有两点因素需要着重考虑。第一,对于政策实施对象来说,工业是中国二氧化碳排放大户,也是中国实现节能减排目标的关键部门。第二,政策效果的关键在于有效促进节能减排的技术进步和经济发展方式的低碳转型,这不仅有助于实现中长期减排,更有助于经济增长和节能减排的双赢。

中国工业能源消耗碳排放规模依然呈现增长趋势,并集中在排放量 1 亿吨以上的高排放行业,其碳强度和能源消耗份额也明显高于中、低排放行业。同时,在不同来源的技术进步中,除 R&D 之外,FDI 的水平溢出和前向溢出、贸易的技术溢出均值在中、低碳强度和能源消耗份额分组都明显高于高碳强度分组。

这体现了技术进步改变要素使用比例的偏向型技术进步特征。然而在现有相关研究中,较少研究关注技术进步降低碳强度的微观机制。工业碳排放主要来源于能源消耗,而能源首先是一种生产投入要素,技术进步降低工业碳强度的作用机制也与技术进步对能源这一生产要素的使用偏向有关。偏向型技术进步指的是技术进步通过不同比例地改变要素之间的相对边际生产率,从而对要素产生不同程度的节约作用。因此,厘清技术进步对中国工业碳强度的作用机制,考察中国工业偏向型技术进步对碳强度的影响对于提高中国碳生产率、降低碳强度具有重要意义。

为此,本书分别就中国工业技术进步的偏向判断、偏向型技术进步对碳强度的影响估计、偏向型技术进步的不同来源、促进节能减排偏向型技术进步的政策评估和选择几个方面,对如下问题展开了研究:

第一,判别了中国工业技术进步的要素偏向。在包含能源要素投入的框架下,采用 DEA 方法测算了中国工业 36 个行业 1999—2011 年的偏向型技术进步 IBTECH 指数。结果显示,偏向型技术进步在大多数行业均能带来生产率的增进;中国工业技术进步在能源和资本之间偏向节约能源,在能源和劳动力之间偏向节约劳动力,在能源和中间品之间偏向节约能源。节约能源的技术进步随着时间得到了增强。

第二,计算了偏向型技术进步对中国工业碳强度下降的贡献程度和影响效应。对 1999—2011 年期间中国工业碳强度的变化进行 DEA 分解,发现偏向型技术进步每年贡献的碳强度下降为 2% 左右,且贡献程度 2008 年以后存在明显提高,已超过中性技术进步,成为促使碳强度下降的重要驱动因素。在控制内生性的基础上,采用处理效应模型和动态面板模型对偏向型技术进步影响中国工业碳强度的净效应进行了测算。结果发现,如果技术进步在能源和资本、劳动力、中间品之间节约能源,则可以分别促使碳强度下降 2.05%、2.01% 和 4.56%。如果偏向型技术进步的总效应可以提高生产率,那么它有助于促进碳强度降低:偏向型技术进步指数 IBTECH 每上升 1%,碳强度将下降 0.107%。

第三,甄别中国工业技术进步的来源,计算出不同来源技术进步的偏向及其对碳强度的影响。通过构建一个包含中性技术进步和偏向型技术进步的超越对数成本函数模型,利用中国 36 个工业行业 1999—2011 年的数据进行 SUR 回归,结果发现:R&D、FDI 的水平溢出是能源节约型的,进口、出口、FDI 前向溢出和后向溢出是能源使用型的。偏向型技术进步对碳强度的影响非常明显:如果一种技术进步表现出较强的能源节约型特征,那么它可以降低碳强度。R&D、FDI 的水平溢出和前向溢出可以显著降低碳强度,而出口、进口、FDI 的后向溢出将导致碳强度的上升。

第四,对比研究了市场型和命令型政策工具对中国工业节能减排偏向型技术进步的诱发效果。利用中国工业能源价格指数、节能减排专利和政策执行措施数据,采用双重差分、动态和静态面板数据模型进行实证分析,结果发现:其一,市场型和命令型政策工具均有助于诱发节能减排技术创新,但其诱发效应各有特点:市场型工具存在外溢性,除了有助于节能减排技术创新之外,还有助于其他类别技术创新的共同增长,为企业提供更灵活的选择;命令型工具则对创新含量更高的发明专利有更强的诱发效应,并且有赖于政策的有效执行。其二,市场型工具在电煤价格长期受到政策干预的电力行业作用受限,而命令型工具在国有化程度高的行业效果更强。其三,两种政策工具的效果存在行业异质性:对电力、石化等国有化程度高的上游行业命令型工具更为有效,而对钢铁、有色金属等产能过剩行业市场型工具效果更明显。

第五,针对日趋重要的市场型"碳定价"政策,考察了其能源价格加价效应对节约能源技术进步的诱发机制及其对中国工业碳强度的影响。分别建立 IV-Probit 模型和动态面板模型进行回归,发现中国工业行业技术进步的方向存在明显的价格诱发效应,能源相对价格的提高有助于诱发节约能源的技术进步。在资本、劳动力和中间品价格保持不变的情况下,能源价格每提高 1%,将通过诱发节约能源技术进步促使碳强度下降 0.461%。由于工业二氧化碳排放绝大部分来自于能源消费,碳价格在工业行业可以通过诱发节约能源技术进步来促使碳强度下降。碳价格每提高 1 元/吨时,可以通过诱发节约能源技术进步使工业碳强度降低 0.055%。

最后,在实证研究结果的基础之上,为充分引导技术进步节约能源的偏向,并促进其对碳强度降低的积极贡献,笔者提出了有关节能减排、科技、贸易和外资方面的相关政策建议,如合理搭配市场型和命令型的减排政策工具,区别引导不同来源技术进步节约能源的偏向,促进高排放行业的减排技术研发、引进和吸收的相关政策等。

合理设计政策组合从而促进中国节能减排技术创新,达成减排目标并最终实现中国经济的低碳转型,这有赖于多学科的研究成果为政策选择提供参考。本书从技术进步改变要素使用这一微观机制着手,研究技术进步对碳强度的影响效应,甄别技术进步的来源,并评估和对比不同减排政策对中国工业节能减排偏向型技术进步的诱发效果,以期在已有文献的基础上有所贡献,并为政策制定提供实证支撑和定量依据。尽管作者力求完善,但书中难免存在疏漏和不足,望读者批评指正。

王班班

2016 年 6 月于武汉

目　　录

导　　论

　　从《京都议定书》到《巴黎协定》，中国作为负责任的大国，已在国际气候治理中扮演着日益重要的角色。尽管如此，中国的经济发展阶段决定着在一定时期以内，其温室气体排放将依然呈现增长态势。为了实现经济发展和节能减排的双赢，提高碳生产率，降低碳强度（单位 GDP 二氧化碳排放量）是中国减排政策的重点。

　　工业部门的减排对中国具有重要的意义。然而进入"十三五"以后，一些工业行业面临着去产能、调结构等多重压力，减排工作的经济环境日趋复杂。以行政命令和牺牲经济为代价的减排不可持续。在这一背景下，技术进步成为降低碳强度的重要长效机制。因此，有必要就技术进步对工业碳强度的影响机理进行深入分析。由于工业碳排放主要来自于化石能源消耗，因此可以将能源视为一种生产投入要素，以偏向型技术进步为理论出发点展开研究。本书将在此理论框架下，采用中国工业行业数据，实证研究偏向型技术进步对降低工业碳强度的贡献程度和影响效应，并对节能减排偏向型技术进步的不同来源和诱发政策展开评估。

一、研究的背景和意义

　　应对气候变化已经成为全球共同关注的重要议题之一。国际间第一次达成大规模的气候合作协议始于 1998 年签署的《京都议定书》。在其中，主要发达国家制定了到 2020 年的温室气体减排计划，并通过碳税、碳市场等手段促进减排。2015年12月的巴黎气候大会见证了应对气候变化领域的又一个国际合作里程碑——近两百个缔约方在大会上一致同意通过《巴黎协定》。从《京都议定书》到《巴黎协定》,中国在全球气候治理中也开始扮演领导者角色,于2014年到2015年间连续发布了《中美气候变化联合声明》《中法气候变化联合声明》《中欧气候变化联合声明》,积极推动《巴黎协定》的签署。尽管如此,中国的经济发展阶段和碳排放特征仍然有别于发达国家。在未来一段时期,中国经济还将处于中速到中高速增长区间。与此同时,经济发展中的区域不平衡问题依然存在。因此,短期内中国还难以在保证经济增长的同时实现绝对量的碳减排,碳排放将保持增长态势,从而争取进一步的经济发展空间。尽管如此,提高碳生产率,降低碳强度是中国提高经济发展质量,实现低碳发展的必然要求。

中国在2009年11月的哥本哈根气候大会前夕第一次提出碳减排强度目标,即到2020年,中国单位GDP二氧化碳排放量将比2005年下降40%—45%。在随后的"十二五"规划中,中国落实国际承诺,明确提出了"十二五"期间碳强度下降17%,能源强度下降16%的国内目标。不仅如此,2011年12月1日国务院印发《"十二五"控制温室气体排放工作方案》(国发〔2011〕41号),将碳强度下降目标分解至全国31个省、直辖市、自治区。重点行业也相应提出各自的减排目标。及至2015年巴黎气候大会前夕,中国相继在《中美元首气候变化联合声明》和向联合国提交的自主减排贡献(INDC)中进一步提出了2030年减排路线,即到2030年单位GDP碳排放在2005年的基础上下降60%—65%,并在2030年左右实现碳排放量达峰,在有条件的地区提前达峰。因此,2030年以前强度目标依然是中国应对气候变化的主要约束目标,并覆盖至区域、行业甚至企业。

工业既是中国经济增长的重要贡献者,也是中国最主要的碳排放部门,其碳排放常年占到中国全社会总排放的百分之七十以上。因此,工业部门历来是中国节能减排工作的重点。与此同时,工业碳强度近十年来也呈现出递减态势,并且减少的幅度要大于全社会碳强度。降低工业行业的碳强度是中国实现碳强度下降目标的关键。特别是进入"十三五"以后,部分工业行业产能过剩严重,结构性矛盾突出,节能减排和去产能、调结构、促增长交织。这一方面使减排工作面临更加复杂的经济环境,另一方面,减排目标又和工业部门的产能优化、结构调整等需求高度融合。

在这一背景下,技术进步成为降低碳强度,实现工业减排和发展双赢的重要途径和长效机制。技术进步有助于提高要素使用效率,从而在保证经济增长的前提下减缓温室气体排放,这在研究中有时也被称为"脱钩"现象。此外,有效促进节能减排技术进步,还可以带来工业生产方式的绿色升级,并形成经济低碳发展的新驱动力。现有研究大都表明,碳强度变化的绝大部分都由技术效应引起。李国志等(2010)、申萌等(2012)也发现技术进步能够减缓碳排放增长,暗含技术进步对碳强度的降低存在促进作用。[①]

技术进步对中国工业碳强度影响的传统研究一般关注技术进步对碳排放或碳强度影响的方向和程度,而在作用机制,尤其是微观机制方面鲜有探讨。偏向型技术进步可以为此提供一个理论的视角。由于工业碳排放主要来源于能源消耗,因此,技术进步降低工业碳强度的作用机制也与技术进步对能源这一生产要素的使用偏向有关。并不是所有的技术进步都具有积极的环境能源效应。希克斯(Hicks,1932)指出,技术进步既可以是中性的,即同比例改变生产要素的边际产出,也可以是有偏的,即不同比例地改变要素的边际产出。[②] 卡米恩和施瓦茨(Kamien & Schwartz,1968)进一步认为,技术进步是企业在不同的要素价格比和要素比的技术组合之间的选择。因此,技术进步将改变生产投入要素之间的整合方式,对不同的要素具有不同的效应,可以称之为"偏向型技术进步"(Biased Technological Progress)。[③] 中国工业碳排放与能源消耗有着密切的关系,而能源首先是一种生产投入要素。这样,研究中国技术进步的要素偏向(the Factor-bias/Direction of Technological Progress,或简称技术进步的偏向/方向)对工业碳强度的影响至关重要。

---

　①　李国志、李宗植:《人口、经济和技术对二氧化碳排放的影响分析——基于动态面板模型》,《人口研究》2010 年第 5 期,第 32—39 页;申萌、李凯杰、曲如晓:《技术进步、经济增长与二氧化碳排放:理论和经验研究》,《世界经济》2012 年第 7 期,第 83—100 页。

　②　Hicks, J., *The Theory of Wages*, McMillian, 1932.

　③　Kamien, M.I.and N.L.Schwartz, "Optimal 'Induced' Technical Change", *Econometrica*, Vol.36, No.1 (1968), pp.1-17.

围绕偏向型技术进步的碳强度效应,本书将对四个层面的问题展开研究。第一个问题是中国工业技术进步的偏向是否是节能的。由于工业二氧化碳的排放主要来源于化石能源消耗,偏向型技术进步的节能效应与工业碳减排之间存在直接的关联。那么,在经历了"十一五"能源强度约束目标、"十二五"能源强度和碳强度双控目标之后,中国工业行业的技术进步是否呈现出节约能源的偏向? 技术进步偏向又存在哪些行业特征和演进趋势? 这是本书关注的第一个问题。

第二个问题是偏向型技术进步对工业碳强度存在何种影响效应。理论研究表明,技术进步偏向对要素的节约程度还与要素间的替代/互补关系有关。因此,偏向型技术进步是否可以促使碳强度下降还需要进一步检验。此外,在影响碳强度的主要因素中,偏向型技术进步和中性技术进步、要素替代、效率改善等传统研究关注的影响因素相比贡献程度是否更大,也是本书关注的第二个问题。

在此基础之上,为了更好地促进偏向型技术进步的减排效应,本书将对其不同来源和促进政策展开研究。第三个问题聚焦于偏向型技术进步的不同来源。一般认为,研究与开发、外商投资、进出口贸易等都是技术进步的主要来源,但这些来源的技术进步的碳强度效应不尽相同。本书将从其产生的技术进步偏向差异进行解释。

第四个问题则从政策制定的角度出发,关注促进偏向型技术进步的政策工具。环境经济领域将减排政策工具分为两大类,一是以市场导向为特征的定价政策,二是以政府管制为特征的管控政策。那么,这两类政策对节能减排偏向型的技术进步是否具有明显的诱发效应? 对中国工业行业来说,两种类型的工具各具有何种特征,是否能产生积极的减排效果? 本书将对上述问题一一进行评估,这对中国工业行业节能减排政策工具的选择具有重要的启示。

综上,本书将考察中国工业的偏向型技术进步,特别是节能偏向技术进步对降低碳强度的贡献。在此基础之上,研究哪些因素和政策可以诱发节约能源的技术进步,并厘清中国工业技术进步的不同来源及对碳强度的影响。上述研究对于中国节能减排政策以及科技、贸易和外资政策的环境能源效应均能提供一定的定量参考,这对中国实现降低碳强度目标具有重要意义。

二、现有研究的主要观点

现有关于碳强度影响因素的文献已经表明,技术进步是降低碳强度的重要因素。同时,也有不少文献专门考察了各类技术进步对中国碳强度的影响效果。然而,由于工业碳排放与能源投入要素有密切的关系,技术进步对工业碳强度的影响是通过改变能源和其他要素使用比例,即偏向型技术进步来实现的,这一过程又与要素之间的替代或互补有关。因此,本小节将从碳强度的影响因素、技术进步对碳强度的影响、偏向型技术进步、能源与其他要素的替代弹性四个方面进行文献回顾并进行简要评述。

(一)碳排放和碳强度的影响因素

碳排放和碳强度的影响因素研究大多基于分解法,可分为结构分解法(SDA)、指数分解法(IDA)和基于数据包络法(DEA)的分解法三种。[①]

对中国碳强度的分解法研究大多发现部门能源强度的下降(即技术效应)是碳强度下降的主要驱动力,产业结构、能源结构等因素的影响相对较小。Fan等(2007)对中国 1980—2003 年碳强度的变化进行了分解,采用适应性加权 Divisa 指数分解法(AWD),发现技术效应是降低中国碳强度的主导因素。[②] 张友国(2010)采用结构分解法研究了中国碳强度的变化,认为技术效应所贡献的碳排放强度下降率高达 90.65%。[③] 陈诗一(2011)对中国工业行业自改革开放以来的碳强度变化进行分解,在这一较长的时间区间内,中国工业碳强度呈波动

---

① 能源消费和能源强度与碳排放和碳强度有着密切的关系。对能源消费和能源强度的分解研究成果颇丰,本书在此不再进行详细的回顾。但大部分研究成果也认为,技术效应是降低能源消耗和能源强度的主要驱动因素。

② Fan Y. et al., "Changes in Carbon Intensity in China: Empirical Findings from 1980—2003", *Ecological Economics*, Vol. 62(2007), pp. 683-691.

③ 张友国:《经济发展方式变化对中国碳排放强度的影响》,《经济研究》2010 年第 4 期,第 120—133 页。

下降,而技术效应同样是导致这一趋势的决定因素。① 孙作人等(2012)采用了DEA 分解法,发现技术效应对工业碳强度下降的贡献最大。② 王锋等(2013)则用对数 Divisa 指数分解法(LMDI)测算 1997—2008 年中国 30 个省份对全国碳强度下降的贡献,一样发现技术效应是主要的贡献因素。③

　　绝大部分对中国碳排放的分解研究也表明,尽管经济增长会驱动中国碳排放的增加,但技术效应,即部门碳强度或能源强度的下降有助于降低中国的碳排放。Zhang 等(2009)运用 LMDI 对中国 1991—2006 年的能耗碳排放进行分解,并发现经济增长是拉动碳排放增加的主要动因,而部门碳强度的下降,即技术效应则有助于降低中国的碳排放,这对主要的经济部门来说均成立。④ 王锋等(2010)同样采用 LMDI,把 1995—2007 年间中国的二氧化碳排放增长率分解为11 种动因,发现生产部门的技术效应是减缓二氧化碳排放增长最重要的因素。⑤郭朝先(2010)则分别从产业层面和地区层面对中国 1995—2007 年的碳排放进行 LMDI 分解,在这两个层面均发现了这一规律。⑥ 范丹(2012)采用的是广义费雪指数(GFI)方法,通过对 1995—2010 年中国的碳排放进行分解,同样发现技术效应对碳排放的抑制作用。⑦ 涂正革(2012)基于优化的 Laspeyres 指数分解法研究发现,技术效应是降低碳排放的主要驱动力。⑧ 鲁万波等(2013)根据LMDI 分解的结果将 1994—2008 年中国的碳排放特征分为五个阶段,在影响因

　　① 陈诗一:《中国碳排放强度的波动下降模式及经济解释》,《世界经济》2011 年第 4 期,第 124—143 页。

　　② 孙作人、周德群、周鹏:《工业碳排放驱动因素研究:一种生产分解分析新方法》,《数量经济技术经济研究》2012 年第 5 期,第 63—74 页。

　　③ 王锋、冯根福、吴丽华:《中国经济增长中碳强度下降的省区贡献分解》,《经济研究》2013 年第 8 期,第 143—155 页。

　　④ Zhang, M.et al.,"Decomposition of energy-related CO2 emission over 1991—2006 in China", Ecological Economics, Vol. 68(2009), pp. 2122-2128.

　　⑤ 王锋、吴丽华、杨超:《中国经济发展中碳排放增长的驱动因素研究》,《经济研究》2010 年第 2 期,第 123—136 页。

　　⑥ 郭朝先:《中国碳排放因素分解:基于 LMDI 分解技术》,《中国人口、资源与环境》2010 年第 12 期,第 4—9 页。

　　⑦ 范丹、王维国:《中国产业能源消费碳排放变化的因素分解——基于广义 GFI 的指数分解》,《系统工程》2012 年第 11 期,第 48—54 页。

　　⑧ 涂正革:《中国的碳减排路径与战略选择——基于八大行业部门碳排放量的指数分解分析》,《中国社会科学》2012 年第 3 期,第 78—94 页。

素中,经济增长和产业结构被称为碳排放的"助长因素",能源强度以及能源结构则被称为"制约因素",即技术效应和能源结构优化有助于降低碳排放。①

(二)技术进步的环境能源效应

对碳排放和碳强度的分解法研究大都认为,技术效应是减缓中国碳排放,降低碳强度的主导因素。那么,技术进步对中国碳强度影响的程度有多大? 这方面的研究成果较为有限。然而,不少文献研究了与之相关的技术进步的环境能源效应。本小节概括了技术进步对能源消耗、碳排放和碳强度影响的研究成果。

第一,大部分文献均发现技术进步的效应有助于降低、减缓能源消耗或碳排放,提高能源效率或降低碳强度。李国志、李宗植(2010)对中国省级面板数据进行实证,发现技术进步在一定程度上可以缓解碳排放。② 何小钢、张耀辉(2012)的研究也肯定了技术进步在中国工业节能减排方面的积极作用。③

第二,技术进步对环境能源的影响也存在地区和行业的差异。姚西龙、于渤(2011)用 DEA 方法在省区层面研究技术进步对中国碳强度的影响。④ 从总体来看,技术进步对碳强度有抑制作用,但这种影响也存在地区差距:在东中部地区能降低碳强度,在东北和西部地区则会导致碳强度提高。孙广生等(2011)发现,技术进步可以显著促进工业行业能源消耗的下降,特别是在机械工业、煤炭采选业、金属冶炼及压延加工业、纺织业、食品饮料和烟草加工业、非金属矿物制品业、交通运输设备制造业等行业的影响较大。⑤

第三,自主研发、FDI 的技术溢出、贸易的技术溢出等不同来源的技术进步也均有积极的环境能源效应,但影响程度有差异。魏巍贤、杨芳(2010)对中国

---

① 鲁万波、仇婷婷、杜磊:《中国不同经济增长阶段碳排放影响因素研究》,《经济研究》2013 年第 4期,第 106—118 页。
② 李国志、李宗植:《人口、经济和技术对二氧化碳排放的影响分析——基于动态面板模型》,《人口研究》2010 年第 5 期,第 32—39 页。
③ 何小钢、张耀辉:《技术进步、节能减排与发展方式转型——基于中国工业 36 个行业的实证考察》,《数量经济技术经济研究》2012 年第 3 期,第 19—33 页。
④ 姚西龙、于渤:《规模效率和技术进步对碳排放影响的实证》,《中国人口·资源与环境》2011 年第12 期,第 22—26 页。
⑤ 孙广生、黄祎、田海峰、王凤萍:《全要素生产率、投入替代与地区间的能源效率》,《经济研究》2012 年第 9 期,第 99—112 页。

省级面板数据进行实证分析发现,自主研发、技术引进的减排效应显著,但其中技术引进的贡献更为明显,而且这一影响存在地区差异。① 盛斌、吕越(2012)检验了 FDI 的规模效应、结构效应和技术效应对污染物排放的影响,采用中国工业行业面板数据回归发现,FDI 的技术效应是正向的,并可以超过负向的规模效应和结构效应,从而降低中国工业污染排放。② 郭庆宾、柳剑平(2013)研究了中国省区的进口贸易技术溢出对碳排放的影响,发现了明显的抑制作用。③

最后,少数研究涉及了技术进步对碳排放、能源效率影响的宏微观机制。申萌等(2012)在内生增长模型的基础上引入了技术进步对二氧化碳排放的弹性并利用中国省区面板数据进行了实证检验,结果表明,技术进步对二氧化碳的直接效应是可以减少排放,但其通过增加产出而影响碳排放的间接效应会增加排放,且前者不能抵消后者,从而技术进步最终导致二氧化碳排放增加。④ 宣烨、周绍东(2011)研究了企业原始创新和二次创新对能源效率的不同影响。发现工业行业原始创新对提高能源效率的作用较微弱,而二次创新对提高能源效率的作用较强。⑤

(三)技术进步的要素偏向

技术进步影响碳强度的渠道和机制是什么? 由于碳排放与能源消耗之间直接挂钩,技术进步对碳强度的影响与其对能源这种生产要素的使用偏向有关。中性技术进步并不会改变要素投入的比例,或改变某种要素的投入份额,因为它将同比例地提高不同投入要素的边际生产率。偏向型技术进步则不同,它可以分为要素增强型(Factor-augmentation)和要素偏向型(Factor-biased),前者指技

① 魏巍贤、杨芳:《技术进步对中国二氧化碳排放的影响》,《统计研究》2010 年第 7 期,第 36—44 页。
② 盛斌、吕越:《外国直接投资对中国环境的影响——来自工业行业面板数据的实证研究》,《中国社会科学》2012 年第 5 期,第 54—75 页。
③ 郭庆宾、柳剑平:《进口贸易、技术溢出与中国碳排放》,《中国人口、资源与环境》2013 年第 3 期,第 105—109 页。
④ 申萌、李凯杰、曲如晓:《技术进步、经济增长与二氧化碳排放:理论和经验研究》,《世界经济》2012 年第 7 期,第 83—100 页。
⑤ 宣烨、周绍东:《技术创新、回报效应与中国工业行业的能源效率》,《财贸经济》2011 年第 1 期,第 116—121 页。

术进步可以改变某种要素的边际生产率,后者反映的是技术进步对两种要素间边际替代率的改变,例如,如果技术进步使得要素 j 的边际生产率相对要素 k 有更大的提高,则技术进步偏向要素 j。因此,偏向型技术进步可以改变要素投入比例,也可能会改变要素投入份额。这时,将能源视为一种生产投入要素,如果技术进步降低了能源投入的比重,那么它也有可能降低与之密切相关的工业碳强度。

阿特金森和斯蒂格利茨(Atkinson 和 Stiglitz,1969)的理论暗含的是一种中性技术进步。他们认为,在经济达到均衡时,通过干中学获得的知识将与经济的运行状态一致,言下之意是技术进步可以同比例地改变不同要素边际生产率(Fisher-Vanden,2008)。[1] 而希克斯(Hicks,1932)则提出了不同的观点,认为技术创新存在"方向":节约相对昂贵的生产要素,使用相对便宜的生产要素,从而第一次提出了偏向型技术进步的思想。[2]

国外已有一些实证研究考察了节约能源的偏向型技术进步,例如,波普(Popp,2002)采用美国节能专利的引用率数据来表征技术创新,发现能源价格提高时,技术创新的方向更倾向于能源效率的提高;[3]类似的,哈斯勒等(Hassler 等,2012)也采用美国工业的数据进行研究,发现技术进步的偏向是节约能源的。[4]

已有一些研究涉及到中国技术进步的偏向,但大部分实证分析并没有将能源要素考虑在内,而是专注于技术进步在资本和劳动力、熟练劳动和非熟练劳动之间的偏向。例如,陈勇和唐朱昌(2006)研究了技术进步是否是资本使用的,从而加深中国的资本深化[5];宋冬林等(2010)研究了技术进步在劳动力内部的

---

① Fisher-Vanden,K.and Jefferson,G.H.,"Technology Diversity and Development:Evidence from China's industrial Enterprises",*Journal of Comparative Economics*,Vol.36(2008),pp.658-672.

② Hicks,J.,*The Theory of Wages*,McMillian,1932.

③ Popp,D.,"Induced Innovation and Energy Prices",*The American Economic Review*,Vol.92,No.1(2002),pp.160-180.

④ Hassler J.,P.Krusell and Olovsson C.,"Energy-saving Technical Change",NBER Working Paper,2012.

⑤ 陈勇、唐朱昌:《中国工业的技术选择与技术进步:1985—2003》,《经济研究》2006 年第 9 期,第50—61 页。

偏向,考察中国"技能偏向型技术进步"[①];陈宇峰等(2013)考察了技术进步在资本和劳动力之间的偏向等。仅有少数文献考虑了中国的技术进步在能源和其他要素之间的偏向,而这些研究主要关注的是能源与其他要素之间的替代关系。[②]如费希尔·梵登(Fisher-Vanden,2008)考察了技术进步在资本、劳动力和能源生产要素之间的偏向,发现国内研发和技术购买是使用能源的(Energy-using)。繁茂清等(2010)的研究主要关注的是中国工业行业的要素替代,但其对贸易变量在模型中的设置暗含着偏向型技术进步。研究结论表明在大部分行业中,进口是节约能源的,出口是使用能源的。[③]

(四)KLEM框架下要素替代的实证研究

考察偏向型技术进步对碳强度的影响,首先要将能源视为一种生产投入要素,这是对传统的资本、劳动力两要素框架的一种拓展。早在20世纪70年代,经济学家就已将能源(E)作为一种投入要素,与资本(K)、劳动力(L)、中间产品(M)等生产要素一起纳入企业的生产函数(或成本函数),形成KLEM框架,研究能源与其他生产要素之间的替代关系。一方面,伯恩特和伍德(Berndt & Wood,1975)指出,能源需求的实质是一种"派生的需求",它并不是由消费者直接需求能源要素引起的,而是作为一种生产投入要素,由消费者对企业产出的需求引起的。[④] 另一方面,偏向型技术进步的理论也表明,技术进步的偏向可能与要素之间的替代/互补关系有关。因此,本节将回顾能源与其他要素之间替代弹性的相关研究。

哈得森和乔根森(Hudson & Jorgenson,1974)开始将能源纳入生产投入要素,并估算能源与其他生产要素之间的替代弹性。他们在估计一个美国的投入

---

① 宋冬林、王林辉、董直庆:《技能偏向型技术进步存在吗?——来自中国的经验证据》,《经济研究》2010年第5期,第68—81页。

② 陈宇峰、贵斌威、陈启清:《技术偏向与中国劳动收入份额的再考察》,《经济研究》2013年第6期,第113—126页。

③ 繁茂清、任若恩、陈高才:《技术变化、要素替代和贸易对能源强度影响的实证研究》,《经济学(季刊)》2009年第1期,第237—258页。

④ Berndt,E.R.and Wood,D.O.,"Technology,Prices,and the Derived Demand for Energy",*The Review of Economics and Statistics*,Vol.69(1975),pp.342-354.

产出模型时,采用超越对数成本函数(TCF)的方法估计了能源与资本、劳动力和中间产品的替代弹性。[①] 伯恩特和伍德(Berndt & Wood,1975)则采用 TCF 方法专门研究了美国制造业能源与其他生产要素之间的替代关系。两项研究均发现能源与劳动力是替代的, 与资本是互补的。格里芬和格雷戈里(Griffin & Gregory,1976)对九个发达国家的能源与其他要素的替代弹性进行了估计,与伯恩特和伍德(Berndt & Wood,1975)等人的发现不同,认为能源和资本是替代的。他们分析这种结论的差异在于使用的数据结构有所不同。[②] 平狄克和罗滕伯格(Pindyck & Rotemburg,1983)则在上述模型的基础上进行了动态化处理,并估计了短期替代弹性和长期替代弹性,发现伯恩特和伍德(Berndt & Wood,1975)用时间序列估计出的替代弹性接近于短期替代弹性,格里芬和格雷戈里(Griffin & Gregory,1976)用面板数据估计的替代弹性接近于长期替代弹性。[③] 随后,Cho 等(2004)采用 TCF 模型和线性 Logit 模型估计了韩国的要素间替代弹性和能源间替代弹性(Inter-fuel Substitution),并加入了动态机制[④];韦尔施和奥克森(Welsch & Ochsen,2005)采用 TCF 估计了德国的能源与其他要素之间的替代弹性,并将贸易开放度作为技术进步的指标纳入考虑[⑤];安伯格和比约纳(Arnberg & Bjorner,2007)采用 TCF 和线性 Logit 函数,用美国微观企业的数据估计了能源、资本与劳动力之间的替代弹性,结果发现能源与资本之间是互补的。[⑥]

在针对中国的研究中,Ma 等(2008,2009)考察了中国 31 个省、直辖市、自

① Hudson,E.A.,and Jorgenson,D.W.,"U.S.Energy Policy and Economic Growth,1975—2000",*The Bell Journal of Economics and Management Science*,Vol.5,No.2(1974),pp.461–514.

② Griffin,J.M.,and Gregory,P.R.,"An Intercountry Translog Model of Energy Substitution Responses",*The American Economic Review*,Vol.66(1976),pp.845–857.

③ Pindyck,R.S.,and Rotemburg,J.J.,"Dynamic Factor Demands and the Effects of Energy Price Shocks",*The American Economic Review*,Vol.73(1983),pp.1066–1079.

④ Cho,W.G.,Nam,K.and Pagan,J.A.,"Economic Growth and Interfactor/Interfuel Substitution in Korea",*Energy Economics*,Vol.26,No.1(2004),pp.31–50.

⑤ Welsch,H.and Ochsen,C.,"The Determinants of Aggregate Energy Use in West Germany:Factor Substitution,Technological Change and Trade",*Energy Economics*,Vol.27(2005),pp.93–111.

⑥ Arnberg,S.,and Bjorner,T.B."Substitution between Energy,Capital and Labour within Industrial Companies:A Micro Panel Data Analysis",*Resource and Energy Economics*,Vol.29(2007),pp.122–136.

治区的要素间替代和能源间替代,发现能源和资本、能源和劳动力之间均呈替代关系。① 陶小马等(2010)考察了工业部门能源价格扭曲条件下要素之间的替代弹性,发现中国工业能源价格存在扭曲,能源与资本之间替代关系不明显,能源与劳动力之间近期呈现替代关系。② 繁茂清等(2010)对中国工业的要素替弹性进行了分行业估计,发现在大部分行业,能源和劳动力之间是互补的,但在该研究涉及的所有行业中,能源与资本都是替代的。③ 史密斯等(Smyth,2011)则针对中国钢铁行业的要素替代进行了分析,结果发现能源和资本、能源和劳动力之间均是替代关系,其中能源和资本基本是1比1替代的。④

(五)简要评述

本节概括了四类相互联系的文献。第一类文献考察了中国碳排放和碳强度变化的影响因素,发现技术效应,即部门碳强度或能源强度的降低是减缓碳排放,降低碳强度的主导因素。第二类文献在此基础上考察了技术进步对碳强度的影响程度,即技术进步每增加1%导致碳强度变化的方向和大小,发现以全要素生产率、R&D、FDI、贸易的技术溢出等指标度量的不同来源的技术进步均可以显著促进碳强度下降。

以上两方面有关中国数据的实证证据颇为丰富,但大部分研究均未详细探究偏向型技术进步对碳强度的影响机制。工业碳排放的绝大部分来自能源消耗,而在工业生产中,能源首先是一种生产投入要素。以上两种研究视角均将能源与其他生产要素孤立开来,忽略了技术进步在影响碳强度时生产要素之间的

① Ma,H.,Oxley,L.,et al,"China's Energy Economy:Technical Change,Factor Demand and Interfactor/Interfuel Substitution",*Energy Economics*,Vol.30(2008),pp.2167-2183;Ma,H.,Oxley,L.and Gibson,J.,"Substitution Possibilities and Determinants of Energy Intensity for China",*Energy Policy*,Vol.37(2009),pp.1793-1804.

② 陶小马、邢建武、黄鑫、周雯:《中国工业部门的能源价格扭曲与要素替代研究》,《数量经济技术经济研究》2009年第11期,第3—16页。

③ 繁茂清、任若恩、陈高才,《技术变化、要素替代和贸易对能源强度影响的实证研究》,《经济学(季刊)》2009年第1期,第237—258页。

④ Smyth,R.,Narayan,P.K.and Shi,H.,"Substitution between Energy and Classical Factor Inputs in the Chinese Steel Sector",*Applied Energy*,Vol.88,No.1(2001),pp.361-367.

相互作用。技术进步可以通过两种渠道影响碳强度，一是同比例增进要素的边际生产率，从而增加总产出，二是改变要素之间的边际替代率，即改变能源和其他生产要素的投入比例，从而影响能源投入和总产出，前者属于中性技术进步，后者属于偏向型技术进步。

第三类文献进一步考察了技术进步的要素偏向，尤其是技术进步是否是偏向能源的。然而，在这方面针对中国的实证研究数量较为有限，一些研究也并未考虑能源这一生产要素（宋冬林，2010；陈宇峰等，2013），仅有部分研究能源与其他生产要素替代弹性的文献考虑了技术进步对能源使用的偏向。

第四类文献考察了能源与资本、劳动力、中间品之间的替代关系。在研究能源与其他要素替代弹性的文献中，虽然部分研究考虑了技术水平的变化，一定程度体现了技术进步通过要素替代进而影响能源需求的作用机制，但是这类文献在设定技术进步时仍存在如下问题：

一是一些研究仅考虑了中性技术进步，如格里芬和格雷戈里（Griffin & Gregory，1976），一些研究尽管暗含了偏向型技术进步，但并没有指出技术进步的要素偏向及其影响。

二是大部分暗含了偏向型技术进步的研究对技术获取的来源考虑不充分，如伯恩特和伍德（Berndt & Wood，1975）、平狄克和罗滕伯格（Pindyck & Rotemburg，1983）、安伯格和比约纳（Arnberg & Bjorner，2007）、Ma 等（2008，2009）仅用时间趋势项表征技术进步，韦尔施和奥克森（Welsch & Ochsen，2005）、繁茂清等（2010）仅用贸易占 GDP 比重的结构变量表征技术进步。

三是一些研究将技术进步对要素投入价值份额影响的系数解读为技术进步的要素偏向（Fisher-Vanden & Jefferson，2008），这在多种投入要素的成本函数中是不恰当的[①]。另外，根据阿西莫格鲁（Acemoglu，2002）的研究，判断技术进步是否为偏向能源的还需要考虑要素替代的因素。

除此之外，较少针对中国的文献研究了偏向型技术进步的不同来源、促进政策、诱发机制及对碳强度的影响。国际上，已有能源环境大型模型对诱发的偏向

---

① 本书第五章将给出详细论述。

型技术进步(Induced Technical Change,简称 ITC)进行了考虑,并发现低碳政策、能源价格等都是节能减排技术进步的诱发因素。[1] 尽管如此,针对中国的研究却很少涉及上述层面,而促进政策和诱发机制的研究对于引导技术进步的偏向具有很强的政策含义。

针对现有文献的不足,本研究做出如下改进:第一,厘清偏向型技术进步通过改变投入要素的使用特征这一微观机制对中国工业碳强度的影响,在包含资本、劳动力、能源、中间品的 KLEM 框架下展开研究。在这一视角下,本研究用数据包络法判别中国工业行业技术进步的要素偏向,并分析偏向型技术进步对碳强度下降的贡献和影响的弹性系数。第二,本研究细致分析了中国工业技术获取的来源,除了工业行业自身的研究与开发之外,还考虑了开放条件下进出口贸易、FDI 的水平溢出、前向溢出和后向溢出,并考察不同来源技术进步的偏向及对碳强度的影响。第三,本研究对可以促进中国工业节能偏向型技术进步的政策工具进行了实证研究,并评估其不同效果。

三、研究思路、研究内容和研究方法

(一)研究思路

在梳理偏向型技术进步的相关理论和总结现有文献不足的基础之上,本书采用中国工业行业的数据,着重从中国工业技术进步的要素偏向、偏向型技术进步对工业碳强度的影响效应、偏向型技术进步的不同来源、促进偏向型技术进步的政策工具及其减排效应[2]等方面展开实证研究,并在研究结论的基础之上提出相关的政策建议。本研究的技术路径图如图 0-1。

---

[1] 本书第一章将对 ITC 在能源环境领域的研究进行梳理。

[2] 此外,由于工业碳排放绝大部分来自于能源消耗,而技术进步对碳强度的影响又主要是通过改变能源和其他要素之间的使用比例来实现的。因此,本书的实证研究中,对中国工业"碳排放"和"碳强度"的表述均是指能源消耗相关的碳排放和碳强度。

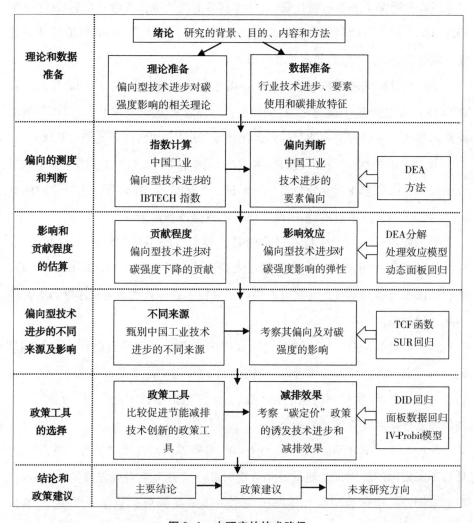

图 0-1　本研究的技术路径

(二)研究内容

本书的研究内容围绕偏向型技术进步对中国工业碳强度的影响。在总结偏向型技术进步理论和分析中国工业行业技术进步现状的基础上,首先判断中国工业技术进步的要素偏向,随后以此为依据计算偏向型技术进步对中国工业碳强度的贡献程度和影响效应大小。接下来,探讨不同来源技术进步的要素使用偏向,并分别研究其对碳强度的作用。进一步,对可能促进中国工业节能偏向型技术进步的政策工具进行对比研究,并考察其潜在的减排效应。最后,在实证结论的基础上提出有效利用节能偏向型技术进步、降低中国工业碳强度的政策建议。除导论外,本书分为如下八个章节:

第一章总结偏向型技术进步与工业碳强度的相关理论。一方面将梳理自希克斯1932年提出这一概念之后,偏向型技术进步的理论发展。另一方面,将回顾偏向型技术进步理论在能源气候变化领域的运用,为研究奠定理论基础。

第二章介绍中国工业部门的技术进步、要素使用和碳排放现状。基于碳排放的规模将中国工业行业分为高、中、低排放三个分组,并分析分组行业中的碳强度、要素份额、技术进步特征,是本研究的数据准备部分。

第三章判断中国工业技术进步的要素偏向。采用数据包络法(DEA),在Malmquist指数的基础上进一步计算投入要素偏向的技术效应(IBTECH)指数,并利用该指数和要素投入比例判断中国工业技术进步在能源与资本、劳动力、中间品之间的偏向。

第四章考察偏向型技术进步对降低中国工业碳强度的贡献程度和影响效应。一方面,通过DEA分解得出偏向型技术进步对中国工业碳强度下降的贡献程度。另一方面,在控制内生性的基础上,研究偏向型技术进步,特别是能源节约的技术进步对碳强度的影响效应。

第五章是在前述结论基础之上的溯源,考察偏向型技术进步的不同来源,并计算不同来源的技术进步通过偏向型技术进步这一渠道对碳强度的影响效应。第五章构建一个包含中性和偏向型技术进步的超越对数成本函数模型,判别R&D、国际贸易和FDI技术溢出等不同来源的技术进步的要素偏向,并计算偏向型技术进步通过影响总成本和要素份额对碳强度的影响,给出每一部分对碳强度影响的偏弹性。

第六章和第七章对可能促进节能减排偏向型技术进步的政策展开研究。第六章对市场型和命令型两种减排政策工具的诱发技术创新效应进行对比。结合诱发技术进步理论和波特假说,利用工业行业的专利数据,考察了两种政策工具诱发节能减排技术创新的特征、所有制差异和行业异质性。

第七章则在第六章的基础上,考察中国节能减排政策体系中日趋重要的

"碳定价"政策的诱发技术进步效应和减排效果。"碳定价"类似于能源价格的外生加价,而偏向型技术进步理论暗含的重要假设是,要素价格的变化可以诱发不同偏向的技术进步。因此,第七章首先通过 IV-Probit 模型考察外生的能源价格上涨对能源节约技术进步的诱发,接着通过动态面板数据回归估算能源价格上涨通过这一诱发机制对碳强度的影响。

第八章为结论、政策建议及未来展望。这一章将在归纳分析前面章节实证结论的基础上,针对中国工业的节能减排政策、相关科技、贸易和外资政策等提出相关政策建议。

(三)研究方法

为了判断中国工业技术进步的偏向,研究偏向型技术进步对碳强度的影响,并进一步考察其诱发机制和不同来源对碳强度的作用,本书采用了多种研究方法对偏向型技术进步降低碳强度的机理进行了深入分析。

1.理论和实证分析相结合

一方面,通过细致梳理偏向型技术进步的相关理论,提出偏向型技术进步的判别方法、诱发机制的可能影响路径,并用成本函数推导出偏向型技术进步对碳强度的影响机制,结合内生技术进步理论、技术溢出理论和后发优势理论确定开放条件下中国工业行业技术进步的不同来源。另一方面,采用实证的方法分析偏向型技术进步及其政策诱发机制和不同来源对中国工业碳强度的影响。在实证方法上,广泛运用了数据包络法、处理效应模型、IV-Probit 限值因变量模型、动态面板数据模型、似不相关回归、双重差分回归等,结合技术进步对碳强度影响的理论机制,细致研究了偏向型技术进步对中国工业碳强度的影响。

2.参数分析和非参数分析相结合

计量回归分析是一种参数分析方法,而数据包络法是一种非参数方法。本书的实证分析部分中,研究偏向型技术进步对中国工业碳强度的影响效应、偏向型技术进步的不同来源和政策诱发时使用了计量回归分析方法,从而可以计算偏向型技术进步对中国工业碳强度的偏弹性。而在判断中国工业技术进步的偏向时,采用了非参数的数据包络法,用该方法计算的 Malmquist 指数可以进一步推导出投入要素偏向技术效应指数,度量的是偏向型技术进步对全要素生产率的增进程度。在此基础上可以判断技术进步的偏向。

3.弹性分析和分解法相结合

计量经济分析通过参数估计和统计推断解释自变量和因变量之间的关系,而分解法则是直观地将一个变量的变化拆分成若干相关因素的变化,计算每种因素对总变化的贡献程度。本书同时运用了这两种分析方法。计量经济分析可以考察偏向型技术进步每变化1%或1个单位,能够引起碳强度变化的百分比。而采用DEA分解法,则可以计算在样本期内,中国工业碳强度的实际下降中偏向型技术进步对其贡献的百分比。

四、主要创新

目前虽有一部分文献研究了技术进步对碳排放和碳强度的影响,但大部分研究并未深入揭示偏向型技术进步对碳强度的作用。针对现有文献的不足,本书将能源视为一种生产投入要素,从技术进步在不同要素之间存在偏向的角度展开研究,主要创新点如下:

第一,研究了技术进步通过改变要素使用这一微观机制(即偏向型技术进步)对中国工业碳强度的影响。工业碳排放的绝大部分来自于能源消耗,而技术进步对工业碳强度的影响也主要是通过影响能源这一生产要素的使用特征来实现的。在这一框架下,本书通过改进DEA-Malmquist指数的投入要素偏向技术效应指数,判断了中国工业技术进步在能源与资本、劳动力、中间品这几种生产投入要素之间的偏向,考察1999—2011年期间是否发生了节约能源的技术进步。

第二,度量了偏向型技术进步对中国工业碳强度的影响。一是计算偏向型技术进步对中国工业碳强度下降贡献的比重。在这方面,本书采用DEA分解法,将碳强度的变化分解为偏向型技术进步、中性技术进步、技术效率、要素替代和燃料替代这五种因素的影响,据此可以计算出偏向型技术进步相对其他因素的贡献程度。二是采用处理效应模型、动态面板数据模型等计量经济学方法,考察能源节约的技术进步和偏向型技术进步的总效应变化对碳强度变化百分比的影响。

第三,考察了偏向型技术进步的不同来源和政策诱发机制,并测算这些因素对中国工业碳强度的影响。一方面,甄别中国工业技术进步的不同来源,采用超越对数成本函数和 SUR 回归,估计每一种来源技术进步的偏向型技术进步对碳强度影响的偏弹性。另一方面,利用专利数据对比研究了不同类型的政策工具对节能减排偏向型技术进步的诱发效果和特点,并用 IV-Probit 模型考察以碳定价为代表的政策工具通过诱发技术进步机制对碳强度产生的潜在影响。这对于设计合理的节能减排、科技、贸易和外资政策来促进节约能源的技术进步,进而降低中国工业碳排放具有较强的政策含义。

第一章 偏向型技术进步与工业碳强度的相关理论基础

由于工业碳排放与能源消耗具有极其密切的关系,将能源视为一种生产投入要素时,技术进步对碳强度的影响就需要在一个要素替代的框架下进行研究,从而将能源与资本、劳动力、中间品等不同生产投入要素之间的关系考虑在内。如果技术进步是有偏的,对能源的节约相比其他生产要素更甚,那么它对降低碳强度就具有重要的意义。沿着这一思路,本书旨在研究以下几个问题:第一,中国工业的偏向型技术进步是否是节约能源的,对碳强度的影响如何? 第二,中国工业可以从何种渠道获取技术,这些不同来源的技术进步是否是节约能源的,对碳强度影响如何? 第三,何种因素可以诱发节约能源的技术进步,进而强化偏向型技术进步对碳强度的影响? 为了回答这三个问题,本章对相关理论进行综述,为后文的实证分析提供理论依据。首先,对偏向型技术进步的基本概念进行界定。其次,对偏向型技术进步的相关理论进行了回顾,这一概念可以追溯到希克斯 1932 年的论述,经历了 20 世纪 60 至 70 年代和 2000 年以后两波理论发展高潮。最后,通过对能源气候变化模型中的偏向型技术进步研究进行回顾发现,不论是外生的自发能效改进技术进步,还是内生的诱发技术进步,均对碳强度具有重要的影响,这对降低工业碳强度的政策选择具有重要含义。

第一节 偏向型技术进步的基本概念

偏向型技术进步的思想最早是由希克斯(Hick,1932)提出的,他认为技术对要素的使用存在偏向,从而节约变得昂贵的要素。[1] 然而,希克斯并未对偏向型技术进步给出明确的定义。在随后的研究中,偏向型技术进步的定义存在两种视角,一种视角强调技术进步对要素的相对节约或使用,另一种视角侧重技术进步对要素相对边际生产率的改变。

早期偏向型技术进步理论中,肯尼迪(Kennedy,1964)、德兰达基斯和菲尔普斯(Drandakis & Phelps,1966)在判断技术进步偏向时采用的是"节约要素的概念",用技术进步对要素不同程度的节约来表示偏向型技术进步。[2] 萨缪尔森(Samuelson,1965)的模型中则将偏向型技术进步表示为技术进步导致不同要素边际生产率不同比率的变化。[3] 以艾哈迈德(Ahmad,1966)为代表的技术"搜寻"理论(Ahmad,1966;Kamien & Schwartz,1968;Binswanger,1974)则强调偏向型技术进步是指技术进步促使生产函数产生旋转而非平移的效应,[4]而在判断技术进步的方向时则依然采用节约或使用要素的概念。[5] 近期的理论研究中,阿西莫格鲁(Acemoglu,2002)在定义时侧重的是技术进步对要素之间边际生产率不同程度的增进作用。他指出两种形态的偏向型技术进步:一是要素增强型的偏向型技术进步,如在含有 K、L 两种生产要素的生产函数中,要素 L 增强型(L-augmenting)技术进步是指技术进步提高要素 L 的边际生产率,等同于生产函数为 $F(AL,Z)$ 的形式;二是要素偏向型的偏向型技术进步,例如,偏向 L 的技术进步(L-biased)是指技术进步可以使要素 L 的边际生产率相比要素 Z 有更大

---

① Hicks,J.,*The Theory of Wages*,McMillian,1932.

② 参见 Kennedy,C.,"Induced Bias in Innovation and the Theory of Distribution",*The Economic Journal*,Vol. 74(1964),pp. 541－547;Drandakis E.M.and E.S.Phelps,"A Model of Induced Invention,Growth and Distribution",*The Economic Journal*,Vol. 76(1966),pp. 823－840.

③ Samuelson,P.A.,"A Theory of Induced Innovation along Kennedy-Weizsacker Lines",*Review of Economics and Statistics*,Vol. 47,No. 4(1965),pp. 343－356.

④ 中性技术进步将导致生产函数的平移。

⑤ 参见 Ahmad,S.,"On the Theory of Induced Innovation",*The Economic Journal*,Vol. 76(1966),pp. 344－357;Kamien,M.I.and N.L.Schwartz,"Optimal'Induced'Technical Change",*Econometrica*,Vol. 36,No. 1(1968):pp. 1－17;Binswanger,H.P.,"A Microeconomic Approach to Induced Innovation",*The Economic Journal*,Vol. 84(1974),pp. 940－958.

程度的提高。①

结合不同学者对偏向型技术进步的定义,本书认为,偏向型技术进步指的是技术进步通过不同比例地改变要素之间的相对边际生产率,从而对要素具有不同的节约或使用特征。在此,首先对本书中将用到的偏向型技术进步的相关概念进行如下界定:

本书对技术进步可以不同比例地改变要素的边际生产率,对不同要素具有不同的节约或使用的总体特征称为"偏向型技术进步";

出于语法表述合理的需要,在强调技术进步在要素之间的偏向时,采用"技术进步的要素偏向"或"技术进步的偏向"这一表述;

如果技术进步使得要素 i 相对要素 j 的边际生产率提高,那么称技术进步"偏向要素 i";

如果偏向型技术进步的效果使得要素 i 的相对使用量减少(增加),则称技术进步为"要素 i 节约(使用)的",或"节约(使用)要素 i 的技术进步"。

第二节　偏向型技术进步的理论演进

偏向型技术进步的思想是由希克斯在 1932 年提出的,直至 20 世纪 60 年代才引起了理论界的第一轮关注,提出了创新可能性边界、技术搜寻模型等理论解释偏向型技术进步的现象和原因。20 世纪 70 年代以后,由于缺乏微观基础,偏向型技术进步的理论研究再次陷入沉寂,直到 2000 年前后才掀起新一轮研究热潮。

一、早期的偏向型技术进步理论

自希克斯提出偏向型技术进步的思想至 20 世纪 70 年代,早期的有偏技术

---

① 见 Acemoglu, D., "Directed Technical Change", *The Review of Economic Studies*, Vol. 69, No. 4(2002), pp. 781–809。偏向型技术进步的理论演进将在本书第二章第二节中进行详细的综述,在此仅将不同学者对偏向型技术进步概念的表述进行梳理,以便统一本书对这一概念不同方面的表述方法。

理论包括希克斯的价格诱发偏向型技术进步思想、肯尼迪（Kennedy）的创新可能性边界理论和发展，以及强调以技术"搜寻"为特点的理论模型。

（一）早期偏向型技术进步理论的回顾

1.希克斯的偏向型技术进步思想及批判

偏向型技术进步理论是20世纪初经济学家在观察和解释经济增长中劳动力份额和资本份额变化的基础上发展出来的，其理论渊源可以追溯到希克斯在《工资理论》（1932）中的论述。他认为，要素相对价格的变化会使发明具有一定的要素使用特性，而发明对要素使用的偏向是节约变得昂贵的要素。希克斯并未对偏向型技术进步做出更多的定义，也未更详细地解释要素价格对偏向型技术进步的诱发机制。

希克斯对技术进步存在偏向的寥寥论述直至20世纪60年代才引发学者对偏向型技术进步及其要素价格诱发机制的研究。早期关于希克斯理论的发展存在较大的争论。这一思想首先遭致了索尔特（Salter）的批判。索尔特批判有两层意思：第一，如果希克斯所称的劳动节约技术进步是从现有的技术产生的，那么这一过程等同于要素替代的过程；第二，如果更贵的劳动力价格可以促使经济系统搜寻（search）节约劳动力的新技术，那么这一理论的问题更为严重，因为企业关心的问题仅仅是节约总成本，却并不在意总成本的节约是由节约劳动力成本还是由节约资本成本带来的（Salter，1960）。[①]

然而，索尔特的批判同样存在与事实不符且前定假设过强的问题。首先，如果偏向型技术进步效应等同于替代效应，那么更便宜的资本品会导致劳动的边际生产率相对资本的边际生产率提高，这与历史事实不符，在20世纪60年代以前的很长一段时间里，要素的份额是相对稳定的。第二，索尔特的框架暗含了替代弹性等于1的假设，然而这一前定假设似乎并没有特别的理由。

2.创新可能性边界理论

肯尼迪（1964）指出上述问题，并认为希克斯的偏向型技术进步及诱发理论

---

① 　Salter，W.E.G.，*Productivity and Technical Change*，Cambridge：Cambridge University Press，1960.

之所以没有得到充分的发展,是因为该理论把偏向型技术进步完全归因于要素相对价格变化,这样就使得偏向型技术进步的效应难以与要素替代的效果相区分。为了解决这一问题,肯尼迪提出了"创新可能性边界"(Innovation Possibilities Frontier)的概念,他认为,是创新可能性边界的形式,而非新古典生产函数的形状决定了要素份额的分布。根据肯尼迪的模型,创新可能性边界最终会促使经济在要素相对份额恒定的情况下达到均衡(Kennedy,1964、1973)。[①]

肯尼迪认为偏向型技术进步并不一定完全是由要素相对价格变化所诱发的。因此,其模型的基本形式是假设要素相对价格不变,从而专注于消费行业技术进步的特性。进一步假定只存在一种消费品和劳动力、资本两种要素,λ 为劳动力成本占总成本的份额,γ 为资本要素份额。假设技术进步可以使得生产一单位产品所需的劳动力减少一个特定比例 p,所需的资本减少一个特定比例 q。肯尼迪定义的偏向型技术进步是技术进步可以不同程度地节约劳动力或资本。技术进步如果是节约劳动力的,那么 p 大于 q,如果是节约资本的,那么 p 小于 q,如果是中性的,则 p 等于 q。他定义了一个一般形式的创新可能性边界:

$$\varphi(p,q) = 0$$

那么,总成本节约的比例为:$r = \lambda p + \gamma q$。企业的目标则是搜寻最优的有偏技术方案从而使成本得到最大程度的降低。可见,企业对创新的选择并不仅仅与技术的特征有关,还和要素份额有关。这也是创新可能性边界函数的约束条件。通过最大化 r 可以得到一阶条件:$dp/dq = -\gamma/\lambda$,并且可以预期一阶条件小于0,即节约资本和节约劳动力的技术进步存在此消彼长的关系。

上述最大化问题求解可以得出几点结论:第一,企业选择技术进步的方向和要素相对份额(权重)有关。劳动力成本占总成本的份额越大,企业更倾向于选择节约劳动的创新。第二,可以求解均衡时的要素份额权重。偏向型技术创新会改变下一期的要素份额,然而根据假设,创新可能性边界在连续时期之间是相

① 参见 Kennedy, C., "Induced Bias in Innovation and the Theory of Distribution", *The Economic Journal*, Vol. 74(1964), pp. 541-7; Kennedy, C., "A Generalisation of the Theory of Induced Biases in Technical Progress", *The Economic Journal*, Vol. 83(1973), pp. 48-57。

同的,如果 $p=q$,那么从当期到下一期不会发生要素份额权重的变化。因此均衡时的要素份额可由 $p=q$ 时的 $\mathrm{d}p/\mathrm{d}q$ 决定,可以视为创新可能性边界上技术进步偏向的指标。当 $p=q$ 时,如果 $-\mathrm{d}p/\mathrm{d}q$ 大于 1,则技术进步的偏向是节约劳动力的,它会使得均衡时资本要素份额相对劳动力要素份额更大。第三,在长期,要素相对份额仅由创新可能性边界的函数特征决定,因此,在长期要素相对份额很可能是稳定的,因为任何对均衡的偏离都可能诱发有偏的技术创新,使之恢复到均衡水平。

3.创新可能性边界理论的发展

萨缪尔森(1965)、德兰达基斯和菲尔普斯(1966)对肯尼迪的模型做出了两点改进,第一是不再假设要素价格不变,第二是拓展到动态的情景,同样得出了均衡时要素份额不变的结论。相比肯尼迪的模型,萨缪尔森及德兰达基斯和菲尔普斯的模型具有几个特点:第一,均从提高要素的边际生产率,而非节约要素的角度定义偏向型技术进步。萨缪尔森定义的是一种要素增强型技术进步(Factor-Augmenting Technical Change):$F[L/\lambda_L(t),K/\lambda_K(t)]$,随着 λ 减小,要素的边际生产率得到提高。[1] 德兰达基斯和菲尔普斯进一步得出偏向型技术进步的判断式:$D=m_K-m_L$,其中 $m_K=F_{Kt}/F_K$,$m_L=F_{Lt}/F_L$,[2] 表示资本和劳动力的边际生产率随时间变化的速率。如果技术进步是希克斯所称的劳动节约型的,则 $D>0$;如果是希克斯中性的,则 $D=0$;如果是资本节约型的,则 $D<0$。[3] 第二,两者的模型均涉及了要素替代弹性在偏向型技术进步决定要素份额过程中的作用,认为肯尼迪的模型实际上假定了要素替代弹性小于 1。萨缪尔森将肯尼迪模型中技术选择的过程进行重新定义,要素增强型技术进步变化的比率等于与要素边际替代率和份额有关的函数,该函数的形状受到替代弹性的影响。在德兰达基斯和菲尔普斯推导的资本份额和劳动力份额的表达式中,两者的变化速率也与替代弹性有关。但是均衡时的要素相对份额与替代弹性无关,仅仅

---

① Samuelson,P.A.,"A Theory of Induced Innovation along Kennedy-Weizsacker Lines",*Review of Economics and Statistics*,Vol.47,No.4(1965),pp.343-356.

② 下标表示生产函数对要素或时间求偏导数。

③ Drandakis E.M. and E.S. Phelps,"A Model of Induced Invention,Growth and Distribution",*The Economic Journal*,Vol.76(1966),pp.823-840.

与创新可能性边界的形状和资本深化的均衡比率相关。然而,替代弹性却与均衡的稳定性有关,只有替代弹性小于1才能达到均衡的全局稳定。

4.技术"搜寻"和偏向型技术进步

对肯尼迪创新可能性边界的另一个发展是从企业"搜寻"不同偏向技术进步的角度为其模型补充微观基础。艾哈迈德(Ahmad,1966)认为希克斯偏向型技术进步理论的主要问题是无法在总成本的减少中区分要素替代和技术进步的贡献。他追溯到熊彼特理论中对创新的定义,认为对这一观点最好的回应是,创新或者技术进步的效应是使生产函数发生变化,而要素替代效应是在原生产函数上从一点向另一点的移动。基于此,他对中性技术进步和偏向型技术进步做出如下定义:技术进步由一组等产量线反映,中性技术进步是指创新发生前后,对成本最小化的条件下的每一组不同要素价格比例,"旧的"等产量线和"新的"等产量线存在同样比例的要素组合。而如果给定一组要素价格比例,"新的"等产量线比"旧的"等产量线反映了一组更低的劳动力资本要素比,那么技术进步就是节约劳动力的,反之则是节约资本的。艾哈迈德认为创新可能性边界就是一组可供选择的等产量线的包络。①

凯曼和施瓦茨(Kamien & Schwartz,1968)的研究也顺应类似的思路,认为技术进步的偏向是指企业在不同的要素价格比和要素比的技术组合之间的选择。进一步,他们把企业研发的过程整合到利润最大化问题中,假定企业面临一个固定的研发预算,最终企业的最优选择由初始技术水平、要素相对价格和获取不同种类技术的相对成本来决定。如果中性技术进步是最优选择,那么只有要素相对价格变化,才会促使技术进步的方向发生变化。假设要素市场存在买方垄断,那么企业会更倾向于选择偏向型技术进步,从而节约那些供给弹性相对较小的要素。凯曼和施瓦茨的模型同样发现,替代弹性在不同要素价格组合下都对最优的资本劳动比存在影响。②

---

① Ahmad, S., "On the Theory of Induced Innovation", *The Economic Journal*, Vol. 76 (1966), pp. 344-357.

② Kamien, M.I. and N.L.Schwartz, "Optimal 'Induced' Technical Change", *Econometrica*, Vol. 36, No. 1 (1968), pp. 1-17.

宾斯万格(Binswanger,1974)将艾哈迈德和肯尼迪的思想相结合,在他的模型中,技术进步的偏向和变化率是由几个因素共同决定的。第一,不同研发曲线的相对生产率。如果节约资本的技术更容易取得研究成果,那么技术进步就倾向于节约资本。第二,如果节约资本研发的价格提高,那么也会促使技术进步偏向节约劳动力的方向。第三,当不存在研发约束时,产出规模扩大尽管会提高研发的努力,但是不一定产生偏向型技术进步;然而如果存在研发约束,则可以产生偏向型技术进步。第四,任何可以改变要素成本现值的因素都会改变最优研发组合。例如,工资率上涨、劳动力产出初始比率上升等都会增加节约劳动的研发,从而引发劳动力节约型的偏向型技术进步。[①]

(二)早期偏向型技术进步理论的特点和不足

希克斯于1932年提出偏向型技术进步的概念,并提出要素价格可以诱发偏向型技术进步的思想。随后,在20世纪60年代至70年代理论界对偏向型技术进步的理论进行了一轮早期的探讨,使希克斯的思想真正模型化并得到了一定的发展,其中,肯尼迪提出的创新可能性边界理论开启了这一时期偏向型技术进步的理论研究和争论。在肯尼迪之后,早期偏向型技术理论已建立了基本理论框架,并且初步形成了新古典视角(Samuelson,1965;Drandakis & Phelps,1966)和企业技术搜寻视角(Ahmad,1966;Kamien & Schwartz,1968;Binswanger,1974)两种视角的偏向型技术进步模型。不论是从新古典的框架还是企业技术"搜寻"的视角,这些模型均强调了技术进步在要素之间可能存在偏向,会使得某种要素的边际生产率相对另一种要素得到更大的提高,或是可以更多地节约某种要素;偏向型技术进步的作用对均衡时要素的相对份额有决定性的影响。此外,到了萨缪尔森(1965)、德兰达基斯和菲尔普斯(1966)的模型,已经开始涉及要素替代弹性在偏向型技术进步理论中的作用:或认为要素替代弹性对创新可能性边界的形状存在影响,或认为替代弹性在偏向型技术进步影响要素份额的过程中起到作用,这也是近期偏向型技术进步理论发展中强调的一点。企业技术"搜

---

① Binswanger, H. P., "A Microeconomic Approach to Induced Innovation", *The Economic Journal*, Vol. 84 (1974), pp. 940-958.

寻"视角的模型则为偏向型技术进步理论提供了更强的微观基础,将企业研发的过程整合到利润最大化模型中,并且提出技术进步是企业对不同等产量线的选择,这一思想也是近期技术"搜寻"模型发展的核心。

然而,早期偏向型技术进步的理论仍然存在如下不足:第一,对偏向型技术进步的定义存在模糊。究竟偏向型技术进步指的是技术进步改变要素之间的相对边际生产率,还是技术进步可以促使一种要素更大程度的节约,不同学者采用的定义是不同的。希克斯强调的似乎是偏向型技术进步对要素的节约,肯尼迪也是用技术进步对要素不同程度的节约来表示偏向型技术进步,而萨缪尔森的模型中则将偏向型技术进步表示为技术进步导致不同要素边际生产率不同比率的变化。德兰达基斯和菲尔普斯比较明确的给出了技术进步方向的定义,其定义依然是从改变要素边际生产率的要素增强型技术进步入手的,但是在判断技术进步偏向的时候采用的是"节约要素"的概念。这一定义方式也最接近近期的研究。技术"搜寻"模型中,偏向型技术进步也被定义为改变要素比例,即一种投入要素相对另一种投入要素得到节约。但是技术"搜寻"模型更强调的是,这一过程并不是沿着生产函数曲线的移动,而是在不同的技术组合,即不同等产量线之间选择的结果。第二,也是早期偏向型技术进步模型最大的缺陷,就是其缺乏更具说服力的微观基础。尽管肯尼迪在创新可能性边界中提到了企业搜寻技术的动机,但是这一微观基础也被诺德豪斯(Nordhaus)批判存在逻辑漏洞。他指出肯尼迪提出的创新可能性边界和偏向型技术进步的路径其实是相互独立的,也没有指出 R&D 活动究竟由谁承担,从何处得到资助并定价(Nordhaus,1973)。[①] 然而,这一时期理论模型中对偏向型技术进步微观机制的一些基本思想都被近期的理论所继承和发展。一是将研发的过程整合到经济过程中,并认为企业的利润最大化约束问题中也面临研发的预算约束,其对技术进步的偏向存在影响;二是认为技术进步是企业在不同技术组合中的选择问题,从而不同的技术进步偏向是由企业在不同的等产量线之间选择而引起的,而非沿着生产函数的移动。这些微观机制的思想在近期的偏向型技术进步模型中均得到了体现和发展。

---

① Nordhaus, W. D., "Some Skeptical Thoughts on the Theory of Induced Innovation", *The Quarterly Journal of Economics*, Vol. 87, No. 2(1973), pp. 208-219.

二、近期的有偏技术理论

由于偏向型技术进步理论在微观机制方面的缺陷,20 世纪 70 年代中后期开始,除了少数实证研究之外,这一理论并没有得到更多的发展,理论界因而沉寂了 20 余年。直至 2000 年前后,一些学者才重新开始对偏向型技术进步及其诱发机制的理论展开研究,并试图弥补早期理论的不足。近期偏向型技术进步理论的特征是更加强调诱发偏向型技术进步的微观基础,理论创新主要由阿西莫格鲁(Daron Acemoglu)和琼斯(Charles I.Jones)沿着两种不同的思路进行发展。前者还是从传统生产函数出发并结合了创新可能性边界的设定,而后者则是从技术"搜寻"角度的模型来发展理论,认为生产函数的形式甚至取决于创新的分布,而这也会影响技术进步的偏向。

(一)阿西莫格鲁的偏向型技术进步理论

阿西莫格鲁的偏向型技术进步理论体现在其关于偏向型技术进步及其诱发机制的一系列研究中(Acemoglu & Zilibott, 2001;Acemoglu, 2002、2003a、2003b、2007)。[①] 尽管他的理论也是从新古典的 CES 生产函数出发,但是具有几个方面的特点和突破。

第一,在新古典的视角下,阿西莫格鲁重申并厘清了偏向型技术进步的定义,其中,他非常强调替代弹性对技术进步偏向的决定作用。在两种生产要素的生产函数 $F(L,Z,A)$ 中,要素 L 增强型(L-augmenting)技术进步是指:$\partial F/\partial A = (L/A)(\partial F/\partial L)$,等同于生产函数为 $F(AL,Z)$ 的形式。而偏向要素 L 的技术进步(L-biased)则是指技术进步可以使要素 L 的边际生产率相比要素 Z 有更大的

---

① 参见 Acemoglu 的系列论文:Acemoglu, D. and F., Zilibotti., "Productivity Differences", *The Quarterly Journal of Economics*, Vol. 116, No. 2(2001), pp. 563–606;Acemoglu, D., "Directed Technical Change" *The Review of Economic Studies*, Vol. 69, No. 4(2002), pp. 781–809;Acemoglu, D., "Pattern of Skill Premia", *The Review of Economic Studies*, Vol. 70, No. 2(2003a), pp. 199–230;Acemoglu, D., "Labor-and Capital-Augmenting Technical Change", *Journal of European Economic Association*, Vol. 1, No. 1(2003b), pp. 1–37;Acemoglu, D., "Equilibrium Bias of Technology", *Econometrica*, Vol. 75, No. 5(2007), pp. 1371–1409。

提高,用公式可表达为: $\partial \dfrac{\partial F/\partial L}{\partial F/\partial Z} / \partial A > 0$。设置参数如下的 CES 生产函数:

$$y = \left[\gamma\, (A_L L)^{\frac{\sigma-1}{\sigma}} + (1-\gamma)\, (A_Z Z)^{\frac{\sigma-1}{\sigma}} \right]^{\frac{\sigma}{\sigma-1}}$$

其中 A_L 为要素 L 增强型技术进步,A_Z 为要素 Z 增强型技术进步。通过求出两要素的边际替代率:

$$\frac{MP_Z}{MP_L} = \frac{1-\gamma}{\gamma} \left(\frac{A_Z}{A_L}\right)^{\frac{\sigma-1}{\sigma}} \left(\frac{Z}{L}\right)^{-\frac{1}{\sigma}}$$

可知,A_L 对两要素相对边际生产率的影响取决于与替代弹性相关的参数 σ。当 $\sigma > 1$,阿西莫格鲁定义其为总体替代关系(Gross Substitution),这时要素 Z 增强型技术进步也是偏向要素 Z 的。反之,当 $\sigma < 1$,即总体互补关系(Gross Complementary),这时要素 Z 增强型技术进步反而是偏向要素 L 的。

第二,阿西莫格鲁的模型重构了偏向型技术进步诱发机制的微观动机。在他的模型中,技术进步偏向是由"技术垄断厂商"(technology monopolists)生产和供应的机器类型决定的。而"技术垄断厂商"对不同要素增强型机器的供应比例是由研发两种不同类型机器的相对获利能力决定的。模型的这一设定方式可以避免早期理论的两大缺陷。一是在索尔特批判中指出,如果技术进步的偏向是由要素相对价格的变化引起的,那么偏向型技术进步的作用就等同于要素替代效应。而阿西莫格鲁的模型中,偏向型技术进步是由"技术垄断厂商"的利润驱动的,而非由要素价格诱发的,因此可以避免偏向型技术进步与要素替代效应无法区分的情况。二是诺德豪斯的批判认为,早期有偏技术理论并没有对 R&D 活动的主体、资金和定价给予合理的解释。而在阿西莫格鲁的模型中,R&D 活动是由"技术垄断厂商"承担的,其根据开发不同技术类型机器的相对获利能力来生产和供应要素使用特征不同的机器,而最终产品的生产者则只是机器的需求方,而非研发活动的主体。

第三,阿西莫格鲁提出了"技术垄断厂商"在开发和提供不同技术类型的中间品时所面临的两种相反的效应:价格效应(Price Effect)和市场规模效应(Market Size Effect)。价格效应是指"技术垄断厂商"更倾向于研发节约更昂贵的生产要素的中间品。市场规模效应是指"技术垄断厂商"更倾向于研发节约更丰裕要素的中间品。而要素替代弹性也会影响价格效应和市场规模效应孰优孰劣。当替代弹性非常低时,稀缺的要素价格更高,价格效应的强度将超过市场规模效应。偏向型技术进步诱发机制中的市场规模效应也是由阿西莫格鲁创新提出的。

阿西莫格鲁的有偏技术模型可以得出均衡时技术进步偏向的几点结论(Acemolgu,2007):

第一,均衡的技术总是偏向变得更加丰裕的要素,即当某种要素的供给增加时,诱发的偏向型技术进步会提高这种要素的相对价格。此外,当要素之间的替代弹性足够大时,诱发的偏向型技术进步将超过替代效应,最终使得这种要素的相对价格上升。

第二,由要素供给变化诱发的技术进步总是会偏向变得更加丰裕的生产要素,即诱发的偏向型技术进步可以提高变得更加丰裕的要素的边际产量。

第三,若总体生产可能集是非凸的,那么将存在一个强绝对的均衡偏向:增加一种要素的供给会诱发技术进步的较大变化,从而提高这种正在变得丰裕的要素的边际生产率。因此,对这种要素的内生技术需求曲线是向上倾斜的。

可以说,阿西莫格鲁的偏向型技术进步理论尽管是从传统的生产函数定义出发,但是相比早期理论,他对偏向型技术进步的定义更加明晰,并得出了偏向型技术进步和要素替代弹性之间的关系。更重要的是,其理论提出了一个更为合理的微观基础,避免了早期理论在微观机制方面遭致批判的缺陷。阿西莫格鲁的一系列研究又开启了理论界对这一传统议题的新的关注。

(二)琼斯的偏向型技术进步理论

随后,琼斯(Charles I.Jones)于 2005 年在《经济学季刊》上发表论文《生产函数的形状和技术变化的方向》[①],沿着不同的视角对偏向型技术进步理论进行了进一步的发展。琼斯的理论更多地继承了技术搜寻理论的衣钵,但也在早期技

---

① Jones,C.I.,"The Shape of Production Function and the Direction of Technical Change",*The Quarterly Journal of Economics*,Vol. 120,No. 2(2005),pp. 517-549.

术搜寻理论的基础上更进一步。他认为,生产函数的形状和技术进步的方向均是由创新的分布决定的。

琼斯理论的一大创新是深入揭示了标准生产函数蕴含的技术集合,定义了全局生产函数和局部生产函数。琼斯指出,标准的生产函数,即每一对资本劳动力比重到人均产出之间的映射(假设只有资本和劳动力两种投入要素),实质是一种简化式方程(Reduce Form)。生产函数中不止蕴含着一种单一的技术,它实际上反映了不同生产技术之间相互替代的可能性。全局生产函数(Global Production Function)的替代弹性取决于当资本劳动比更高的时候,与之相适应的新技术被开发的程度,也就是说,它取决于新观点的分布(distribution of ideas)。为此,琼斯定义了全局生产函数和局部生产函数(Local Production Function),局部生产函数指的是在某一种特定技术下,资本和劳动力所能生产的产出。全局生产函数的形状则是由不同的可供选择的生产技术的分布决定的,而并非由仅采用一种特定技术的局部生产函数的的形状决定。在图形上,全局生产函数曲线是局部生产函数曲线的凸包(Convex Hull)。对于任何给定的人均资本量(资本劳动力比重),全局生产函数反应的是在可采用的技术集合中能达到的最大人均产出。

琼斯模型的微观机制在于新技术分布的设定。借鉴科图姆(Kortum,1997)的研究成果,只有当新观点服从帕累托分布时,其所决定的生产函数下经济才能保持指数增长。在琼斯的模型中,新观点服从帕累托分布可以得出两个推论:第一,全局生产函数是柯布—道格拉斯形式的;第二,个体生产技术的最优选择导致技术进步的偏向在长期是劳动力增强型的。因此,不论是生产函数形状还是技术进步的方向都是由可供选择的技术分布决定的。

尽管琼斯从一个不同的视角出发,但是其结论和阿西莫格鲁的理论却一脉相承。阿西莫格鲁的理论也暗含着在一定的技术生产函数的形状之下,技术进步在长期可以是劳动力增强型的,资本比率也是一定的。琼斯和阿西莫格鲁理论的不同之处主要有二:一是琼斯对技术进步在长期增强劳动力偏向所需的条件提供了一个完全不同视角的设定,阿西莫格鲁认为是受"技术垄断厂商"的技术生产函数形状的影响,而琼斯则认为取决于可供选择的新技术的分布。二是琼斯的理论给出了柯布—道格拉斯生产函数形式下偏向型技术进步的决定因素。阿西莫格鲁的模型是从 CES 生产函数出发的,并且其对替代弹性参数的设置使得该模型无法得出柯布—道格拉斯生产函数情境下的结论,而琼斯的理论在这方面则是一种补充。

(三)近期偏向型技术进步理论的发展

以阿西莫格鲁和琼斯为代表的近期偏向型技术进步理论的主要特点是更加强调偏向型技术进步诱发机制的合理微观基础。阿西莫格鲁和琼斯对偏向型技术进步理论的发展使得近十几年以来,偏向型技术进步在理论模型和实证方法及检验上均取得了一定的进展。例如,格罗维克(Growiec,2008)在琼斯理论的基础上采用了不同的技术分布,构造了"Clayton-Pareto"形式的生产函数,并且发现在长期,技术进步不仅是劳动增强的,也是资本和劳动力同时增强型的。[①] 格罗维克(Growiec,2013)试图采用垄断竞争模型来刻画要素增强型技术进步的内生选择。[②] 在实证研究方面,卡塞利和科尔曼(Caselli & Coleman,2006)研究了国家之间技术进步在熟练劳动和非熟练劳动力之间的偏向,发现在高收入国家熟练劳动力比低收入国家更有效率,而非熟练劳动力的效率则相对较低。卡塞利和科尔曼给出的解释是,在高收入国家,熟练劳动力更加丰裕,从而会选择更加适合熟练劳动的技术,低收入国家则相反。[③] 莱昂·莱德斯马等(Leon-Ledesma 等,2010)则提出了一种实证方法,可以同时识别生产函数中的替代弹性和技术进步偏向,认为将标准化的生产函数放入蒙特卡洛分析中,可以得出一个可行和稳健的识别方法,并且将生产函数和其一阶条件同时估计会比单方程估计更优。[④]

[①]　Growiec,J.," A New Class of Production Functions and an Argument Against Purely Labor-augmenting Technical Change",*International Journal of Economic Theory*,Vol. 4(2008),pp. 483-502.

[②]　Growiec,J.,"Factor-augmenting Technology Choice and Monopolistic Competition",*Journal of Macroeconomics*,Vol. 38(2013),pp. 86-94.

[③]　Caselli,F. and W. J. Coleman," The World Technology Frontier",*The American Economic Review*,Vol. 96,No. 3(2006),pp. 499-522.

[④]　Leon-Ledesma,M.A.,P.McAdam and A.Willman,"Identifying the Elasticity of Substitution with Biased Technical Change",*The American Economic Review*,Vol. 100,No. 4(2010),pp. 1330-1357.

尽管偏向型技术进步的理论是为了解释经济增长中劳动力和资本份额的变化而提出的,然而,偏向型技术进步的诱发机制理论却在环境经济学模型中得到了广泛的运用,对于研究偏向型技术进步对碳强度的影响,这一理论分支有着重要的意义,将在下节给予详细的综述。

第三节 偏向型技术进步对碳强度影响的相关理论

偏向型技术进步理论在提出之时主要是为了研究经济发展中的资本和劳动力份额问题,随后也被用来解释劳动力结构当中熟练劳动力和非熟练劳动力的份额变化及工资报酬差异现象。然而,该理论被越来越多地运用到环境经济学模型中,特别是由能源价格和环境政策诱发的偏向型技术进步。环境规制政策,尤其是市场化的环境政策工具本质上是为存在外部性的排放定价,如果存在诱发技术进步机制,那么这一定价本身将会进一步诱发减排技术,从而增加减排量,降低减排成本。正因为如此,偏向型技术进步对碳排放和减排政策的选择具有重要的意义。

一、能源气候变化模型中的外生偏向型技术进步

能源气候变化模型中对偏向型技术进步的一种设置是假定改进能源效率的技术进步是外生的,称之为"自发能效改进"(Autonomous Energy Efficiency Improvement,简称 AEEI)形式。从长期的能源强度和能源价格数据来看,能源强度呈现一种自发下降的趋势,即便在能源价格存在波动的情况下依然显著。这一发现对于能源消耗导致的碳排放强度同样适用。采用 AEEI 技术进步形式的模型认为技术进步遵从一种前定的固定变化。一般都将能源效率提高设定为 GDP 增速的一定比率,如卢瑟福(Rutherford,1992)的 CRTM 模型、派克和泰斯伯格(Peck 和 Teisburg,1992)的 CETA 模型、诺德豪斯(Nordhaus,1994)的 DICE

模型、曼内等（Manne 等，1995）的 MERGE 模型、帕西夫（Paltsev 等，2005）的
EPPA 模型等①。为了表现经济增长和能源使用的脱钩关系，模型中一般采用一
个外生的 AEEI 参数，这种设定可以表征不由能源价格驱动的技术进步对能源
强度产生的作用。它或者反映的是经济产出中能源份额的变化，或者可以表现
行业的技术变化，其本质是一种外生的偏向型技术进步设定。韦伯斯特
（Webster，2008）通过对比研究 EPPA 模型中的两种不同的 AEEI 技术进步参数
设定发现，采用外生时间趋势表现 AEEI 和采用收入弹性法表现 AEEI 的方法在
短期可以给出非常类似的预测，但是在长期和存在未来生产率不确定性的情况
下，二者的预测结果有很大区别。在一定的政策条件下，后者得出的减排成本更
高。② 尽管现实数据显示，能源强度存在不由价格诱发的自发下降趋势，但它也
忽略了价格诱发技术进步，而技术进步的投资多来自私人部门，它将受到市场的
极大影响（Grubb et al.，2002）。③

二、能源气候变化模型中的内生偏向型技术进步

能源气候变化模型中，对技术进步的另一种设定是诱发的技术进步
（Induced Technical Change，简称 ITC）。采用 ITC 形式的模型认为技术进步可以
受到碳价格/能源价格、减排政策等因素的影响，这些因素有助于提高减排技术

---

① 相关文献参见：Rutherford，T.，"The Welfare Effect of Fossil Carbon Reductions：Results from Recursive Dynamic Trajectory Assessment"，*The Energy Journal*，Vol. 13，No. 1（1992），pp. 55-77；Peck，S.C.and Teisberg，T.J.，"CETA：A Model for Carbon Emissions Trajectory Assessment"，*The Energy Journal*，Vol. 13（1992），pp. 55 - 77；Nordhaus，W.，*Managing the Global Commons：The Economics of Climate Change*，Cambridge：MIT Press，1994；Manne，A.，R.Mendelsohn，and R.Richels，"MERGE：A Model for Evaluating Regional and Global Effects of GHG Reduction Policies"，*Energy Policy*，Vol. 23，No. 1（1995），pp. 17-34；Paltsev，et al，"The MIT Emissions Prediction and Policy Analysis（EPPA）Model：Version 4"，MIT Joint Program on the Science and Policy of Global Change，Report，Vol. 125，2005。

② 关于 AEEI 技术进步模型的更多评述可以见：Webster，M.S.Paltsev，and J.Reilly，"Autonomous Efficiency Improvement or Income Elasticity of Energy Demand：Does It Matter"，*Energy Economics*，Vol. 30（2008），pp. 2785-2798。

③ Grubb，M.，J.Kohler，and D.Anderson，"Induced Technical Change in Energy and Environmental Modeling：Analytic Approaches and Policy Implications"，*Annul Review of Energy and the Environment*，Vol. 27（2002），pp. 271-308.

的水平。诱发的偏向型技术进步的因素包括两大类：一类是经济因素，即能源价格的变化、能源行业投资盈利水平的变化等；另一类是政策因素，即减排政策、能效政策、碳税、碳交易等气候政策的作用。然而，政策因素诱发偏向型技术进步在本质上与价格因素的诱发非常类似，减排政策和能源政策，尤其是碳税、碳交易这种市场化的政策工具就是给排放的外部性定价，政策因素通过碳价格加价，其实改变了企业实际面对的能源要素价格，进而诱发创新偏向更清洁的技术。近二十年来 ITC 已越来越得到能源环境研究的重视。① 回顾相关的理论和实证研究，可以发现 ITC 的作用在能源效率、减排成本、减排路径和政策效果上具有以下几点特征。

（一）诱发的偏向型技术进步总体而言有助于提高能源效率

在诱发技术进步对碳强度、能源效率的影响方面，大部分研究都认为，外生能源价格上升、环境政策规制等因素可以诱发提高能源效率的技术进步，仅有少数研究认为诱发的偏向型技术进步对碳强度/能源强度的影响是复杂而模糊的。研究者通过现实数据的分析发现，仅仅假定 AEEI 型技术进步不能反映技术进步的全貌，诱发减排/节能技术进步会对碳强度、能源效率产生额外的影响。从历史数据来看，能源效率的提高可以是由能源价格诱发的。道拉塔巴蒂和奥维茨（Dowlatabadi 和 Oravetz，2006）通过实证分析发现，AEEI 的参数表示的技术进步率受到历史能源价格变化的强烈影响。因此，外生假设不变的 AEEI 在长期有违现实。通过设定能源价格诱发的能源效率增进，他们的模型发现，在 1974年以前能源价格下降的阶段，通过诱发偏向型技术进步使得能源效率降低了1.6%，而在随后的能源价格上升阶段则使能源效率提高了 1%。当然，ITC 还可能和 AEEI 同时发生作用。② 纽厄尔等（Newell 等，1999）对偏向型技术进步理论

---

① 有关 ITC 模型特点的更多评述可以见下列研究：Weyant，JP.，Olavson，T.，"Issues in modeling induced technological change in energy，environment，and climate policy"，*Environmental Modeling & Assessment*，Vol. 4，No. 2(1999)，pp. 67-85；Sue Wing，I，"Representing Induced Technological Change in Models for Climate Policy Analysis"，*Energy Economics*，Vol. 28(2006)，pp. 539-562。

② Dowlatabadi，H. and M. A. Oravetz，"US Long-term Energy Intensity：Backcast Projection"，*Energy Policy*，Vol. 34(2006)，pp. 3245-3256。

在产品层面进行了一个实证检验,考察是否存在诱发的节约能源型的技术进步(ITC型技术进步)。除了能源价格之外,他们也考察了政府规制的影响。研究结果发现,技术创新总体的速率与能源价格和管制是独立的,但是创新的方向在一些产品中受到能源价格的影响,当然,也有一些产品中能源效率的提升是自发的(AEEI型技术进步)。[①]

大部分包含ITC的模型和实证研究都指出ITC对节能减排、提高能效具有积极的作用。波普(Popp,2002)采用1970—1994年美国的专利引用数据和能源价格数据进行实证分析,研究是否发生了能源价格诱发型的技术进步。结果发现,能源价格的提高和现有知识存量都对提高能源效率的创新具有积极的作用。[②] 塔赫里和史蒂文森(Taheri and Stevenson,2002)也进行了类似的实证研究,考察不同燃料相对价格的变化是否会诱发偏向型技术进步。他们的研究结果发现了很明显的节约能源型技术进步。结果同时显示,技术进步的偏向至少有一部分是由化石燃料相对价格的变化诱发的,而且这种诱发的偏向型技术进步效应基本上是节约能源的。[③] 哈斯勒等(Hassler等,2012)的模型中包括能源、资本、劳动力三种投入要素。作者发现,能源节约型技术进步受到了20世纪70年代石油价格冲击的影响,认为ITC是降低能源强度的重要因素。其模型的校准也对"技术进步会偏向于节约更稀缺的要素"这一观点给出了很强的支持证据。[④] 阿吉翁(Aghion等,2016)研究了汽车产业的例子,采用微观企业数据考察偏向型技术进步对应对气候变化的作用。他们根据80余个国家的专利数据将汽车产业的创新分为清洁和污染两种类型,发现更高的能源价格会诱发更多清洁技术。[⑤]

① Newell,R. G. ,A. B. Jaffe, and R. N. Stavins, "The Induced Innovation Hypothesis and Energy-Saving Technological Change", *The Quaterly Journal of Economics*, Vol. 114,No. 3(1999) ,pp. 941-975.

② Popp,D., "Induced Innovation and Energy Prices", *The American Economic Review*, Vol. 92, No. 1 (2002) ,pp. 160-180.

③ Taheri, A. A. and R. Stevenson, "Energy Price, Environmental Policy, and Technological Bias ", *The Energy Journal*, Vol. 23, No. 4(2002) ,pp. 85-107.

④ Hassler J. ,P. Krusell and Olovsson C., "Energy-saving Technical Change", NBER Working Paper,2012.

⑤ Aghion, P., Dechezlepretre, A., Hemous, D., Martin, R., Van. Reenen, J., "Carbon Taxes, Path Dependency and Directed Technical Change: Evidence from the Auto Industry", *Journal of Political Economy*, Vol. 124,No. 1(2012) ,pp. 1-51.

当然,也有一些研究认为 ITC 对能源效率的效果比较模糊。巴克等(Barker 等,2006)对包含 ITC 的 E3MG 模型进行了实证检验,结果显示,ITC 可以显著减少能源需求。然而,其对能源效率的效应是模糊的。一方面,ITC 相比非 ITC 的情景可以减少能源消耗,另一方面,技术进步也将促进投资和经济增长,从而增加能源需求。① 此外,诺德豪斯(1999)认为,尽管 ITC 具有减排作用,但是它对减排的贡献程度不及要素替代。在其采用 AEEI 技术进步的 DICE 模型的基础上,在能源部门加入了一个诱发 R&D 支出的设定,因此,在这一 R-DICE 模型中,碳减排或是由诱发的技术进步引起,或是由要素替代引起。模型的结论甚至令作者惊讶:偏向型技术进步引起的二氧化碳浓度下降仅占要素替代效果的一半。②

(二)诱发的"清洁"技术进步有助于降低减排成本

当诱发的偏向型技术进步偏向"清洁"技术时,这种诱发的"清洁"技术进步总体而言有助于降低减排成本或要素成本。大部分采用 ITC 技术进步形式的模型得出的减排成本都比 AEEI 形式的模型得出的结论低。乔根森和威尔科克森(Jorgenson 和 Wilcoxen,1990)建立了第一个包含 ITC 的气候变化实证模型,隐含了诱发技术进步的设定。在模型中,技术进步被设定为要素价格和时间趋势的交叉相乘项。对每一个行业他们采用一个超越对数单位成本函数(Translog Unit Cost Function)模型进行估计。在他们设定的模型中,如果技术进步是使用要素 i 的,那么要素 i 价格上升时,将抵消一部分节约成本的效果,而如果技术进步是节约要素 i 的,那么要素 i 价格上升会增强节约成本的效果。③ 古尔德和施奈德(Goulder 和 Schneider,1999)建立的动态一般均衡模型中,每一个行业中的企业均采用劳动力、物质资本、知识资本、化石能源、非化石能源、能源密集型中间品

---

① Barker, T., Winne, S., "Decarbonizing the Global Economy with Induced Technological Change: Scenarios to 2100 Using E3MG", *Energy Journal*, Special Issue on Endogenous Technological Change and the Economics of Atmospheric Stabilisation(2006), pp. 143-160.

② Nordhaus, W. D., "Modeling Induced Innovation in Climate-Change Policy", Presented at the IIASA workshop on Induced Technological Change and the Environment, Institute for Applied Systems Analysis, Laxenburg, Austria, 1999.

③ Jorgenson, D. W. and P. J. Wilcoxen, *Reducing U. S. Carbon Dioxide Emissions: The Cost of Different Goals*, Cambridge, MA: Harvard University Press, 1990.

和其他中间品从事生产。诱发技术进步影响每个行业的 R&D 投资,从而改变生产函数。他们的模型同样强调 R&D 资源从一个行业转移到另一个行业的成本,即 ITC 的机会成本。这样,由于碳税而导致的能源价格上升会诱发低碳技术市场的 R&D,从而降低碳减排成本。[1] 波普(Popp,2005)采用专利数据来校准气候变化的内生技术进步 ENTICE 模型,这一模型中碳价格和能源相关的 R&D 投资是相关联的,从而可以诱发偏向型技术进步,同样发现 ITC 可以降低减排成本。[2] 盖尔(Gerlagh,2008)建立了一个基于资本、劳动力、能源相关碳排放三种投入要素的内生增长模型,技术进步变量包括能源生产中的累积创新、能源相关的碳排放节约技术进步和中性技术进步,并含有政策诱发的 ITC。结果发现,ITC 可以使碳税政策的减排成本减少一半。[3]

(三)诱发的偏向型技术进步对减排路径的影响效果不确定

诱发的偏向型技术进步会对减排路径产生影响。但是,对 ITC 情况下企业是否会推迟减排,不同的研究持完全不同的结论。苏文(Sue Wing,2006)指出,在跨期最优化模型中,AEEI 技术的模型中微观主体倾向于一种"等等看"(wait-and see)的策略,持续高排放,推迟技术创新;而 ITC 技术则暗示着微观主体更乐于"马上行动"(act now),因为对低碳能源供应和提高能源效率技术的研究和推广进行补贴等政策,都会激励创新,激发近期的行动。[4] 然而,吉尔德和马泰(Goulder 和 Mathai,2000)的局部均衡模型中,知识的积累是通过企业选择减排和 R&D 投资的时间路径,并在一定减排目标下进行成本最小化来决定的。研究结论发现 ITC 对最优减排路径有很大的影响。当存在诱发的技术进步时,如果技术进步来自于 R&D 投资的积累,那么当期的 ITC 会使得一部分减排被推迟;

---

① Goulder, L.H. and S.H. Schneider. "Induced Technological Change and the Attractiveness of CO2 Abatement Policies", *Resource and Energy Economics*, Vol. 21(1999), pp. 211-253.

② Popp, D., "Lessons from Patents: Using Patents to Measure Technological Change in Environmental Models", *Ecological Economics*, Vol. 54(2005), pp. 209-226.

③ Gerlagh, R., "A Climate-change Policy Induced Shift from Innovations in Carbon-energy Production to Carbon-energy Savings", *Energy Economics*, Vol. 30(2008), pp. 425-448.

④ Sue Wing, I., "Representing Induced Technological Change in Models for Climate Policy Analysis", *Energy Economics*, Vol. 28(2006), pp. 539-562.

而当技术进步来自于"干中学"时,则不能得出单一的减排路径变化的规律。①

(四)诱发偏向型技术进步的政策效果不一定明显

关于诱发偏向型技术进步的政策效果,理论研究一般认为能源气候政策有助于改变技术进步的方向,使之偏向更加清洁的技术。阿西莫格鲁等(2012)将其 2000 年前后建立的偏向型技术进步模型框架运用到环境经济学领域。在这一两部门的模型中,唯一的消费品是由两个部门的中间品生产的,"清洁"部门(Clean Sector)采用对环境无害的要素,而"污染"部门(Dirty Sector)采用损害环境的要素。结果发现,环境政策通过诱发清洁部门的技术进步,可以改变技术进步的方向,从而避免"环境灾难"。当清洁要素和污染要素之间的替代弹性足够大时,环境政策只需要在短期临时执行就可以达到效果,从而避免牺牲长期经济增长。当然,如果两种要素的替代弹性不够大,则环境政策需要永久执行;如果两种要素是替代关系,为了避免"环境灾害"则不可避免地要牺牲长期增长。此外,如果"污染"部门采用的是可耗竭资源,也有助于技术进步自发地偏向清洁部门,因为随着资源的耗竭,污染部门要素的价格会提高。②

然而,在 ITC 政策效应的实证检验中,政策对偏向型技术进步的诱发作用似乎并没有预想的明显。一个重要的案例是对欧洲碳排放交易体系(EU ETS)的研究。EU ETS 通过碳排放配额给碳排放定价,预期该政策有助于诱发清洁技术的创新。然而,实证研究发现 EU ETS 诱发清洁技术的效果似乎非常有限,甚至作用可能是负的。卡莱尔和德奇兹利普里特里(Calel 和 Dechezleprêtre,2012)构建了 850 万个 EU ETS 公司和其专利的数据库,发现尽管在 EU ETS 开始交易(特别是第二阶段)之后,低碳技术的专利有了很明显的上升,但是通过匹配法(Matching)、倍差法(Difference-in-Difference)等实证手段比较 EU ETS 涵盖的企业和非涵盖的企业发现,EU ETS 政策本身并不能揭示技术进步方向的变化,

---

① Goulder, L. H. and K. Mathai, "Optimal CO2 Abatement in the Presence of Induced Technological Change", *Journal of Environmental Economics and Management*, Vol. 39 (2000), pp. 1-38.

② Acemoglu, D., Aghion, P., Bursztyn. L., Hemous, D., "The Environment and Directed Technical Change", *The American Economic Review*, Vol. 102, No. 1 (2012), pp. 131-166.

或者充其量只对低碳技术变化起到非常有限的作用。[①] 施密特等(Schmidt 等,2012)的研究结果更加负面。其研究基于演化理论框架,采用了作者问卷调查获得的数据。结果发现,EU ETS 的前两个阶段中对技术进步诱发的偏向有误,导致技术进步更倾向高排放技术。他们发现,长期的减排目标和技术政策对诱发清洁技术有积极和重要的作用,并认为总量目标更加严格的 ETS 有助于诱发清洁技术。[②]

一些更为折中的研究结论可以为这一问题提供一个合理的解释。这些研究认为,政策诱发技术进步的效果依不同的政策而异。博南诺等(Buonanno 等,2008)在诱发技术进步的模型中结合了《京都议定书》框架下的碳交易情景。该模型发现,在 ITC 情境下,减排成本比非 ITC 情景更低,但是企业的履约成本却和碳交易的覆盖范围有关系,并不能得出单一的结论。[③] 类似的,约翰斯顿等(Johnstone,2010)的研究针对可再生能源的例子考察了环境政策对技术创新偏向的影响,采用了 25 个国家 1978—2003 年的专利数据。研究结果发现,不同的政策工具会诱发不同偏向的技术进步。[④]

对偏向型技术进步在能源环境气候变化中的应用研究进行回顾发现,偏向型技术进步,不论是外生的自发能效改进型(AEEI)技术进步,还是内生的,由经济因素或政策因素诱发的技术进步(ITC),均对提高能源效率、节能减排、降低碳强度有较为积极的作用。诱发的技术进步由于具有较强的政策含义,更是得到了模型和实证研究的特别关注,尽管相关研究在 ITC 的政策效果方面结论尚存差异,然而总体来说,ITC 对节能减排、提高能源效率、降低减排成本等方面可以产生比 AEEI 技术进步更强的积极作用。

---

①　Calel,R.and A.Dechezleprêtre,"Environmental Policy and Directed Technological Change:Evidence from the European Carbon Market",*The Review of Economics and Statistics*,Vol.98(2012),pp.1-56.

②　Schmidt,T.S.et al.,"The Effects of Climate Policy on the Rate and Direction of Innovation:A Survey of the EU ETS and the Electricity Sector",*Environmental Innovation and Societal Transitions*,Vol.2(2012),pp.23-48.

③　Buonanno,P.,C.Carraro,M.Galeotti,"Endogenous Induced Technical Change and the Cost of Kyoto",*Resource and Energy Economics*,Vol.25(2003),pp.11-34.

④　Johnstone,N.,I.Haščič,D.Popp,"Renewable Energy Policies and Technological Innovation:Evidence Based on Patent Counts",*Environmental and Resource Economics*,Vol.45,No.1(2010),pp.133-155.

自希克斯于1932年提出偏向型技术进步的思想以来,该理论经历了两轮发展。第一轮理论发展是在20世纪60—70年代,在对希克斯理论进行批判的基础之上,肯尼迪提出了创新可能性边界理论,随后由萨缪尔森等人进行了发展。此外,另一视角的理论模型也提出了技术"搜寻"的概念,以解释技术进步的偏向。早期偏向型技术进步理论由于缺乏合理的微观机制,在20世纪70年代之后相关研究陷入了沉寂。以阿西莫格鲁为代表的学者在2000年前后再次对偏向型技术进步展开了一系列的理论研究。以阿西莫格鲁和琼斯为代表的近期偏向型技术进步理论的主要特点是更加强调偏向型技术进步诱发机制的合理微观基础,并使得2000年以来,偏向型技术进步在理论模型和实证方法及检验上均取得了一定的进展。

偏向型技术进步理论的提出主要是为了解释经济发展过程中资本份额和劳动力份额的变化问题。然而,该理论被越来越多地运用到环境经济学模型中。偏向型技术进步在能源气候变化领域的运用一般有两种设定形式,一种假设技术进步是外生的,偏向型技术进步被表达为自发的能效改进(AEEI),另一种是内生的,能源价格、气候政策等因素都将诱发偏向型技术进步(ITC)。不论是AEEI还是ITC均对提高能源效率和降低碳强度有较为积极的作用。特别是ITC,由于具有较强的政策含义而得到了模型和实证研究的特别关注。

通过本章的理论回顾可知,偏向型技术进步,不论是外生的还是内生的,对碳强度都具有重要的意义,这为本书后续章节的研究提供了理论依据。本书第三章将采用数据包络法研究中国工业技术进步的要素偏向,偏向型技术进步的效果体现在其对生产函数造成的"旋转",这就避免了早期对有偏技术理论缺陷的一种批判,即可能无法区分偏向型技术进步和要素替代的效应。在第三章计算中国工业技术进步偏向的基础上,由于预期AEEI技术进步对能源效率的积极贡献,第四章将初步分析外生的偏向型技术进步对碳强度的影响。第五章则将更细致地研究自主研发、国际贸易、FDI等不同来源技术进步的偏向及其对碳强度的影响。第六章和第七章中则将结合ITC理论的核心结论,考察政策工具,特别是碳税、碳市场等政策产生的碳价格加价通过诱发偏向型技术进步对中国工业碳强度产生的影响。这些章节的研究均是基于偏向型技术进步的上述理论,并将其运用到中国工业行业的实证中。

第二章 中国工业的碳排放、技术进步和要素使用

　　工业是中国 GDP 增长的重要贡献者,也是中国碳排放最主要的来源。与此同时,中国工业碳强度整体也呈现下降趋势。工业部门提高碳生产率对中国控制温室气体增长速度有重要的作用,而技术进步是降低碳排放强度的重要因素。由于绝大部分工业碳排放来自能源消耗,因此技术进步主要是通过改变资本、劳动力、能源、中间品等生产投入要素的使用量和使用比例来改变碳排放强度。本章将采用 1999—2011 年期间中国工业 36 个行业的数据,[①]对其碳排放、碳强度、技术进步的绩效、来源及其要素使用特征进行分析,以勾勒出中国工业碳强度、技术进步和要素使用的现状。

第一节 中国工业的碳排放和碳强度

一、中国工业的碳排放

　　如果从直接排放[②]的角度进行计算,2011 年,中国工业整体碳排放为663014. 98 万吨,较 1999 年增长了 2. 57 倍之多。工业各个行业的碳排放差异巨

---

　　①　36 个行业的名称及编号详见附件。
　　②　直接排放是指一次能源燃烧直接排放至空气中的二氧化碳,间接排放是指生产电力、热力等二次能源所造成的碳排放。

大,2011 年排放量最大的行业为电力、热力的生产和供应业,达 343589.6 万吨,
占整个工业碳排放的 51.82%;排放量最小的行业为文教体育用品制造业,仅有
91.42 万吨。本节按照各行业 2011 年的碳排放量,将工业 36 个行业分为三组。
第一组是年二氧化碳排放 10000 万吨以上的高排放行业,排放量从大到小排列
依次是:G34 电力、热力的生产和供应业、G18 石油加工炼焦及核燃料加工业、
G25 黑色金属冶炼及压延加工业、G24 非金属矿物制品业、G01 煤炭采选业、G19
化学原料及化学制品制造业、G26 有色金属冶炼及压延加工业。这 7 个行业的
碳排放之和占整个工业行业碳排放的 93.52%。第二组是年排放 500 万—10000
万吨的中等排放行业,包括造纸及纸制品业、纺织业等 21 个行业,其排放量之和
占整个工业行业碳排放的 6.29%。第三组是年排放低于 500 万吨的低排放行业
共 8 个,碳排放之和仅占整个工业行业碳排放的 0.20%。参见图 2.1。

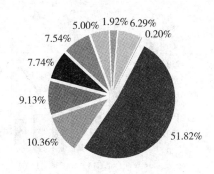

图 2.1　中国工业行业 2011 年碳排放占比

　　二氧化碳年排放量大于 10000 万吨的高排放行业是中国工业碳排放最主要
的来源。七个行业不仅排放量大,而且占工业排放的比重逐年攀升,从 1999 年
的 86.27% 上升到 2011 年的 93.52%(见图 2.2)。从图 2.3 可知,七大行业的碳
排放增长速度也快于其他行业。石油加工炼焦及核燃料加工业、有色金属冶炼
及压延加工业、电力、热力的生产和供应业在 1999—2011 年期间的年均碳排放
增长率分别为 12%、11% 和 10%。其余四个行业的年均碳排放增长率也在
5%—9% 之间。

　　二氧化碳排放量在 500 万—10000 万吨的中等排放行业包含了中国工业的
大部分制造业行业,其碳排放量适中,虽然行业数量达 21 个,但 2011 年其排放

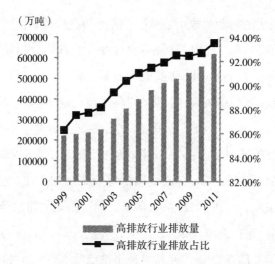

图 2.2 中国工业高排放行业 1999—2011 年碳排放量及占比

注:图中数据为作者根据历年《中国能源统计年鉴》计算整理。

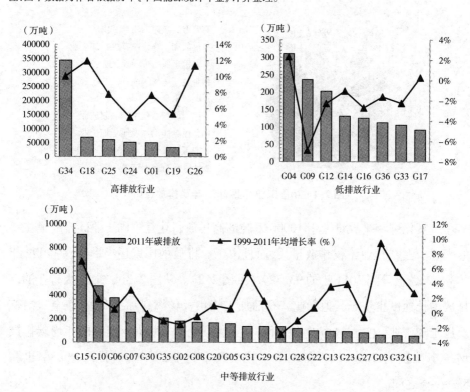

图 2.3 1999—2011 年各行业碳排放量及年均增长率

注:图中数据为作者根据历年《中国能源统计年鉴》计算整理。

量占比为 6.29%,甚至还不及煤炭采选业一个行业的排放量占比。中等排放行业的碳排放增速也适中。除了黑色金属矿采选业的年均增速达到 9%,其余行业增速均在 7% 以下,大部分行业增速仅在 1% 左右,甚至有六个行业 2011 年碳排放较之 1999 年有所下降。

二氧化碳排放量在 500 万吨以下的低排放行业不仅排放量相对较小,而且大部分行业 2011 年的碳排放量甚至比 1999 年有所降低。

二、中国工业的碳强度

尽管中国工业二氧化碳的排放量非常大,且逐年上升,然而工业碳强度,表现为碳排放量和工业增加值的比值,在 1999—2011 年间却呈快速下降趋势,从 1999 年的 12.14 吨/万元下降至 2011 年的 4.29 吨/万元,降幅达 64.75%。计算工业碳强度时,本书选择工业增加值而非工业总产值作为分母,原因之一是工业增加值剔除了中间产品产值,能更好的反应工业净产出,因此以工业增加值为产出指标的碳强度能更好的反应工业碳生产率;原因之二是能够和全社会碳强度指标对应,其产出指标一般采用 GDP,也不包括中间产品产值。

工业行业的碳强度与行业的碳排放呈很高的正相关关系。依照行业排放的分组对不同分组的碳强度均值进行 t 检验,发现高排放行业的碳强度均值显著高于中低排放行业的碳强度均值。因此,本小节继续依照行业碳排放分组对工业行业碳强度进行分析(见图 2.4)。

高排放行业的碳强度均值为 19.93 吨/万元,平均年下降率为 5.60%。电力、热力的生产和供应业、石油加工炼焦及核燃料加工业和煤炭采选业 2011 年的碳强度均高达两位数。高排放行业中,黑色金属冶炼及压延加工业、非金属矿物制品业 2011 年的碳强度为 7 吨/万元左右,高于工业平均水平,但 1999—2011 年间的年均下降率分别为 9% 和 11%,呈现快速下降趋势。化学原料及化学制品制造业、有色金属冶炼及压延加工业的碳强度为 4 吨/万元,优于工业行业平均水平。

中等排放行业的平均碳强度显著低于高排放行业,为 2.84 吨/万元;同时平均年下降率远超高排放行业,达 13.97%。其中,除了燃气生产和供应业的碳强度达到 5.77 吨/万元,其余行业均低于 4 吨/万元,即低于工业平均水平,并且在 1999—2011 年期间呈下降趋势,绝大部分行业的下降率在两位数。

低排放行业的碳强度也非常低,且下降速度最快,平均碳强度仅为 0.47 吨/万元,平均年下降率达 15.13%。其所有行业的碳强度均在 1 吨/万元以下,家具制造业、仪器仪表及文化、办公用机械制造业的年均下降率甚至达到了 20%以上。

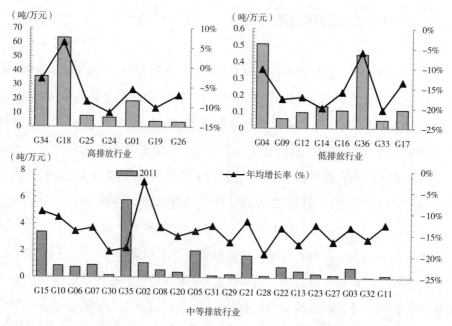

图 2.4　2011 年各行业碳强度及 1999—2011 年均增长率
注:图中数据为作者根据历年《中国能源统计年鉴》《中国统计年鉴》计算整理。

从上述分析可以看出,以工业增加值作为产出指标时,工业行业碳强度及其变化率的差异非常大,总体而言呈现高排放行业高碳强度、低排放行业低碳强度的趋势,碳强度在绝大部分行业呈下降趋势,但下降的速率总体而言也在低排放行业更快一些。高排放行业的碳强度总的来说要高于工业平均水平,而绝大部分的中低排放行业碳强度均低于工业平均水平。这说明中国工业排放和增加值均集中于少数高排放行业,控制这些高排放行业排放量的增长对降低中国工业碳强度至关重要。

第二节　中国工业技术进步现状

一、中国工业技术进步的绩效

全要素生产率(TFP)是技术进步绩效的直接度量,它反映的是不由要素投入增长带来的产出增长。本节采用非参数的数据包络法(DEA)计算了工业行业1999—2011年包括资本、劳动力、能源和中间品四种投入要素的Malmquist全要素生产率指数,该指数度量的是相邻两个时期技术水平的变化,大于1表示全要素生产率水平比上期有所上升,小于1表示全要素生产率水平比上期有所下降。结果发现,工业行业平均TFP在2007年以前稳定在1.07—1.11左右的水平上,但2008年开始则存在波动,2008年和2010年的TFP指数均小于1,2009年和2011年的TFP尽管大于1,但略低于2007年以前的水平。因此,从累计TFP指数来看,2007年以前呈现稳步上升趋势,2008年开始则出现波动下降(见图2.5)。

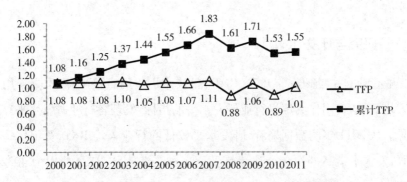

图 2.5　1999—2011 年工业整体 TFP 及累计 TFP 指数

注:图中数据为作者根据历年《中国统计年鉴》,采用 DEA 方法计算整理。

从1999—2011年的分行业结果来看,全要素生产率在不同行业之间存在较大的差距。但总体而言呈现如下规律:第一,采掘业和公用事业的全要素生产率水平较低,甚至出现2011年比1999年下降的现象,而制造业相对来讲全要素生产率在1999—2011年间出现上升。第二,在制造业行业中,编号靠前和编号靠后的行业,相对而言也即劳动密集型行业和技术密集型行业均出现了较大幅度的技术进步,而编号居中的行业 TFP 指数则相对较低。第三,包含能源的全要素生产率在7个高排放行业均较低(图中柱形用黑色标出),煤炭采选业和石油加工炼焦及核燃料加工业 TFP 指数小于1,且前者为 TFP 指数最低的行业;其余高排放行业的 TFP 指数虽然大于1,但相对而言均处于较低水平。

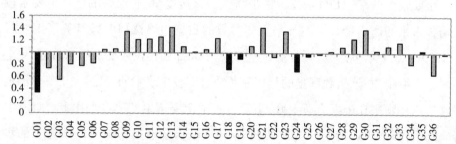

图2.6　1999—2011年工业行业 TFP 指数

注:图中数据为作者根据历年《中国统计年鉴》,采用 DEA 方法计算整理。

二、中国工业不同来源的技术进步

(一)研究与开发(R&D)

工业行业自主的研究与开发(R&D)是技术进步的直接来源,本书采用各行业的人均 R&D 费用作为度量行业研发水平的指标,发现各行业研发水平存在较大差异。从2011年的数据来看,研发水平较低的行业人均 R&D 费用仅一千余元,而研发水平最高的黑色金属冶炼及压延加工业人均 R&D 费用为40320.93元。图2.7采用行业平均研发水平人均13813.65元为坐标轴原点,可以发现:第一,除石油和天然气开采业外,能源资源的开采和能源供应行业的研发水平大多低于平均水平;第二,制造业行业中,行业编号靠前的劳动密集型行业研发水平大多低于平均水平,行业编号靠后的资本密集型行业研发水平大多高于行业平均水平,如医药、化纤、冶金、设备制造、电子通讯设备等;第三,7个高排放行业的人均 R&D 费用也有较大差别,既包括人均 R&D 费用最高的行业,也包括三个研发水平低于平均水平的行业,但这些行业 1999—2010 年的人均 R&D 费用年均增速均在 10%以上。

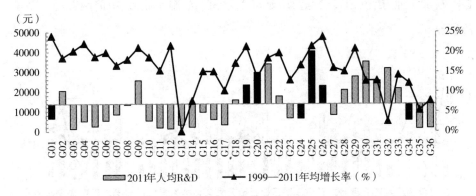

图 2.7　工业行业 2011 年人均 R&D 费用及 1999—2011 年均增长率

注:图中数据为作者根据历年《中国科技统计年鉴》《中国劳动统计年鉴》计算整理。

(二)外商直接投资的技术溢出

外商直接投资(FDI)的技术溢出是开放条件下技术进步的另一个重要来源。FDI 的技术溢出效应主要分为水平溢出、前向溢出和后向溢出三种。FDI 的水平溢出度量的是外资企业带来的技术通过同行业竞争而扩散的效应;前向溢出指的是外资企业对下游企业提供产品时所发生的技术溢出;后向溢出指的是外资企业向本国企业购买投入品时使得技术向产业链上游企业扩散的效应。[①]

图 2.8 显示了各行业 FDI 水平、前向、后向溢出效应规模及三种效应 1999—2011 年的年均增长率。结果发现 FDI 溢出效应在高排放行业和能源密集型行业的规模相对较小。具体而言:第一,大部分行业 FDI 溢出效应总规模在 0.8—1.0 左右,并且水平、前向和后向溢出效应大小接近。第二,能源资源开采行业和电力、热力的生产和供应业的 FDI 溢出效应总规模小于大多数工业行业,

---

① 本章采用三资企业的固定资产净值占规模以上工业企业固定资产净值的比重来表示水平溢出。前向溢出和后向溢出则分别等于水平溢出乘以根据投入产出表计算的前向溢出系数和后向溢出系数。

且能源资源开采行业水平溢出效应非常低,前向和后向溢出效应的规模基本一致,主要原因可能是这些行业作为国家命脉外资规模被严格控制,因此技术溢出的总规模较小。第三,其他 FDI 溢出效应规模较小的行业包括石油加工炼焦及核燃料加工业、黑色金属冶炼及压延加工业和烟草制品业,其中前两者均为高排放行业。

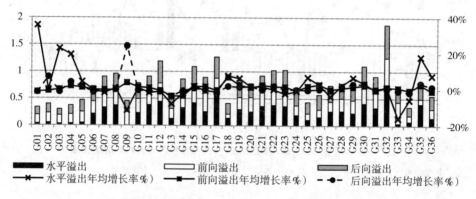

**图 2.8 工业行业 2011 年 FDI 水平、前向、后向溢出
效应规模及 1999—2011 年年均增长率**

注:图中数据为作者根据历年《中国统计年鉴》以及 1997 年、2002 年、2007 年《中国投入产出表》计算整理。

(三)国际贸易的技术溢出

在开放经济条件下,国际贸易的过程中也会带来技术溢出效应,如物化在进出口产品中的技术、进出口中为了达到外国标准而带来的技术进步、贸易过程中对先进管理水平、人力资源水平的传播等。本书衡量了进口和出口的技术溢出效应,分别用进口和出口规模占工业增加值的比重来表示。图 2.9 报告了中国工业行业 2011 年进出口技术溢出的水平及 1999—2011 年的年均增长率,结果显示,国际贸易技术溢出的规模在高排放行业也相对较小。第一,中国工业行业间,不论是国际贸易技术溢出的总规模还是进出口技术溢出的规模和比例都存在很大差异。国际贸易技术溢出规模大的行业均不是高排放行业。第二,进口的技术溢出在能源资源开采业中占绝对主导地位,特别是石油和天然气开采业、黑色金属矿采选业、有色金属矿采选业,这三个行业不仅贸易技术溢出的总规模大,而且其几乎全部是由进口的技术溢出带来的,说明中国能源资源行业出口比重非常低。第三,对于绝大部分制造业行业来说,出口技术溢出效应占较大比重,出口的年均增长率也略高于进口,这是由于中国长期出口导向型经济特征所致。第四,能源供应行业的贸易量极小,因此贸易技术溢出也几乎为零。

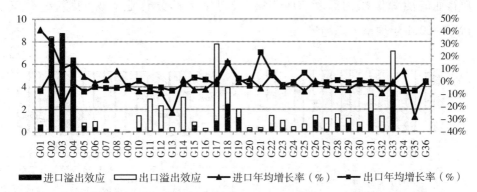

图 2.9 工业行业 2011 年进出口技术溢出效应规模及 1999—2011 年年均增长率

注:图中数据为作者根据 UN Comtrade 数据库统计数据、历年《中国统计年鉴》计算整理。

第三节 中国工业的要素使用现状

工业排放和生产与其要素使用情况密切相关。首先,工业直接碳排放的主要来源是能源消耗产生的碳排放,工业排放总量与工业能源消费量有密切的关系。其次,工业碳强度还与工业增加值相关,而后者又与总成本挂钩,因此,工业碳强度从要素投入的微观视角来看,很大程度上是能源投入份额的问题。最后,技术进步可以通过降低能源要素的使用,或通过减少单位产出对所有要素的使用来降低工业碳排放强度。

与传统研究仅考虑资本和劳动力不同,本节采用 KLEM 框架分别计算了资本份额(SK)、劳动力份额(SL)、能源份额(SE)和中间品份额(SM)四种要素份额。图 2.10 报告了高排放行业(上左)、中等排放行业(下)和低排放行业(上右)的结果。不难发现:第一,对所有工业行业来说,资本和中间品投入均占了绝大部分,从变化趋势来看,中间品投入份额在 1999—2011 年有明显的增长,资本投入份额则存在明显下降。能源份额和劳动力份额相对而言占比较小。第二,高排放行业能源份额明显高于中等排放行业和低排放行业。高排放行业的能源份额在 1999—2011 年基本占到 10% 以上,而绝大多数中等排放行业和低排放行业的能源份额均低于 10%。第三,对绝大部分行业来说,能源份额在 1999—2011 年均呈下降趋势。

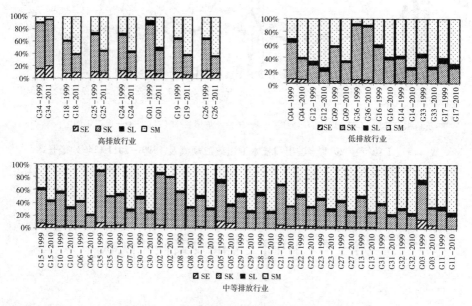

图 2.10 工业行业 1999—2011 年要素份额

注:图中数据为作者根据历年《中国统计年鉴》《中国能源统计年鉴》《中国劳动统计年鉴》《中国物价年鉴》计算整理。

进一步,图 2.11 考察了在 1999—2011 年期间能源与其他要素使用比例的变化趋势。[①] 能源资本使用比(E/K)的对数在 2007 年以前基本呈现平稳状态,2007 年以后呈现明显的下降趋势。能源中间品使用比(E/M)的对数则在考察的时期内呈直线下降态势,直至 2010—2011 年间下降速率有所减缓。能源劳动

———————————

① 为了剔除要素价格的影响,这里采用的是能源与资本、劳动力和中间品绝对使用量的比值。由于要素绝对使用量的单位不同,因此 E/K、E/M、E/L 三个比值之间不存在可比性,但是该图能较好地反应不包含要素价格的要素相对使用随时间变化的情况。

力投入比(E/L)的对数则总体呈上升趋势,2007 年以前上升趋势明显,2007 年
以后则出现波动上升。

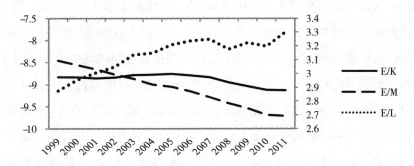

图 2.11　工业能源与其他要素投入比例趋势(1999—2011 年)

注:图中数据为作者根据历年《中国统计年鉴》《中国能源统计年鉴》《中国劳动统计年鉴》计算整理。

第四节　中国工业碳强度、技术进步与
能源要素份额之间的关系

从上文的分析可知,中国工业碳强度呈现逐年下降趋势,行业之间的碳排放
和碳强度具有很大的差异,总体而言,碳排放量大的行业碳强度也较大。因此,
本章依据 36 个工业行业的碳排放量分为了三组,分别是高碳排放行业(排放量
大于 10000 万吨)、中等碳排放行业(排放量为 500 万—10000 万吨)和低碳排放
行业(排放量小于 500 万吨)。按照这一分组可以发现,碳强度和能源份额在各
组之间也存在明显的差别:碳强度和能源份额在高排放行业最大,在中等排放行
业次之,在低排放行业最小。由于碳强度和能源份额的关联非常大,如果技术进
步能够降低能源份额,那么它就很可能有助于降低碳强度,可见,能够降低能源
与其他要素使用比例和能源份额的偏向型技术进步在降低碳强度中可以起到重
要的作用。

由于高、中、低碳排放的三个分组同时也对应着碳强度和能源份额数值高、
中、低的明显分别,为了初步观察技术进步可能存在的要素偏向,本小节继续考

察技术进步的绩效和来源在三个分组之间均值的差异。从技术进步的绩效 TFP 来看,其均值在高碳强度和能源份额分组最低,在中碳强度和能源份额分组最高,但中、低碳强度和能源份额分组之间 TFP 均值差异不大。可见较高的 TFP 与较低的能源份额和碳强度相对应。不同来源的技术进步的要素使用特征也存在差别。人均 R&D 费用在高、中碳强度和能源份额分组的均值差异非常小,且显著高于低碳强度和能源份额分组的均值,可见高碳排放的行业同时也是自主研发投入较强的行业。FDI 的水平溢出效应和前向溢出效应在中、低碳强度和能源份额的分组都明显高于高碳强度分组,而 FDI 后向溢出效应在不同分组之间均值的差距并不明显。出口和进口的技术溢出效应在中、低碳强度和能源份额的均值都明显高于高碳强度分组。当然,不同来源技术进步究竟是能源使用型的还是能源节约型的,通过偏向型技术进步效应是否有助于降低碳强度还需要在控制其他变量的影响和内生性问题的基础之上展开分析。

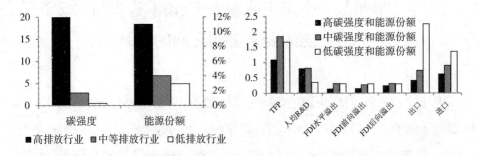

图 2.12　碳强度、能源份额、不同来源技术进步在不同排放分组中的均值

注:图中数据为作者根据历年《中国统计年鉴》《中国能源统计年鉴》《中国劳动统计年鉴》《中国物价年鉴》计算整理。

本章通过中国工业 36 个行业 1999—2011 年的统计数据展示了中国工业碳排放、碳强度、技术进步和要素使用的现状。由于偏向型技术进步可以通过改变能源与其他要素的投入比来改变碳强度,因此,本章的数据分析也旨在初步揭示碳强度、技术进步和能源份额之间的关系。

本章将中国工业 36 个行业依据碳排放量的高低分为三组,结果发现:

第一,中国工业能源消耗碳排放规模依然呈现增长趋势,但各个行业的碳排放差异巨大。排放量在 10000 万吨以上的 7 个高排放行业 2011 年的碳排放占到工业碳排放总量的 93.52%。工业碳强度在 1999—2011 年间呈快速下降趋势,降幅达 64.75%。高排放行业的碳强度明显高于中、低排放行业;碳强度下降率则是中、低排放行业明显高于高排放行业。

第二,不同工业行业的要素份额也呈现出一定的特征:一是高排放行业能源份额明显高于中、低排放行业。二是 1999—2011 年间,能源资本使用比有所下降,能源中间品使用比呈直线下降态势,而能源劳动力投入比则总体呈上升趋势。

第三,总体而言,技术进步的绩效和不同来源的技术进步在低碳排放行业的平均规模相对较大。不同来源的技术进步的要素使用特征有所不同。人均 R&D 在高、中碳强度和能源份额分组的均值差异非常小,且显著高于低碳强度和能源份额分组的均值。但 FDI 的水平溢出效应和前向溢出效应,出口和进口的技术溢出效应在中、低碳强度和能源份额的分组都明显高于高碳强度分组。

统计数据分析初步展示了中国工业行业的碳强度、能源要素份额和要素比、技术进步的绩效和来源这些指标之间的关系,发现技术进步可能对能源要素份额产生影响,这体现了技术进步改变要素之间的边际替代率,从而改变要素使用比例的偏向型技术进步特征。由于碳强度与能源份额具有很强的关联,偏向型技术进步对碳强度也可能产生重要的影响。这种影响效应有多大,不同来源的技术进步是否具有不同的要素使用特征,即是本书后续将要研究的内容。

第三章　中国工业技术进步的
要素偏向

技术进步难以被直接度量。一般而言,可以通过全要素生产率来度量技术进步的绩效,或用 R&D 来度量技术进步的投入,用专利来度量技术进步的产出(Keller,2009)。[①] 然而,偏向型技术进步将改变能源和其他要素之间的边际替代率,因此并不能够采用传统的技术进步变量。偏向型技术进步的度量和技术进步偏向的判断是本书展开实证分析的关键。本章将采用费尔等(Fare 等,1997)提出的投入偏向技术变化指数(IBTECH)来度量中国工业行业的偏向型技术进步,并作为判断技术进步偏向的依据。该方法基于非参数的数据包络法,是在 Malmquist 全要素生产率指数基础上的进一步分解,优点是不受生产函数形状和要素价格的限制。通过计算中国工业及其 36 个行业技术进步的 IBTECH 指数,本章将判别 1999—2011 年间中国工业技术进步在能源与资本、劳动力和中间品之间的偏向,并在工业整体层面和行业层面分析偏向型技术进步变化的趋势和不同要素偏向技术进步的行业分布。本章的研究将刻画中国工业偏向型技术进步的特征,如偏向型技术进步对生产率的促进程度,中国工业行业偏向型技术进步是否是节约能源的,中国工业行业技术进步的要素偏向随时间变化的趋势等。同时,IBTECH 指数和工业技术进步要素偏向的判断也是本书后续展开实证分析的重要指标。

---

　　① Keller,W.,"International Trade,Foreign Direct Investment,and Technology Spillover",NBER Working Paper,No. 15442,2009.

第一节　偏向型技术进步指数的测度方法

偏向型技术进步的度量是本书展开实证分析的重点,也是难点。首先,偏向型技术进步不能用全要素生产率来度量,根据全要素生产率的概念,它应该既包括中性技术进步的绩效,也包括偏向型技术进步的绩效。其次,尽管可以假定生产函数的形式,采用参数估计的方法估计出生产函数中的系数,并依此计算偏向型技术进步,然而该方法不仅复杂,而且必须要假定生产函数的形状,但前定的生产函数形状又会影响实证结论。对比以上两种方法,从全要素生产率角度展开分析具有一定的优势。由于全要素生产率中同时包括了中性和偏向型技术进步的效果,因此,只要从中将两者剥离开来即可。同时,非参数的数据包络法在全要素生产率的研究中已经得到了成熟的运用,该方法并不需要假定生产函数的形状,也不受要素价格的限制。

在生产率的度量中,技术进步的作用是引起等产量线的移动。在两种投入要素的坐标轴中,它可以促使等产量线向原点移动。如果技术进步不改变投入要素的边际替代率,即技术进步是中性的,则等产量线会向原点"平移"。如果技术进步改变投入要素之间的边际替代率,即技术进步是偏向型的,则会导致等产量线的"旋转",从而使一种投入要素的边际生产率提高,相对而言另一种要素的边际生产率降低。一般而言,技术进步的上述两种效应兼而有之。若要度量偏向型技术进步,就需要从技术进步对等产量线的作用中分离出"平移"的效应和"旋转"的效应,即中性和偏向型技术进步。

技术进步总效应的一个重要测度指标是全要素生产率(TFP)。TFP的测算方法可分为参数法和非参数法两大类。参数法主要有随机前沿法(SFA)和计量回归方法,非参数法的代表则是数据包络分析(DEA)。参数法最大的局限是其需要设定特定的函数形式,相比较而言,以DEA为代表的非参数法并不需要假定函数形式。DEA方法是从已有的数据信息中线性规划求解出生产前沿面。此外,采用DEA方法时假设生产并非完全有效率,即并不是所有的投入和产出组合都落在生产前沿面上,在这种情况下,技术进步效应还包括技术效率——即投入产出组合点与生产前沿面的距离——的变化。费尔等(Fare 等,1994)提出了基于 DEA-Malmquist 指数法来度量 TFP,并将其进一步分解为技术效率变化和技术变化,前者指的是投入产出组合到生产前沿面之间距离的变化,后者是指生产前沿面本身的变化。然而这种分解并未区分中性技术进步和偏向型技术进步。① 费尔等(Fare 等,1997)进一步提出了 Malmquist 全要素生产率指数的另一种分解方法,将技术变化(TECH)指数分解为技术规模变化(MATECH)、产出偏向技术变化(OBTECH)和投入偏向技术变化(IBTECH)指数,其中 IBTECH 指数即可以度量偏向型技术进步。②

依照谢泼德(Shephard,1953)、曼奎斯特(Malmquist,1953)的研究,本章定义投入导向(Input-oriented)的距离函数(Distance Function),其倒数是给定产出时所需的最小投入要素与实际投入要素之比,是技术效率的一种度量。③ 假设 $x^t = (x_1^t, \cdots, x_N^t)$ 表示 t 时期的一组非负投入向量,$y^t = (y_1^t, \cdots, y_N^t)$ 表示 t 时期的一组非负产出向量,那么 t 时期的投入需求集(Input Requirement Set)表示这一时期产出所需的可行投入组合,表示为:

$$L^t(y) = \{x : x \quad can \quad produce \quad y\}$$

投入需求集所代表的等产量线定义如下:

$$ISOQL^t(y) = \left\{ x : \frac{x}{\lambda} \in L^t(y) \right\}$$

Shephard 投入距离函数则可定义为:

$$D_i^t(y,x) = \max\left\{ \lambda : \frac{x}{\lambda} \in L^t(y) \right\}$$

其倒数表示给定产出时所需的最小投入量和实际投入量的比值,表征投入技术效率。当规模报酬不变时,投入导向(Input-oriented)的距离函数和产出导

① Fare,R.,S.Grosskopf and M.Norris,"Productivity Growth,Technical Progress,and Efficiency Change in Industrialized Countries Reply",*The American Economic Review*,Vol.87,No.5(1994),pp.1040-1043.

② Fare,R.,E.Grifell-Tatje,S.Grosskopf and C.A.K.Lovell,"Biased Technical Change and Malmquist Productivity Index",*Scandinavian Journal of Economics*,Vol.99,No.1(1997),pp.199-127.

③ 参见 Shephard,R.W.,*Cost and Production Functions*,Princeton:Princeton University Press,1953;Malmquist,S.,"Index Numbers and Indifference Surfaces",*Trabajos de Estadistica*,Vol.4(1953),pp.209-242.

向(Output-oriented)的距离函数互为倒数,投入技术效率和产出技术效率相等。

在投入导向之下,费尔(Fare,1994)定义的 Malmquist 指数(MI)可表示为:

$$MI = \sqrt{\frac{D_0^{t+1}(\boldsymbol{y}^t, \boldsymbol{x}^t)}{D_0^{t+1}(\boldsymbol{y}^{t+1}, \boldsymbol{x}^{t+1})} \times \frac{D_0^t(\boldsymbol{y}^t, \boldsymbol{x}^t)}{D_0^t(\boldsymbol{y}^{t+1}, \boldsymbol{x}^{t+1})}}$$

该指数是在满足规模报酬不变条件下的技术"标杆"的基础上定义的(Lovell,2003)。[1]

进一步,费尔等(Fare 等,1994)将 MI 分解为技术变化指数(TECH)和技术效率变化指数(EFFCH):

$$MI = \sqrt{\frac{D_0^{t+1}(\boldsymbol{y}^t, \boldsymbol{x}^t)}{D_0^t(\boldsymbol{y}^t, \boldsymbol{x}^t)} \times \frac{D_0^{t+1}(\boldsymbol{y}^{t+1}, \boldsymbol{x}^{t+1})}{D_0^t(\boldsymbol{y}^{t+1}, \boldsymbol{x}^{t+1})}} \times \left[\frac{D_0^t(\boldsymbol{y}^t, \boldsymbol{x}^t)}{D_0^{t+1}(\boldsymbol{y}^{t+1}, \boldsymbol{x}^{t+1})}\right]$$

$$= TECH \times EFFCH$$

根据费尔等(Fare 等,1997),技术指数变化(TECH)可以进一步分为技术规模变化指数(MATECH)、产出偏向技术变化指数(OBTECH)和投入偏向技术变化指数(IBTECH):

$$MATECH = \frac{D_0^{t+1}(\boldsymbol{y}^t, \boldsymbol{x}^t)}{D_0^t(\boldsymbol{y}^t, \boldsymbol{x}^t)}$$

$$OBTECH = \sqrt{\frac{D_0^{t+1}(\boldsymbol{y}^{t+1}, \boldsymbol{x}^{t+1})}{D_0^t(\boldsymbol{y}^{t+1}, \boldsymbol{x}^{t+1})} \Big/ \frac{D_0^{t+1}(\boldsymbol{y}^{t+1}, \boldsymbol{x}^t)}{D_0^t(\boldsymbol{y}^{t+1}, \boldsymbol{x}^t)}}$$

$$IBTECH = \sqrt{\frac{D_0^{t+1}(\boldsymbol{y}^{t+1}, \boldsymbol{x}^t)}{D_0^t(\boldsymbol{y}^{t+1}, \boldsymbol{x}^t)} \Big/ \frac{D_0^{t+1}(\boldsymbol{y}^t, \boldsymbol{x}^t)}{D_0^t(\boldsymbol{y}^t, \boldsymbol{x}^t)}}$$

其中技术规模的变化(MATECH)度量的是生产前沿面的平移,即中性技术进步;产出偏向技术变化度量的是在多产出的情况下,技术进步对产出不同比例的增进效应,在单一产出的情况下,OBTECH 为 0;投入偏向技术变化(IBTECH)度量的是技术进步对不同投入要素边际替代率的改变,表示投入要素偏向型的技术进步使得 TFP 在要素等比例节约情景的基础上获得了进一步的增进

① Lovell,K.,"The Decomposition of Malmquist Productivity Indexes",*Journal of Productivity Analysis*, Vol. 20(2003),pp. 437-458.

（IBTECH>1）或降低（IBTECH<1）。

计算上述指数需要求解的如下六个距离函数：

（1）$D_0^t(y^t, x^t)$

$$D_0^t(y^t, x^t)^{-1} = \min \lambda$$

$$s.t. \quad \sum_{n=1}^{N} \gamma_n^t y_n^t \geqslant y^t$$

$$\sum_{n=1}^{N} \gamma_n^t x_n^t \leqslant \lambda x^t$$

$$\gamma_n^t \geqslant 0$$

（2）$D_0^{t+1}(y^{t+1}, x^{t+1})$

$$D_0^{t+1}(y^{t+1}, x^{t+1})^{-1} = \min \lambda$$

$$s.t. \quad \sum_{n=1}^{N} \gamma_n^{t+1} y_n^{t+1} \geqslant y^{t+1}$$

$$\sum_{n=1}^{N} \gamma_n^{t+1} x_n^{t+1} \leqslant \lambda x^{t+1}$$

$$\gamma_n^{t+1} \geqslant 0$$

（3）$D_0^t(y^{t+1}, x^{t+1})$

$$D_0^t(y^{t+1}, x^{t+1})^{-1} = \min \lambda$$

$$s.t. \quad \sum_{n=1}^{N} \gamma_n^{t+1} y_n^t \geqslant y^{t+1}$$

$$\sum_{n=1}^{N} \gamma_n^{t+1} x_n^t \leqslant \lambda x^{t+1}$$

$$\gamma_n^t \geqslant 0$$

（4）$D_0^{t+1}(y^t, x^t)$

$$D_0^{t+1}(y^t, x^t)^{-1} = \min \lambda$$

$$s.t. \quad \sum_{n=1}^{N} \gamma_n^{t+1} y_n^{t+1} \geqslant y^t$$

$$\sum_{n=1}^{N} \gamma_n^{t+1} x_n^{t+1} \leqslant \lambda x^t$$

$$\gamma_n^{t+1} \geqslant 0$$

（5）$D_0^t(y^t, x^{t+1})$

$$D_0^t(y^t, x^{t+1})^{-1} = \min \lambda$$

$$s.t. \quad \sum_{n=1}^{N} \gamma_n^t y_n^t \geqslant y^t$$

$$\sum_{n=1}^{N} \gamma_n^t x_n^t \leqslant \lambda x^{t+1}$$

$$\gamma_n^t \geqslant 0$$

（6）$D_0^{t+1}(y^t, x^{t+1})$

$$D_0^{t+1}(y^t, x^{t+1})^{-1} = \min \lambda$$

$$s.t. \quad \sum_{n=1}^{N} \gamma_n^{t+1} y_n^{t+1} \geqslant y^t$$

$$\sum_{n=1}^{N} \gamma_n^{t+1} x_n^{t+1} \leqslant \lambda x^{t+1}$$

$$\gamma_n^{t+1} \geqslant 0$$

将 Malmquist 指数进一步分解为投入偏向技术变化指数和技术规模变化指数，可以区分生产前沿面由于技术进步产生平移的基础上可能发生的"旋转"效应。这种分解方法已经被应用于度量国家之间的偏向型技术进步特征、环境效率的评价、行业的偏向型技术进步特征、微观主体的偏向型技术进步特征等方面的研究。[①]

---

① 采用投入偏向技术变化指数度量国家之间的偏向型技术进步特的研究例如：Chen, P.and M.Yu, "Total Factor Productivity Growth and Directions of Technical Change Bias: Evidence from 99 OECD and non-OECD Countries", *Annals of Operations Research*, Vol. 214, No. 1(2014), pp. 143–165；环境效率评价的研究包括：Kortelainen, M., "Dynamic Environmental Performance Analysis: A Malmquist Index Approach", *Ecological Economics*, Vol. 64(2008), pp. 701–715；Kumar, S.and S.Managi, "Energy Price-induced and Exogenous Technological Change: Assessing the Economic and Environmental Outcomes", *Resource and Energy Economics*, Vol. 31

第二节　技术进步偏向的判别方法

　　IBTECH 指数度量的是偏向型技术进步对生产率的增进或降低,但它并未给出技术进步在不同要素之间的偏向。为了解决这一问题,韦伯和多梅兹利基(Weber 和 Domazlicky,1999)基于 IBTECH 指数提出了一种判别技术进步偏向的方法,这种方法可以通过要素比例在 $t+1$ 期和 t 期的变化,以及 IBTECH 与 1 的大小之间的不同组合,来判别技术进步的要素偏向。[①] 费尔等(Fare 等,2010)通过图形表现了 IBTECH 与技术进步偏向的关系[②](参见图 3.1、图 3.2)。

　　假设从 t 期至 $t+1$ 期发生了技术进步。图中四条等产量线 $L^t(y)$ 、 $L_n^{t+1}(y)$ 、 $L_1^{t+1}(y)$ 、 $L_2^{t+1}(y)$ 代表相同的产出水平,因此,技术进步使得后三条等产量线比 $L^t(y)$ 更靠近原点。如果两种投入之间的边际替代率不变,那么技术进步是希克斯中性的;如果在保持投入组合不变的情况下,两种要素之间的边际替代率上升(或降低),那么技术进步是使用 x_1(或使用 x_2)的。因此,图中 $L_n^{t+1}(y)$ 代表的是希克斯技术进步, $L_1^{t+1}(y)$ 表示的是使用 x_1 的技术进步, $L_2^{t+1}(y)$ 表示的是使

　　(接上页注①)(2009),pp. 334-353;行业层面偏向型技术进步特征的研究例如:Weber,W.L.and B.R. Domazlicky,"Total Factor Productivity Growth in Manufacturing:A Regional Approach Using Linear Programming",*Regional Science and Urban Economics*,29(1999),pp. 105-122;Kumar,S.,"A Decomposition of Total Productivity Growth:A Regional Analysis of Indian Industrial Manufacturing Growth",*International Journal of Productivity and Performance Management*,Vol. 55,No. 3/4(2006),pp. 311-331;Nin,A.,C.Arndt and P.V.Preckel,"Is Agricultural Productivity in Developing Countries Really Shrinking? New Evidence Using a Modified Nonparametric Approach",*Journal of Development Economics*,Vol. 71(2003),pp. 395-415;Managi,S. and D. Karemera,"Input and Output Biased Technological Change in US Agriculture",*Applied Economic Letters*,Vol. 11 (2004),pp. 283-286;微观主体的偏向型技术进步特征的研究见:Walden,J.B.,J.E.Kirkley,R.Fare,and P. Logan,"Productivity Change under and Individual Transferable Quota Management System",*American Journal of Agricultural Economics*,Vol. 94,No. 4(2012),pp. 913-928;Barros,C.P. and W.L.Weber."Productivity Growth and Biased Technological Change in UK Airports",*Transportation Research*,Part E,Vol. 45(2009),pp. 642-653;Barros,C.P.,S.Managi and Y.Yoshida,"Productivity Growth and Biased Technological Change in Japanese Airports",*Transport Policy*,Vol. 17(2010),pp. 259-265。

　　①　Weber,W.L.and B.R.Domazlicky,"Total Factor Productivity Growth in Manufacturing:A Regional Approach Using Linear Programming",*Regional Science and Urban Economics*,29(1999),pp. 105-122.

　　②　Fare,R.,S.Grosskopf and W.Lee,"Productivity and Technical Change:The Case of Taiwan",*Applied Economics*,Vol. 33,No. 15(December 2010),pp. 1911-1925.

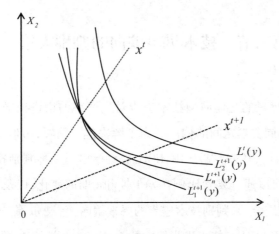

图 3.1　偏向型技术进步(情景 1)

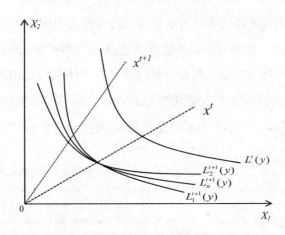

图 3.2　偏向型技术进步(情景 2)

注:作者根据 Chen & Yu(2012)的相关研究绘制。

用 x_2 的技术进步。x^t 和 x^{t+1} 分别表示 t 期和 $t+1$ 期的投入组合比例。

　　根据图 3.1 可知,当 $x_2^{t+1}/x_1^{t+1} < x_2^t/x_1^t$ 时,IBTECH>1 意味着技术进步是使用 x_1 的,IBTECH<1 意味着技术进步是使用 x_2 的。根据图 3.2 可知,当 $x_2^{t+1}/x_1^{t+1} > x_2^t/x_1^t$ 时,IBTECH>1 意味着技术进步是使用 x_2 的,IBTECH<1 意味着技术进步是使用 x_1 的。当 IBTECH=1 时,不论投入组合比例是什么情景,技术进步皆是中性的。因此,可以通过计算投入组合的变化和 IBTECH 来判断技术进步的要

素偏向(Fare,2001)。上述判别方法可用表 3.1 概括。

表 3.1 技术进步要素偏向的判别方法

投入组合	IBTECH>1	IBTECH = 1	IBTECH<1
$x_r^{t+1}/x_s^{t+1} < x_r^t/x_s^t$	节约 x_r 使用 x_s	中性	节约 x_s 使用 x_r
$x_r^{t+1}/x_s^{t+1} > x_r^t/x_s^t$	节约 x_s 使用 x_r	中性	节约 x_r 使用 x_s

注:作者根据 Weber & Domazlicky(1999)的相关研究整理。

MATECH 可以看作中性技术进步程度的度量指标,它表示的是生产前沿面在年度之间的平移,而偏向型技术进步度量的是在投入组合发生变化的情况下,生产前沿面在中性技术进步的基础之上产生的额外变化,即生产前沿面的"旋转"。从图 3.1 可以看出,当要素投入比从 x_2^t/x_1^t 下降至 x_2^{t+1}/x_1^{t+1},此时若技术进步是使用 x_1 的,则生产前沿面 $L_1^{t+1}(y)$ 比要素同比例变动的情况下移动程度更大,体现对生产率的正效应,因此 IBTECH 指数大于 1;若此时技术进步是使用 x_2 的,则生产前沿面 $L_2^{t+1}(y)$ 比要素同比例变动的情况下移动程度还要小,体现对生产率的负效应,IBTECH 指数小于 1。从图 3.2 也可以推出类似的结论。当要素投入比从 x_2^t/x_1^t 上升至 x_2^{t+1}/x_1^{t+1},此时若技术进步是使用 x_1 的,则生产前沿面 $L_1^{t+1}(y)$ 比要素同比例变动的情况下移动程度更小,体现对生产率的负效应,因此 IBTECH 指数小于 1;若此时技术进步是使用 x_2 的,则生产前沿面 $L_2^{t+1}(y)$ 比要素同比例变动的情况下移动程度还要大,体现对生产率的正效应,IBTECH 指数大于 1。

第三节 中国工业技术进步要素偏向的实证判断

依据上述方法,本节计算中国工业 36 个行业 1999—2011 年包含资本、劳动力、能源和中间品四种投入要素的偏向型技术进步 IBTECH 指数,在此基础上,判别中国工业行业技术进步的要素偏向,考察其是否是能源节约型的。在时间维度上,将分 1999—2011 年总效应、逐年效应和"十五"及"十一五"期间的阶段效应,在不同的区间分析偏向型技术进步对生产率的贡献和工业行业技术进步的偏向。在行业维度上,将通过分析不同偏向技术进步的行业分布情况来把握中国工业行业能源节约型技术进步的基本情况。

一、指标选取

本章采用 1999—2011 年中国 36 个工业行业的面板数据进行回归分析,数据口径统一为规模以上。

1.工业增加值数据来自于《中国统计年鉴》,但年鉴在 2008 年以后就没有公布分行业工业增加值数据,本章根据每年 12 月的分行业工业增加值累计增长率来推算,并用工业出厂品价格指数进行平减。

2.行业历年资本投入(K)序列采用资本存量数据。本章用永续盘存法(PIM)对 1999—2011 年各行业的资本存量进行估算,计算方法为:

$$K_{it} = K_{it-1}(1 - \delta_{it}) + I_{it}$$

其中 K_{it} 为 i 行业第 t 年资本存量,K_{it-1} 为上年资本存量,δ_{it} 为物质资本折旧率,I_{it} 为当年投资。资本存量的计算需要选择较早的基年,考虑数据的可得性,本书将 1985 年的行业固定资产净值作为基年资本存量。当年投资为各行业当年固定资产原值与上年之差,折旧率对不同行业和年份采用不同取值(陈诗一,2012)。[①] 工业行业资本存量估算的另一个问题是口径调整。1997 年前统计口径是乡及乡以上工业企业,1998 年以后则是规模以上工业企业。为此,本书将 1998 年以后各行业固定资产原值和净值对其上一期进行固定效应面板模型回归,以此向前推算 1997 年以前规模以上口径的指标。以上数据来自历年《中国

[①] 参见陈诗一:《中国工业分行业统计数据估算:1980—2008》,《经济学(季刊)》2012 年第 10 卷第 3 期,第 735—776 页。《中国工业经济统计年鉴》提供了 1985—1991 年工业分行业固定资产折旧数据和 2001—2008 年的本年折旧和固定资产原值,从而可以计算出折旧率。剩下年份则根据累计折旧、固定资产原值、固定资产净值的内在关系推算出各行业的隐含折旧率,具体计算方法是:累计折旧ₜ = 固定资产原值ₜ - 固定资产净值ₜ,本年折旧ₜ = 累计折旧ₜ - 累计折旧ₜ₋₁,折旧率ₜ = 本年折旧ₜ / 固定资产原值ₜ₋₁

统计年鉴》。

3.采用分行业年平均从业人员作为劳动力投入(L)的指标,数据来自历年《中国劳动统计年鉴》。

4.能源投入(E)采用各行业能源消费总量(万吨标准煤),数据来源于历年《中国能源统计年鉴》。

5.工业中间品投入(M)是指工业企业在生产活动中消耗的外购物质产品和对外支付的服务费用,等于工业总产值与工业增加值之差,再加上应交增值税。上述方法计算出的中间投入成本还要减去能源投入成本,最终换算成不包括能源的中间品投入。

二、中国工业的要素偏向技术进步指数(IBTECH)

首先,本节计算中国工业 IBTECH 指数[①]。根据前文分析,IBTECH>1 表示偏向型技术进步可以进一步促进生产率提高。为了更好地把握各个工业行业在1999—2011 年间不同时期偏向型技术进步的基本情况,这里分别计算了 36 个行业的年度的 IBTECH(见表 3.2)、1999—2011 年整体的 IBTECH、"十五"和"十一五"分阶段的 IBTECH(见表 3.3)。计算结果显示:

第一,1999—2011 年,绝大多数工业行业的年度 IBTECH 指数都大于或等于 1。由于 IBTECH 指数大于 1 表示对全要素生产率的进一步增进,这说明,偏向型技术进步在绝大部分行业的大多数年份至少不会降低生产率,不少行业的偏向型技术进步甚至能在中性技术进步的基础上带来生产率的进一步提高,在1999—2011 年期间,偏向型技术进步对中国工业行业全要素生产率的贡献总体而言是正面的。

---

① IBTECH 指数不能由 DEAP2.1、DEA Solver 等常规 DEA 软件包直接计算输出。本章采用 Excel 线性规划求解工具和 VBA 循环程序求解六个方向距离函数,并计算得到 IBTECH 指数,具体方法参照 Ray,S.C.and L.Chen,"Data Envelopment Analysis for Performance Evaluation:A Child's Guide",*Indian Economic Review*,Vol. 45, No. 2 (2010), pp. 79 – 124。经笔者验证计算,该方法计算的 Malmquist 指数与 DEAP2.1 软件包输出的结果完全一致。

表 3.2　1999—2011 年工业行业的年度 IBTECH 指数

	1999—2000 年	2000—2001 年	2001—2002 年	2002—2003 年	2003—2004 年	2004—2005 年	2005—2006 年	2006—2007 年	2007—2008 年	2008—2009 年	2009—2010 年	2010—2011 年
G01	1.000	1.055	1.008	1.014	0.977	1.007	1.000	1.000	1.000	0.998	1.014	0.992
G02	1.194	1.062	1.029	1.033	1.027	1.035	1.000	1.000	1.000	2.013	1.874	0.951
G03	1.000	0.996	1.000	1.007	0.990	0.999	1.000	1.028	1.038	1.000	1.008	0.999
G04	1.005	1.000	1.002	1.005	0.998	1.004	1.022	1.028	0.990	1.009	1.007	0.994
G05	0.972	0.998	1.004	1.004	0.993	1.010	1.000	1.000	1.000	0.990	1.042	0.998
G06	1.000	1.000	1.000	1.000	1.000	1.000	1.000	1.000	1.000	1.000	1.000	1.000
G07	1.000	1.000	1.000	1.000	1.000	1.000	1.000	1.000	1.000	1.000	1.000	1.000
G08	1.003	1.034	1.028	1.001	1.000	1.002	1.040	1.000	1.013	1.021	1.043	1.058
G09	1.074	1.117	1.093	1.052	1.175	1.017	1.073	1.058	1.157	1.060	1.150	1.168
G10	1.000	1.000	1.010	1.000	1.000	1.000	1.000	1.000	1.000	1.000	1.000	1.000
G11	1.000	1.000	1.000	1.000	1.000	1.000	1.000	1.000	1.000	1.000	1.000	1.000
G12	1.000	1.000	1.000	1.000	1.000	1.000	1.000	1.000	1.000	1.000	1.000	1.000
G13	1.000	1.000	1.000	1.000	1.000	1.000	1.000	1.000	1.000	1.000	1.000	1.000
G14	1.000	1.000	1.000	1.000	1.000	1.000	1.000	1.008	1.000	1.000	1.000	1.000
G15	1.000	1.024	1.010	1.005	1.025	1.000	1.038	1.028	1.026	1.000	1.013	1.000
G16	1.001	1.032	1.048	1.002	0.999	1.001	1.023	1.010	1.058	1.020	1.033	0.997
G17	1.000	1.000	1.000	1.000	1.000	1.000	1.000	1.000	1.000	1.000	1.000	1.000
G18	1.000	1.000	1.000	1.000	1.025	0.998	1.000	1.000	1.000	0.990	0.994	1.007
G19	1.004	0.999	1.001	1.004	1.016	1.000	1.000	1.000	1.000	0.998	1.003	0.999
G20	1.000	1.000	1.000	1.000	1.000	1.000	1.000	1.000	1.000	1.000	1.000	1.007
G21	1.026	1.002	1.001	1.011	0.999	1.002	1.000	1.023	1.000	0.994	1.005	0.997
G22	1.000	1.000	1.002	1.000	1.000	1.000	1.000	1.000	1.000	1.000	1.010	1.023
G23	1.000	1.000	1.000	1.000	1.000	1.000	1.000	1.000	1.000	1.000	1.000	1.000
G24	0.999	0.998	1.003	1.004	1.000	1.001	1.000	1.000	1.000	0.993	1.003	0.999
G25	1.009	0.991	1.002	1.009	1.063	1.000	1.000	1.000	1.000	1.005	0.999	0.997
G26	1.004	0.999	1.001	1.004	1.065	1.000	1.021	1.000	0.959	1.003	1.001	0.998
G27	1.000	1.000	1.000	1.000	1.000	1.000	1.000	1.000	1.000	1.000	1.000	1.000
G28	1.000	1.000	1.008	1.000	1.000	1.000	1.000	1.000	1.000	1.000	1.000	1.000
G29	1.000	1.000	1.000	1.000	1.000	1.000	1.000	1.000	1.000	1.000	1.000	1.000
G30	1.000	1.000	1.000	1.000	1.000	1.000	1.000	1.000	1.000	1.000	1.000	1.000
G31	1.000	1.000	0.999	1.000	1.000	1.000	1.000	1.000	1.000	1.000	1.000	1.000

续表

	1999—2000 年	2000—2001 年	2001—2002 年	2002—2003 年	2003—2004 年	2004—2005 年	2005—2006 年	2006—2007 年	2007—2008 年	2008—2009 年	2009—2010 年	2010—2011 年
G32	1.000	1.000	1.000	1.000	1.043	1.000	1.000	1.000	1.000	1.000	1.000	1.000
G33	0.998	1.000	1.000	1.000	1.077	1.000	1.000	1.000	1.000	1.000	1.000	1.000
G34	1.042	1.007	1.005	0.999	0.943	1.000	1.000	1.000	1.000	0.988	1.016	1.586
G35	1.005	1.005	1.004	1.003	0.992	0.997	1.000	1.000	1.000	0.934	0.986	0.989
G36	0.993	0.992	1.008	1.016	1.003	0.997	1.000	1.000	1.000	0.965	0.996	1.020
几何平均	1.009	1.008	1.007	1.005	1.011	1.002	1.006	1.005	1.006	1.019	1.026	1.018

注:表中数据为本章计算结果。

表 3.3　1999—2011 年工业行业整体及分阶段的 IBTECH 指数

	十五	十一五	1999—2011 年
G01	1.173	1.000	1.041
G02	1.211	1.000	1.229
G03	1.179	1.268	1.582
G04	1.231	1.002	1.327
G05	1.079	1.261	1.598
G06	1.000	1.000	1.256
G07	1.085	1.059	1.554
G08	1.233	1.281	1.711
G09	1.535	1.580	2.478
G10	1.192	1.082	1.691
G11	1.000	1.000	1.064
G12	1.000	1.000	1.136
G13	1.035	1.018	1.487
G14	1.051	1.015	1.612
G15	1.212	1.226	1.469
G16	1.300	1.259	1.698
G17	1.000	1.000	1.105
G18	1.253	1.079	1.416
G19	1.195	1.070	1.461
G20	1.029	1.156	1.479

	十五	十一五	1999—2011 年
G21	1.296	1.091	1.615
G22	1.067	1.138	1.432
G23	1.000	1.065	1.402
G24	1.044	1.107	1.374
G25	1.297	1.017	1.669
G26	1.246	1.068	1.577
G27	1.000	1.000	1.298
G28	1.133	1.000	1.615
G29	1.099	1.056	1.667
G30	1.007	1.000	1.612
G31	0.894	1.000	1.270
G32	1.031	1.109	1.128
G33	1.112	1.000	1.640
G34	1.361	1.040	1.418
G35	1.137	1.000	1.177
G36	1.066	1.000	0.996
几何平均	1.126	1.079	1.429

注:表中数据为本章计算结果。

第二,在 36 个行业中,很大一部分行业的年度 IBTECH 指数等于 1,但是绝大部分行业 1999—2011 年整体和分时期的 IBTECH 指数均大于 1。也就是说从逐年变化来看,技术进步呈中性,这主要是由于生产前沿面的逐年变动一般较小,导致偏向型技术进步效应不明显,而当考察的时间区间较长时,生产前沿面的变动就比较明显了,此时偏向型技术进步效应更容易被测度。从 1999—2011 年整体时间段和"十五"及"十一五"分阶段的度量结果来看,偏向型技术进步在大多数行业均能带来生产率的增进。

第三,逐年累计的 IBTECH 指数尽管上升幅度不大,但上升趋势非常稳定,即使在全要素生产率的增长率存在波动的情况下,IBTECH 指数依然保持增长。从工业平均累计的 Malmquist TFP 指数和 IBTECH 指数来看(见图 3.3),1999—2011 年之间,工业 TFP 的上升幅度明显大于 IBTECH,然而,2007 年之后,

Malmquist TFP 指数出现了波动下降,而 IBTECH 指数却依然维持上升趋势。正因为此,IBTECH 对生产率的积极贡献非常稳定,贡献的比重在 2007 年之后大幅上升。

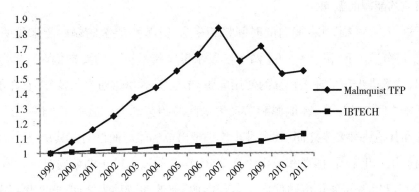

图 3.3 工业 1999—2011 年 Malmquist TFP 和 IBTECH 指数累计值

注:图中数据为作者自行计算整理。

三、中国工业技术进步的要素偏向

IBTECH 指数表征的是偏向型技术进步对全要素生产率的增进或降低作用,指数本身并不能反映技术进步在不同要素之间对某种要素的节约或使用。但在计算出 IBTECH 数值的基础之上,可以依据表 3.1 的判别原则,结合要素投入组合比重在相邻两期之间的变化来判断技术进步的要素偏向。由于本书涉及四种投入要素,而技术进步的偏向是要素之间的两两比较,因此,本节将分不同的要素组合逐一分析技术进步在能源与资本(E vs.K)、能源与劳动力(E vs.L)、能源与中间品(E vs.M)之间是否是节约能源的。

(一)技术进步在工业整体中的要素偏向

从偏向型技术进步 1999—2011 年期间在中国工业的总体变化来看,技术进步的要素偏向呈现出一定的节约能源的特征。考察技术进步在不同要素组合之间的偏向,在能源和资本之间技术进步节约能源,在能源和劳动力之间节约劳动力,在能源和中间品之间节约能源。尽管对偏向型技术进步很难得出一个"技术进步在能源和其他所有投入要素相比是否节约能源"的结论,但综合考虑技术进步在不同要素组合之间的表现,中国工业 1999—2011 年间总体而言还是呈现出节约能源的偏向。

进一步从技术进步偏向的时间趋势来看,其节约能源的偏向越来越明显。首先,区分"十五"和"十一五"两个阶段来考察技术进步的要素偏向。"十五"期间,技术进步还呈现出较强的使用能源,节约资本和劳动力的特征,它在能源和资本之间节约资本,在能源和劳动力之间节约劳动力。但到了"十一五",在能源和其他三种要素之间,技术进步均呈现出节约能源的偏向。其次,从技术进步的逐年变化来看,能源和资本之间 2005 年以前技术进步的偏向是节约资本,2005 年以后大部分年份则偏向于节约能源;能源和劳动力之间 2007 年以前技术进步节约劳动力,2007 年以后则在部分年份开始节约能源;能源和中间品相比较而言,技术进步在所有年份均节约能源。因此,随着时间推移,技术进步的偏向更加节约能源。到了"十一五"期间,技术进步在能源与资本、劳动力、中间品之间均呈现能源节约的态势。偏向型技术进步节约能源的倾向更加明显。

表 3.4　中国工业技术进步的要素偏向

	IBTECH	$\frac{(E/K)_{t+1}}{(E/K)_t}$	$\frac{(E/L)_{t+1}}{(E/L)_t}$	$\frac{(E/M)_{t+1}}{(E/M)_t}$	偏向型技术进步对要素的节约		
					$E\ vs.K$	$E\ vs.L$	$E\ vs.M$
2000 年	1.009	0.996	1.081	0.907	E	L	E
2001 年	1.008	0.977	1.054	0.906	E	L	E
2002 年	1.007	1.016	1.044	0.888	K	L	E
2003 年	1.005	1.060	1.090	0.910	K	L	E
2004 年	1.011	1.010	1.013	0.882	K	L	E
2005 年	1.002	1.018	1.062	0.944	K	L	E
2006 年	1.006	0.967	1.028	0.903	E	L	E
2007 年	1.005	0.959	1.013	0.875	E	L	E
2008 年	1.006	0.890	0.930	0.877	E	E	E
2009 年	1.019	0.916	1.047	0.888	E	L	E
2010 年	1.026	0.919	0.975	0.856	E	E	E

	IBTECH	$\dfrac{(E/K)_{t+1}}{(E/K)_t}$	$\dfrac{(E/L)_{t+1}}{(E/L)_t}$	$\dfrac{(E/M)_{t+1}}{(E/M)_t}$	偏向型技术进步对要素的节约		
					$E\,vs.K$	$E\,vs.L$	$E\,vs.M$
2011 年	1.018	0.991	1.109	0.981	E	L	E
十五	1.126	1.077	1.395	0.553	K	L	E
十一五	1.079	0.695	0.988	0.527	E	E	E
1999—2010 年	1.429	0.742	1.528	0.286	E	L	E

注:第6—8列单元格中,E、L、K 分别表示技术进步在要素组合中是节约能源、节约劳动力、节约资本的。
表中数据为作者自行计算整理。

(二)行业技术进步的偏向分析

进一步细致分析 36 个工业行业在"十五"期间、"十一五"期间和 1999—2011 年期间技术进步的投入要素偏向,不难发现对于绝大部分行业来说,技术进步的要素偏向同工业行业整体的趋势十分一致:一是在 1999—2011 年期间,技术进步在能源和中间品之间更加偏向节约能源,在能源和劳动力之间更加偏向节约劳动力。二是这一趋势是到"十一五"期间才得以加强的,而在"十五"期间,对大部分行业来说技术进步在能源和资本之间依然更多地节约资本,在能源和劳动力之间节约劳动力的行业数也比"十一五"期间多。

技术进步的要素偏向在 7 个高排放行业也呈现相同的特征,在其中一些高排放行业节约能源的特征甚至比工业平均水平更强。高排放行业在"十五"期间的偏向型技术进步特征与大部分工业行业基本一致:能源和资本之间节约资本,能源和劳动力之间节约劳动力,能源和中间品之间节约能源。但到了"十一五"期间,能源和资本之间技术进步也开始节约能源。具体而言:

表 3.5　中国工业行业偏向型技术进步对要素的节约

	十五			十一五			1999—2011 年		
	$E\,vs.K$	$E\,vs.L$	$E\,vs.M$	$E\,vs.K$	$E\,vs.L$	$E\,vs.M$	$E\,vs.K$	$E\,vs.L$	$E\,vs.M$
G01	E	L	E	N	N	N	E	L	E

	十五			十一五			1999—2011 年		
	E vs.K	*E vs.L*	*E vs.M*	*E vs.K*	*E vs.L*	*E vs.M*	*E vs.K*	*E vs.L*	*E vs.M*
G02	E	L	E	N	N	N	E	L	E
G03	K	L	E	E	E	E	E	L	E
G04	K	L	E	E	L	E	K	L	E
G05	K	L	E	E	E	E	E	L	E
G06	N	N	N	N	N	N	E	E	E
G07	E	E	E	E	E	E	E	E	E
G08	K	L	E	E	E	E	E	L	E
G09	E	L	E	E	E	E	E	L	E
G10	K	L	E	E	L	E	K	L	E
G11	N	N	N	N	N	N	E	L	E
G12	N	N	N	N	N	N	E	E	E
G13	K	L	E	E	E	E	E	L	E
G14	E	E	E	E	L	E	E	E	E
G15	E	L	E	E	E	E	E	L	E
G16	E	L	E	E	L	E	E	L	E
G17	N	N	N	N	N	N	E	L	E
G18	**K**	**L**	**E**	**E**	**L**	**E**	**E**	**L**	**E**
G19	**K**	**L**	**E**	**E**	**E**	**E**	**E**	**L**	**E**
G20	E	L	E	E	E	E	E	E	E
G21	E	E	E	E	L	E	E	E	E
G22	K	L	E	E	E	E	E	L	E
G23	N	N	N	E	E	E	K	L	E
G24	**K**	**L**	**E**	**E**	**E**	**E**	**E**	**L**	**E**
G25	**K**	**L**	**E**	**E**	**L**	**E**	**E**	**L**	**E**
G26	**K**	**L**	**E**	**E**	**L**	**E**	**E**	**L**	**E**
G27	N	N	N	N	N	N	E	L	E
G28	K	L	E	N	N	N	E	L	E
G29	K	L	E	E	E	E	E	L	E
G30	E	L	E	N	N	N	E	L	E
G31	E	L	E	N	N	N	E	L	E

续表

	十五			十一五			1999—2011 年		
	E vs.K	*E vs.L*	*E vs.M*	*E vs.K*	*E vs.L*	*E vs.M*	*E vs.K*	*E vs.L*	*E vs.M*
G32	*E*	*E*	*E*	*E*	*E*	*E*	*E*	*E*	*E*
G33	*E*	*E*	*E*	*N*	*N*	*N*	*E*	*E*	*M*
G34	*E*	*L*	*E*	*E*	*L*	*E*	*E*	*L*	*E*
G35	*E*	*L*	*E*	*N*	*N*	*N*	*E*	*E*	*E*
G36	*E*	*L*	*E*	*N*	*N*	*N*	*K*	*E*	*E*

注:第6—8列单元格中,*E*、*L*、*K*分别表示技术进步在要素组合中是节约能源、节约劳动力、节约资本的;*N*
　　表示技术进步是中性的;粗体字符标出的是高排放行业。表中数据为作者自行计算整理。

在煤炭采选业(G01),"十五"期间技术进步在能源和资本、中间品之间是节约能源的,在能源和劳动力之间是节约劳动力的。但到了"十一五"期间,技术进步在三对要素组合之间均是中性的。1999—2011年技术进步总体效应是在能源和资本、中间品之间节约能源,在能源和劳动力之间节约劳动力。

石油加工炼焦及核燃料加工业(G18)、黑色金属冶炼及压延加工业(G25)、有色金属冶炼及压延加工业(G26)、电力、热力的生产和供应业(G34)在"十五"期间,技术进步在能源和资本之间节约资本,在能源和劳动力之间节约劳动力,在能源和中间品之间节约能源,节约能源的偏向并不是非常明显。但到了"十一五"期间,技术进步在能源和资本之间也开始节约能源。1999—2011年的总体变化来看技术进步的偏向和"十一五"期间一致。

在化学原料及化学制品制造业(G19)和非金属矿物制品业(G24)中,节约能源的技术进步随着时间也呈现加强的趋势。"十五"期间,技术进步在三组要素组合之间分别是节约资本、劳动力和能源的。而到了"十一五"期间,技术进步在三组要素组合之间全部偏向节约能源。1999—2011年的总效应中,技术进步只有在能源和劳动力之间节约劳动力,在能源和其他要素之间均是节约能源的。

(三)不同要素偏向技术进步的行业分布

本节进一步考察不同要素偏向技术进步的行业分布。通过统计技术进步在能源和资本、能源和劳动力、能源和中间品之间呈现不同偏向的行业数目可以发现,节约能源的技术进步具有较广泛的行业分布。

1.偏向型技术进步的行业分布:节约能源和节约资本

从逐年变化来看,中性技术进步行业所占数目最多,且在 2006—2008 年达到一个高峰。这主要是因为技术进步使得生产前沿面在相邻年份的推进幅度有限,偏向型技术进步效应在相邻年份之间难以充分体现,中性技术进步表现得比较明显。然而,依然有不少行业呈现偏向型技术进步,而且节约能源的行业数目随着时间有明显的上升。2005 年以前,技术进步在更多的行业节约资本,而 2005 年以后,其在更多行业节约能源。进一步考察"十五"期间和"十一五"期间的技术进步偏向情况。"十五"期间,技术进步在 16 个行业节约能源,在 14 个行业节约资本,在剩余 6 个行业为中性;"十一五"期间,技术进步节约能源的行业数上升至 23 个,中性技术进步行业数为 13 个,技术进步没有在任何一个行业节约资本。从 1999—2011 年的整体情况来看,技术进步节约能源的行业更是在 36 个行业中占绝对多数(见图 3.4)。

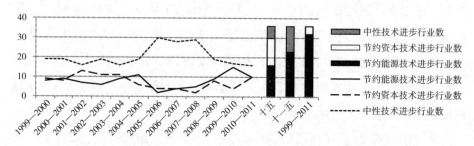

图 3.4 节约能源、节约资本和中性技术进步的行业分布

注:该图为作者根据本章计算结果整理所得。

2.偏向型技术进步的行业分布:节约能源和节约劳动力

考察技术进步在能源和劳动力之间不同偏向的行业分布同样发现,技术进步同样在大多数行业呈现节约劳动力的特征。然而,随着时间推移,技术进步节约能源的行业逐渐增多,节约劳动力的特征开始弱化,这与工业行业偏向型技术进步的整体趋势一致。2007 年以前,技术进步在更多的行业节约劳动力;而到了 2007 年以后,在部分年份,技术进步节约能源的行业数甚至超过了技术进步节约劳动力的行业数。进一步考察"十五"期间和"十一五"期间的技术进步偏向情况,这一趋势依然明显,"十五"期间,技术进步仅在 5 个行业节约能源,在 25 个行业节约劳动力,在剩余 6 个行业呈中性;"十一五"期间,技术进步节约能源的行业数上升至 14 个,节约劳动力的行业数下降为 9 个,中性技术进步行业数为 13 个。当然,从 1999—2011 年的整体情况来看,依然是技术进步节约劳动力的行业占多数,共有 27 个行业(见图 3.5)。

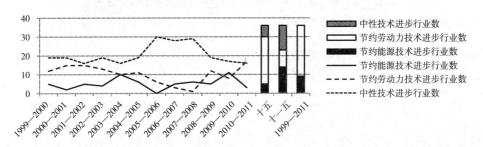

图 3.5 节约能源、节约劳动力和中性技术进步的行业分布

注:该图为作者根据本章计算结果整理所得。

3.偏向型技术进步的行业分布:节约能源和节约中间品

在能源和中间品的要素组合中,技术进步在大多数行业呈现节约能源的特征。从 1999—2011 年技术进步的年度变化来看,技术进步节约能源的行业数每年均高于节约中间品的行业数。进一步考察"十五"期间和"十一五"期间的技术进步偏向情况,在这两个阶段,发生节约能源技术进步的行业均占多数,但"十一五"期间行业数有所下降,从 30 个降至 23 个。从 1999—2011 年的整体变化来看,仅 1 个行业呈现出节约中间品的技术进步(G33 仪器仪表及文化、办公用机械制造业),技术进步在其余 35 个行业均节约能源(见图 3.6)。

从以上偏向型技术进步的行业分布分析来看,在能源和资本的要素组合中,呈现节约能源技术进步特征的行业较多,且"十五"和"十一五"阶段呈上升趋势;在能源和劳动力的要素组合中,虽然更多的行业呈现节约劳动力技术进步的特征,但是呈现节约能源技术进步特征的行业数也在上升;在能源和中间品的要素组合中,呈现节约能源技术进步特征的行业数则远远大于呈现节约中间品技术进步特征的行业数。从偏向型技术进步的行业分布更能看出,在考察期内节

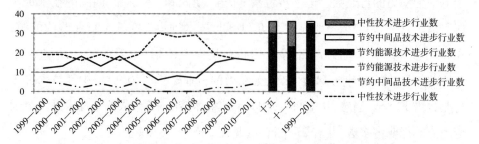

图 3.6　节约能源、节约中间品和中性技术进步的行业分布

注:该图为作者根据本章计算结果整理所得。

约能源的偏向型技术进步特征正在得以加强。

◇　　　◇　　　◇

　　偏向型技术进步的度量和技术进步在资本、劳动力、能源和中间品四种投入要素之间偏向的判断是后文展开实证分析的关键,同时也是难点。本章中,通过非参数 DEA 方法计算出的 IBTECH 指数可以作为偏向型技术进步对全要素生产率增进的度量指标。同时,结合要素比例在相邻两期之间的变化,可以判断技术进步在能源和资本、能源和劳动力、能源和中间品三对要素组合之间是否是节约能源的,这对于与能源消耗密切相关的碳排放和碳强度而言有很大的影响。本章采用中国工业 36 个行业 1999—2011 年的数据进行了测算,并分析偏向型技术进步在考察期内不同阶段的变化趋势和行业分布情况,以此可以把握中国工业能源节约型技术进步的基本趋势。

　　本章结论可以回答的第一个问题是,中国工业是否发生了偏向型技术进步,偏向型技术进步对生产率是否产生了积极的贡献。对此,IBTECH 指数计算结果显示,偏向型技术进步在大多数行业均能带来生产率的增进,对全要素生产率的贡献总体而言是积极的。并且,其对生产率增进的作用稳定上升,即使 2007 年以后全要素生产率存在波动,在部分年份甚至有一定下降,但偏向型技术进步上升的态势依然明显,因此,其对生产率贡献的比重在 2007 年以后有明显的上升。

　　本章可以回答的第二个问题是,中国工业技术进步的偏向是否是节约能源的。对此,分析结论可以显示,在 1999—2011 年期间中国工业的技术进步呈现如下偏向:在能源和资本之间偏向节约能源,在能源和劳动力之间偏向节约劳动力,在能源和中间品之间偏向节约能源。技术进步的要素偏向呈现出一定的节约能源的特征。进一步从偏向型技术进步的行业分布来看,在能源和资本、能源和中间品两对要素组合之间,节约能源的技术进步具有更广泛的分布。在能源和劳动力之间,节约能源的技术进步尽管在考察期的初始阶段行业分布较少,但在随后阶段也有明显的增加。

　　第三个问题是,中国工业偏向型技术进步的变化趋势如何,节约能源的技术进步是否随着时间得到了增强。从时间趋势来看,技术进步节约能源的特征也越来越明显。1999—2011 年期间技术进步在能源和资本、中间品之间更加偏向节约能源,在能源和劳动力之间更加偏向节约劳动力,而这一趋势是到"十一五"期间才得以加强的。在"十五"期间,对大部分行业来说技术进步依然更多地节约资本;节约劳动力的行业数也比"十一五"期间多。

　　工业碳排放与能源消耗有着极其密切的关系,而将能源视为一种生产投入要素并考虑要素之间的相互作用,技术进步对碳强度的影响就与偏向型技术进步,特别是节约能源的技术进步存在重要的关系。当然根据理论,偏向型技术进步对要素比例的作用还可能受到替代弹性的影响,并且碳强度的表达式中还涉及产出,因此偏向型技术进步对碳强度的作用甚至可能受到不同要素产出弹性的影响。此外,由于中国工业技术进步在不同要素组合之间的要素偏向并不相同,因此通过本章的分析,也无法确知节约能源技术进步的总效应对工业碳强度的影响。然而,通过本章对 IBTECH 指数的测算,一是可以得出中国工业 36 个行业技术进步的要素偏向,二是对工业偏向型技术进步的特征和变化趋势有一个基本的概览。这均是后文展开实证分析的前提。

第四章　偏向型技术进步对中国工业碳强度的影响效应

偏向型技术进步将改变能源和其他要素之间的比例,进而对碳强度产生影响。根据第一章的理论回顾,节约能源的偏向型技术进步总体而言也将对碳强度产生积极的影响,当然这一影响效应由于受到要素替代弹性的影响,可能存在差异。由于工业碳排放的绝大部分来自于能源消耗,那么对中国工业行业来说,偏向型技术进步对碳强度的影响方向和影响大小如何?本书第三章已经采用DEA方法计算出中国工业行业技术进步的要素偏向,一是计算了表征偏向型技术进步对全要素生产率影响程度的IBTECH指数,二是判断了技术进步在能源和资本、劳动力、中间品之间是否是偏向节约能源的。在此基础上,本章将进一步考察节约能源的偏向型技术进步和中国工业偏向型技术进步的总效应对碳强度的影响。一方面将对偏向型技术进步对工业碳强度变化的贡献程度进行测算,在第三章计算IBTECH指数并判断工业行业技术进步偏向的基础上,将碳强度在1999—2011年间的变化进行DEA分解,计算偏向型技术进步对碳强度下降的贡献程度。另一方面,将计算偏向型技术进步对工业碳强度影响的净效应。由于技术进步的偏向实际是经济系统针对不同的要素价格、要素供给等因素对不同类型的技术进行选择之后的均衡,因此,工业行业偏向型技术进步的偏向并不是一个随机变量,而是存在一个内生选择的机制。在这种情况下,如果不能有效控制变量的内生性问题,将造成回归结果的偏误。本章通过处理效应模型和动态面板数据模型解决变量内生性偏误的问题,在控制偏向型技术进步内生性的基础上,计算能源与资本、能源与劳动力、能源与中间品三对要素组合之间节约能源的技术进步对中国工业碳强度影响的净效应。

第一节　偏向型技术进步对工业碳强度
变化的贡献程度

本章首先考察 1999—2011 年期间偏向型技术进步对工业碳强度下降的贡献程度,即回答以下问题:样本期内碳强度下降中有多少是由偏向型技术进步引起的? 偏向型技术进步引起的碳强度下降占比又达到多少? 和其他引起碳强度下降的因素相比,偏向型技术进步的贡献是否明显? 本节采用非参数方法的 DEA 分解来考察上述问题。

一、偏向型技术进步对工业碳强度变化的贡献程度测度

在样本期内,本书通过构造碳强度变化的分解项来测度偏向型技术进步效应对碳强度变化的贡献程度。依照本书的思路,工业碳排放的绝大部分来自于能源消耗,因此碳强度的变化也首先可以分为能源强度的变化和碳强度排放因子的变化,而后者与各行业的能源结构有关,体现出能源内部,即燃料之间的替代效应。进一步,能源强度的变化中又可以区分出由技术进步带来的变化和非技术进步因素带来的变化,可以通过在能源强度变化式中构造 Malmquist 指数,并进一步从中区分出投入要素偏向技术进步来完成分解过程。

首先,根据产出导向的距离函数定义,可得出如下关系式:

$$E^t = E_{\min}^t(\boldsymbol{y}^t; T^t) \cdot D_0^t(\boldsymbol{y}^t, \boldsymbol{x}^t) = E_{\min}^t(\boldsymbol{y}^t; T^{t+1}) \cdot D_0^{t+1}(\boldsymbol{y}^t, \boldsymbol{x}^t) \tag{4.1}$$

$$E^{t+1} = E_{\min}^{t+1}(\boldsymbol{y}^{t+1}; T^{t+1}) \cdot D_0^{t+1}(\boldsymbol{y}^{t+1}, \boldsymbol{x}^{t+1}) = E_{\min}^{t+1}(\boldsymbol{y}^{t+1}; T^t) \cdot D_0^t(\boldsymbol{y}^{t+1}, \boldsymbol{x}^{t+1})$$

$$\tag{4.2}$$

其中,E^t、E^{t+1} 分别为 t 期和 $t+1$ 期的能源投入;$E_{\min}^t(\boldsymbol{y}^t; T^t)$ 和 $E_{\min}^t(\boldsymbol{y}^t; T^{t+1})$ 分别表示生产产量 $\boldsymbol{y}^t$ 时,在 t 期和 $t+1$ 期技术水平下生产前沿面上所需的最小能源投入;$E_{\min}^{t+1}(\boldsymbol{y}^{t+1}; T^t)$ 和 $E_{\min}^{t+1}(\boldsymbol{y}^{t+1}; T^{t+1})$ 分别表示生产产量 $\boldsymbol{y}^{t+1}$ 时,在 t 期和

t+1 期技术水平下生产前沿面上所需的最小能源投入。

根据上式,t 期和 t+1 期的能源投入比在给定 t+1 期的技术时可以表示为:

$$\frac{E^{t+1}}{E^t} = \frac{E^{t+1}_{\min}(\boldsymbol{y}^{t+1};T^{t+1}) \cdot D^{t+1}_0(\boldsymbol{y}^{t+1},\boldsymbol{x}^{t+1})}{E^t_{\min}(\boldsymbol{y}^t;T^{t+1}) \cdot D^{t+1}_0(\boldsymbol{y}^t,\boldsymbol{x}^t)}$$

或者在给定 t 期技术时可以表示为:

$$\frac{E^{t+1}}{E^t} = \frac{E^{t+1}_{\min}(\boldsymbol{y}^{t+1};T^t) \cdot D^t_0(\boldsymbol{y}^{t+1},\boldsymbol{x}^t)}{E^t_{\min}(\boldsymbol{y}^t;T^t) \cdot D^t_0(\boldsymbol{y}^t,\boldsymbol{x}^t)}$$

取二者的几何平均可得:

$$\frac{E^{t+1}}{E^t} = \sqrt{\frac{D^{t+1}_0(\boldsymbol{y}^{t+1},\boldsymbol{x}^{t+1})}{D^t_0(\boldsymbol{y}^t,\boldsymbol{x}^t)} \cdot \frac{D^t_0(\boldsymbol{y}^{t+1},\boldsymbol{x}^{t+1})}{D^{t+1}_0(\boldsymbol{y}^t,\boldsymbol{x}^t)}} \times \sqrt{\frac{E^{t+1}_{\min}(\boldsymbol{y}^{t+1};T^{t+1})}{E^t_{\min}(\boldsymbol{y}^t;T^{t+1})} \cdot \frac{E^{t+1}_{\min}(\boldsymbol{y}^{t+1};T^t)}{E^t_{\min}(\boldsymbol{y}^t;T^t)}}$$

$$(4.3)$$

不难发现,等式右边第一项即为 Malmquist 指数的倒数。将上述关系式带入碳强度变化式中,因此,碳强度在 t 期到 t+1 期的变化可以分解如下:[①]

$$\frac{C^{t+1}/Y^{t+1}}{C^t/Y^t} = \frac{E^{t+1}}{E^t} \times \frac{Y^t}{Y^{t+1}} \times \frac{ef^{t+1}}{ef^t}$$

$$= \sqrt{\frac{D^{t+1}_0(\boldsymbol{y}^{t+1},\boldsymbol{x}^{t+1})}{D^t_0(\boldsymbol{y}^t,\boldsymbol{x}^t)} \cdot \frac{D^t_0(\boldsymbol{y}^{t+1},\boldsymbol{x}^{t+1})}{D^{t+1}_0(\boldsymbol{y}^t,\boldsymbol{x}^t)}}$$

$$\times \sqrt{\left(\frac{E^{t+1}_{\min}(\boldsymbol{y}^{t+1};T^{t+1})}{E^t_{\min}(\boldsymbol{y}^t;T^{t+1})}\Big/\frac{Y^{t+1}}{Y^t}\right) \cdot \left(\frac{E^{t+1}_{\min}(\boldsymbol{y}^{t+1};T^t)}{E^t_{\min}(\boldsymbol{y}^t;T^t)}\Big/\frac{Y^{t+1}}{Y^t}\right)} \times \frac{ef^{t+1}}{ef^t}$$

$$= \frac{1}{MI} \times factorSub \times fuelSub$$

$$= \frac{1}{IBTECH} \times \frac{1}{MATECH} \times \frac{1}{EFFCH} \times factorSub \times fuelSub \qquad (4.4)$$

可以看出,t+1 期与 t 期碳强度之比可以分解为三大部分:技术进步、要素替代和燃料替代。技术进步由 Malmquist 指数的倒数表示,可以进一步分解为偏向型技术进步(IBTECH)、中性技术进步(MATECH)和技术效率(EFFCH)。要

[①] 孙广生等(2012)采用投入导向的距离函数对能源效率进行了分解,详见孙广生、黄炜、田海峰、王凤萍:《全要素生产率、投入替代与地区间的能源效率》,《经济研究》2012 年第 9 期。本章参考了他们的做法,但进行了改进,从而引入偏向型技术进步和中性技术进步。

素替代($factorSub$)项体现的是技术水平不变的条件下,$t+1$期单位产出所需的最小能源投入和t期单位产出所需的最小能源投入之比,本书采用了t期技术水平和$t+1$期技术水平要素替代效应的几何平均值,它度量的是技术水平不变的情况下,生产一定产出时投入组合比例的变化。燃料替代($fuelSub$)项是$t+1$期该生产单位二氧化碳排放系数ef^{t+1}与t期二氧化碳排放系数ef^t之比。ef表示的是综合能源消耗(标准煤)与二氧化碳排放之间的转换比例,计算公式如下:

$$ef = \frac{\sum_i ef_i e_i}{\sum_i a_i e_i} \tag{4.5}$$

其中e_i为行业不同燃料品种的消耗量,ef_i为第i种燃料的二氧化碳排放系数,a_i为第i种燃料转换成标准煤的系数。由于不同行业的能源结构不同,不同燃料品种的二氧化碳转换系数也有差异,因此ef的变化度量的是行业能源结构的变化,即能源内部不同燃料之间的替代作用。

通过将上述分解式求对数,即可求出偏向型技术进步对碳强度下降率的贡献大小和比重。

二、偏向型技术进步对工业碳强度变化贡献程度的实证结果

在计算出 IBTECH 指数的基础之上,根据公式(4.4)推导出的碳强度变化分解方法,即可计算偏向型技术进步对工业碳强度变化的贡献程度。本节将计算各行业年度及不同时期中偏向型技术进步带来的工业碳强度变化,并将分别计算其贡献的下降率的规模和比重,发现偏向型技术进步贡献的工业碳强度下降率相对其他因素而言比较稳定,且近几年贡献程度显著上升。

(一)偏向型技术进步的贡献程度

本章将碳强度变化的驱动因素分为三大类。第一类是技术变化,由 Malmquist 指数(MI)表示,并且可以进一步分解为技术效率变化(EFFCH)、中性技术进步效应(由技术规模变化指数 MATECH 表示)、偏向型技术进步效应(由

投入偏向技术变化指数 IBTECH 表示)。第二类是要素替代,即在保持技术水平不变的前提下,由其他因素引起的要素比例之间的变化。第三类是燃料替代效应,即由于能源结构的调整而导致的碳排放变化。

表 4.1　偏向型技术进步及其他影响因素引起的碳强度变化(1999—2011 年)

	CI	MI	EFFCH	MATECH	IBTECH	FactorSub	FuelSub
G1	**−68%**	**141%**	**163%**	**−18%**	**−4%**	**−222%**	**13%**
G2	−32%	97%	107%	11%	−21%	−102%	−27%
G3	−170%	50%	94%	2%	−46%	−161%	−60%
G4	−130%	7%	35%	0%	−28%	−53%	−84%
G5	−183%	−28%	16%	3%	−47%	−105%	−50%
G6	−184%	−43%	47%	−67%	−23%	−103%	−37%
G7	−173%	−56%	12%	−24%	−44%	−123%	6%
G8	−172%	−48%	7%	−2%	−54%	−85%	−39%
G9	−234%	−92%	0%	−2%	−91%	−80%	−62%
G10	−139%	−56%	4%	−8%	−53%	−29%	−55%
G11	−162%	−91%	18%	−103%	−6%	−26%	−44%
G12	−227%	−105%	18%	−110%	−13%	−40%	−82%
G13	−227%	−100%	−27%	−33%	−40%	−60%	−66%
G14	−267%	−94%	23%	−69%	−48%	−96%	−76%
G15	−122%	−41%	−2%	−1%	−38%	−96%	16%
G16	−209%	−54%	14%	−15%	−53%	−53%	−102%
G17	−174%	−71%	32%	−93%	−10%	−34%	−69%
G18	**74%**	**3%**	**62%**	**−24%**	**−35%**	**31%**	**40%**
G19	**−129%**	**−42%**	**−4%**	**−1%**	**−38%**	**−55%**	**−31%**
G20	−200%	−44%	29%	−34%	−39%	−120%	−35%
G21	−151%	−35%	12%	1%	−48%	−91%	−25%
G22	−172%	−28%	35%	−28%	−36%	−73%	−71%
G23	−163%	−63%	16%	−45%	−34%	−28%	−71%
G24	**−146%**	**−27%**	**3%**	**1%**	**−32%**	**−96%**	**−22%**
G25	**−108%**	**−44%**	**5%**	**2%**	**−51%**	**−37%**	**−26%**
G26	**−87%**	**−41%**	**6%**	**−1%**	**−46%**	**−47%**	**0%**
G27	−218%	−61%	26%	−60%	−26%	−38%	−119%

续表

	CI	MI	EFFCH	MATECH	IBTECH	FactorSub	FuelSub
G28	−259%	−83%	−18%	−17%	−48%	−56%	−120%
G29	−219%	−86%	−13%	−22%	−51%	−78%	−55%
G30	−252%	−91%	−4%	−40%	−48%	−60%	−101%
G31	−166%	−80%	40%	−97%	−24%	−24%	−62%
G32	−209%	−120%	29%	−136%	−12%	−12%	−77%
G33	−274%	−126%	−14%	−63%	−49%	−49%	−98%
G34	**−35%**	**−82%**	**−36%**	**−11%**	**−35%**	**18%**	**29%**
G35	−240%	−50%	−30%	−4%	−16%	−184%	−6%
G36	−74%	39%	54%	−16%	0%	−41%	−72%
平均	−164%	−46%	21%	−31%	−36%	−70%	−48%

注:表中数据为本章计算结果。粗体字标出的是高排放行业。

从分解结果发现,尽管偏向型技术进步对碳强度下降的贡献度并不是几种驱动因素中最高的,但其对碳强度下降的贡献显著而稳定,不论是工业平均还是高耗能行业,1999—2011 年期间偏向型技术进步均能促使碳强度下降 30%—50%。相对而言,其他影响因素对碳强度的影响方向和影响程度均存在较大差异。

表 4.2　偏向型技术进步及其他影响因素对碳强度变化的贡献比重(1999—2011 年)

	CI	MI	EFFCH	MATECH	IBTECH	FactorSub	FuelSub
G1	**100%**	**−206%**	**−239%**	**27%**	**6%**	**324%**	**−18%**
G2	100%	−303%	−334%	−34%	64%	318%	86%
G3	100%	−30%	−55%	−1%	27%	94%	35%
G4	100%	−5%	−27%	0%	22%	41%	64%
G5	100%	15%	−9%	−1%	26%	58%	27%
G6	100%	24%	−25%	36%	12%	56%	20%
G7	100%	32%	−7%	14%	25%	71%	−3%
G8	100%	28%	−4%	1%	31%	49%	23%
G9	100%	39%	0%	1%	39%	34%	26%
G10	100%	40%	−3%	5%	38%	21%	39%

	CI	MI	EFFCH	MATECH	IBTECH	FactorSub	FuelSub
G11	100%	56%	−11%	64%	4%	16%	27%
G12	100%	46%	−8%	48%	6%	18%	36%
G13	100%	44%	12%	15%	18%	27%	29%
G14	100%	35%	−8%	26%	18%	36%	28%
G15	100%	34%	1%	1%	32%	79%	−13%
G16	100%	26%	−7%	7%	25%	25%	49%
G17	100%	41%	−18%	53%	6%	20%	40%
G18	**100%**	**4%**	**83%**	**−32%**	**−47%**	**42%**	**54%**
G19	**100%**	**33%**	**3%**	**0%**	**29%**	**43%**	**24%**
G20	100%	22%	−15%	17%	20%	60%	18%
G21	100%	23%	−8%	−1%	32%	60%	17%
G22	100%	16%	−20%	16%	21%	42%	41%
G23	100%	39%	−10%	28%	21%	17%	44%
G24	**100%**	**19%**	**−2%**	**−1%**	**22%**	**66%**	**15%**
G25	**100%**	**41%**	**−4%**	**−2%**	**48%**	**35%**	**24%**
G26	**100%**	**47%**	**−7%**	**1%**	**52%**	**54%**	**0%**
G27	100%	28%	−12%	28%	12%	17%	55%
G28	100%	32%	7%	6%	18%	22%	46%
G29	100%	39%	6%	10%	23%	36%	25%
G30	100%	36%	1%	16%	19%	24%	40%
G31	100%	48%	−24%	58%	14%	14%	37%
G32	100%	57%	−14%	65%	6%	6%	37%
G33	100%	46%	5%	23%	18%	18%	36%
G34	**100%**	**237%**	**105%**	**31%**	**101%**	**−52%**	**−84%**
G35	100%	21%	13%	2%	7%	77%	2%
G36	100%	−53%	−74%	21%	−1%	55%	98%
平均	100%	28%	−13%	19%	22%	43%	30%

注:表中数据为本章计算结果。粗体字标出的是高排放行业。

具体来看,对中国工业 1999—2011 年的分解显示,技术变化、要素替代和燃料替代三种因素均引起了工业碳强度较大程度的下降。从工业平均情况来看,

1999—2011 年期间,中国工业碳强度下降了 164%,其中要素替代作用贡献的下降率最高,达 70%,贡献比重达 43%;技术变化和燃料替代作用贡献的比重不相上下,前者导致碳强度下降了 46%,后者贡献了 48% 的下降,贡献比重分别为 28% 和 30%。在技术变化中,偏向型技术进步对碳强度下降的贡献最高,达 36%,中性技术进步为 31%,技术效率变化甚至导致碳强度上升 21%,对碳强度变化的贡献比重分别为 22%、19% 和-13%(见表 4.1、表 4.2)。①

　　1999—2011 年,36 个行业中有 26 个行业偏向型技术进步促使碳强度下降了 30% 以上,且不同行业之间偏向型技术进步对工业碳强度下降的贡献比较稳定(见图 4.1)。

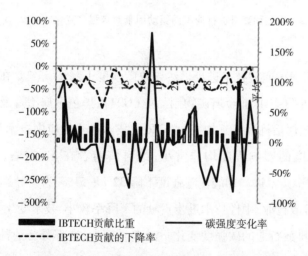

图 4.1　工业行业偏向型技术进步对碳强度下降的贡献(1999—2011 年)

　　从高排放行业的情况来看,偏向型技术进步的贡献尤为明显。除煤炭采选业之外,偏向型技术进步均是这些行业碳强度下降的主要原因。在排放占比最高的电力、热力的生产和供应业(G34),偏向型技术进步对碳强度下降的贡献度甚至达到 101%,与此相对,该行业要素替代和燃料替代甚至会导致碳强度上升。即使是在石油加工炼焦及核燃料加工业(G18),碳强度在 1999—2011 年期

---

① 贡献比重指的是将碳强度变化看做 100%,各驱动因素引起的碳强度变化占碳强度总体变化的百分比。若贡献比重为正,表示驱动因素引起的变化与碳强度总体变化方向一致;若贡献比重为负,表示驱动因素引起的变化与碳强度总体变化方向相反。

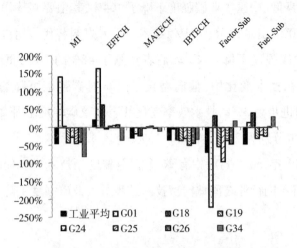

图 4.2　工业和高排放行业不同驱动因素对碳强度变化的贡献

注:图中数据为本章计算结果整理所得。

间提高了 74%,然而偏向型技术进步仍然导致碳强度下降了 35%。在化学原料及化学制品制造业(G19)、非金属矿物制品业(G24)、黑色金属冶炼及压延加工业(G25)和有色金属冶炼及压延加工业(G26),技术进步效应中技术效率、中性技术进步对碳强度的影响程度均非常小,绝对值前者在 5% 左右,后者仅为 1%—2%,而偏向型技术进步却能使碳强度下降 32%—51%,为主导影响因素。[1] 相对而言,在高排放行业,中性技术进步贡献的下降率较小,技术变化、要素替代和燃料替代对高排放行业的碳强度变化贡献差异较大,在部分行业甚至可以引起碳强度上升(见图 4.2)。

(二)偏向型技术进步贡献程度的变化趋势

逐年考察偏向型技术进步对碳强度的贡献可以发现,偏向型技术进步贡献的下降率呈逐年小幅上升趋势,但对碳强度下降的贡献程度在 2008 年以后显著上升,已逐渐超过中性技术进步。

偏向型技术进步在 2008 年以前每年导致工业碳强度降低 1% 左右,2008 年

---

[1]　煤炭采选业(G01)比较特殊,其碳强度下降率几乎全部由要素替代作用引起,技术变化甚至导致碳强度上升。

之后小幅升至 2%—3%。与此同时,工业碳强度逐年下降的程度在降低,2007
年以前,碳强度每年的下降率都在两位数,最高达到了 23%(2004 年),从 2008
年开始,碳强度下降率降低,维持在每年下降 5%—8% 的水平上。因此,偏向型
技术进步的贡献比重在 2008 年以后大大提高。相比之下,中性技术进步的作用
在降低。2010 年开始,偏向型技术进步对碳强度下降率的贡献比重已达 50%,
而中性技术进步甚至导致碳强度上升(见图 4.3)。可见,偏向型技术进步已经
成为促使碳强度下降的重要驱动因素。

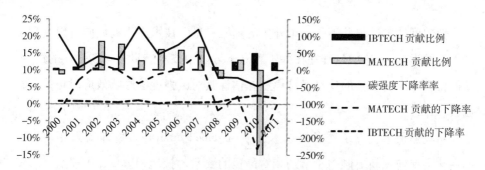

图 4.3 偏向型技术进步对碳强度下降贡献程度的趋势

注:图中数据为本章计算结果整理所得。

第二节 偏向型技术进步对中国工业 碳强度影响的净效应

本章第一节已计算出偏向型技术进步对中国工业 1999—2011 年间碳强度
变化的贡献程度,发现偏向型技术进步每年促使碳强度下降 2% 左右,而贡献的
下降率比重则大幅度上升。进一步,节约能源的技术进步对中国工业碳强度影
响的净效应究竟有多大,即如果技术进步是节约能源的,与节约其他要素相比,
它能带来碳强度多大幅度的变化是本节拟回答的问题。本节考察的实质是偏向
型技术进步作为一个外生变量,对碳强度的影响效应。然而,由于偏向型技术进
步的方向可能受到能源价格、研发、FDI、贸易等因素的影响,而这一影响过程并

非独立于偏向型技术进步对碳强度的影响,因此工业行业偏向型技术进步的方向并不是一个随机变量,而是存在一个内生选择的机制,需要通过实证方法纠正这种内生性给分析结果带来的偏误。本节采用处理效应模型和动态面板数据模型解决变量内生性偏误的问题,计算偏向型技术进步对中国工业碳强度影响的净效应。

一、偏向型技术进步的内生选择问题

偏向型技术进步并不是一个外生的随机变量。技术进步的偏向可以受到不同因素的影响,而这一过程往往并不独立于偏向型技术进步影响碳强度的过程,就使得未考虑内生性的计量经济模型在估计其对碳强度的影响效应时可能存在偏误。

希克斯最早提出了诱发的技术创新(induced innovation),即要素相对价格的变化会促使创新更倾向于节约相对昂贵的要素。拉坦(Ruttan,1997)、阿吉翁等(Aghion 等,2012)则认为技术进步的偏向受两大类因素的影响:一是要素价格,较高的能源价格(或碳税)等会促使技术进步更加节约能源;二是知识积累,其中企业自身的知识积累和来自他人知识积累的溢出效应都将对技术进步的方向产生影响。[①] 现有文献也支持上述结论,概括来说,偏向型技术进步可以受到两类因素的诱发:一是要素相对价格的变化可能会增强或减弱偏向型技术进步的效应;二是不同来源的技术进步可能具有不同的技术进步偏向,这其中既包括自主研发活动,也包括如 FDI、贸易等技术溢出。

不少实证研究发现,能源价格的提高有助于促进节约能源的技术进步。如纽厄尔等(Newell 等,1999)在产品创新的模型框架下的研究[②],塔赫里和史蒂文

---

① Ruttan, V. W. Induced Innovation, "Evolutionary Theory and Path Dependence: Sources of Technical Change", *The Economic Journal*, Vol. 107(1997), pp. 1520-1529; Aghion, P., Dechezlepretre, A., Hemous, D., Martin, R., Van.Reenen, J., "Carbon Taxes, Path Dependency and Directed Technical Change: Evidence from the Auto Industry", *Journal of Political Economy*, Vol. 124, No. 1(2012), pp. 1-51.

② Newell, R.G., A.B.Jaffe, R.N.Stavins, "The Induced Innovation Hypothesis and Energy-Saving Technological Change", *The Quaterly Journal of Economics*, Vol. 114, No. 3(1999), pp. 941-975.

森(Taheri & Stevenson,2002)采用行业数据的研究[1]及波普(Popp,2002)、德奇兹利普里特里等(Dechezlepretre 等,2011)采用专利数据的研究均证实了这一观点[2]。杨芳(2013)对中国专利数据的实证也发现能源价格的提高可以促进节能技术的提高。[3]

不同来源的技术进步也会诱发偏向型技术进步。由于专利保护的存在,直接的技术转移往往数量较小,大部分跨国的技术转移都是间接的(Popp,2006)。[4] 进出口贸易、FDI 均是技术溢出的重要渠道(Keller,2004)。[5] 兰由和莫迪(Lanjouw & Mody,1996)的研究结论发现,发展中国家,特别是亚洲国家倾向于通过引进设备来"进口"技术。[6] 图尔等(Tour 等,2011)对中国光伏行业的研究也证实了这一偏好。[7] 索内和卡思(Swahney & Kahn,2012)亦发现,美国的FDI 是向欠发达国家出口节能技术的重要途径。[8]

偏向型技术进步的方向并不是一个随机选择的过程,而最小二乘法、静态面板数据回归要求数据样本是随机的,采用这些方法将工业能源强度对偏向型技术进步进行回归则会导致内生选择偏误。

具体而言,可以将本书的实证模型看为两个步骤。第一步是一个偏向型技术进步的随机选择过程。假如技术进步在能源 E 和另一种要素 $j(j=K,L,M)$ 之

---

① Teheri, A. A. and R. Stevenson, "Energy Price, Environmental Policy, and Technological Bias", *The Energy Journal*, Vol. 23, No. 4(2002), pp. 85–107.

② Popp, D., "Induced Innovation and Energy Prices", *The American Economic Review*, Vol. 92, No. 1 (2002), pp. 160–180; Dechezleretre, A., et al, "Invention and Transfer of Climate Change-Mitigation Technologies: A Global Analysis", *Review of Environmental Economics and Policy*, Vol. 5, Issue 1(2011), pp. 109–130.

③ 杨芳:《技术进步对中国二氧化碳排放的影响及政策研究》,经济科学出版社 2013 年版,第 94—123 页。

④ Popp, D., "International Innovation and Diffusion of Air Pollution Control Technologies: The Effects of NOx and SO2 Regulation in the US, Japan, and Germany", *Journal of Environmental Economics and Management*, Vol. 51(2006), pp. 46–71.

⑤ Keller, W., "International Trade, Foreign Direct Investment, and Technology Spillovers", NBER Working Paper, No. 15442, 2009.

⑥ Lanjouw, J.O. and A.Mody, "Innovation and the International Diffusion of Environmentally Responsive Technology", *Research Policy*, Vol. 25(1996), pp. 549–571.

⑦ Tour, A., M.Glachant and Y.Meniere. "Innovation and International Technology Transfer: The Case of the Chinese Photovoltaic Industry", *Energy Policy*, Vol. 39(2011), pp. 761–770.

⑧ Sawhney, A.and M.E.Kahn, "Understanding Cross-national Trends in High-tech Renewable Power Equipment Exports to the United States", *Energy Policy*, Vol. 46(2012), pp. 308–318.

间是节约能源的,则记为 $Ejbias_i = 1$;若技术进步节约要素 j 或为中性,则记为
$Ejbias_i = 0$:[①]

$$Ejbias_i = \begin{cases} 1, & if \quad G(\mathbf{Z}_i) + e_i > 0 \\ 0, & otherwise \end{cases} \tag{4.6}$$

其中 $\mathbf{Z}$ 是影响技术进步偏向的变量矩阵,如相对要素价格、研究与开发、FDI 的水平溢出、前向溢出和后向溢出及进出口的技术溢出等,e 是不可观测的误差项。

第二步是偏向型技术进步对碳强度的影响模型。碳强度(CI)是偏向型技术进步($Ejbias$)和其他控制变量($\mathbf{X}$)的函数,其误差项用 u 表示:

$$Y_i = F(Ejbias_i, \mathbf{X}_i) + u_i \tag{4.7}$$

本节的目标是估计节约能源的技术进步的平均效应,即当 $Ejbias$ 从 0 转变到 1 时,其对碳强度影响的弹性,或称为平均处理效应(Average Treatment Effect)。

当且仅当如下两个假设条件满足的时候,才可以采用 OLS 或加入行业个体效应虚拟变量的固定效应模型进行估计。第一个是条件独立假设(Conditional independence),即两个步骤,公式(4.6)和公式(4.7)之间的残差 e 和 u 不相关;第二个是线性假设(Linearity),即公式(4.7)中的函数形式是线性的。

然而,如果两个步骤之间的残差相关,即条件独立假设被违反,模型将存在内生性问题。这里内生性主要来自以下两个方面:

一是联立性(Simultaneity)。造成联立性的一种情况是解释变量连带地由因变量决定,也称为反向因果关系;另一种情况是因变量和解释变量同时受其他变量的影响,这也是最常见的造成内生性的原因。在本节的模型中,一方面偏向型技术进步可以通过改变能源与其他要素之间的边际替代率来影响能源要素的使用,进而影响碳强度;另一方面,如果碳强度下降,生产单位产出所需的能源要素也降低,从而使要素市场上能源的稀缺性降低,技术进步则有可能不再节约能源。此外,碳强度和偏向型技术进步可能同时受到能源价格的影响。因此,碳强

---

① 这里暂不区分行业个体效应和时间效应,但在回归时通过虚拟变量和时间趋势变量予以控制。

度和能源偏向型的偏向型技术进步之间存在联立性。

二是遗漏变量(Omitted variables)。如果公式(4.7)中遗漏了与碳强度相关的控制变量,则其残差 u 就和因变量相关,从而造成内生性问题。当然,可以通过在公式(4.7)中加入尽可能多的控制变量来解决这一问题,但即使如此,也不能保证没有与碳强度相关的变量被遗漏。

二、实证方法

为了解决上述内生性问题,本节采用处理效应模型和动态面板数据模型进行回归分析。前者可以纠正回归系数中由于偏向型技术进步的内生选择过程带来的偏误,后者则可以在更广泛的层面解决碳强度、偏向型技术进步、能源价格等变量之间的内生性。

(一)处理效应模型

处理效应模型(Treatment Effect Model)是 Heckman 选择模型(Heckman Selection Model)的一种变体,它可以纠正回归系数中由变量内生选择带来的偏误,又称为 Heckman 纠正(Heckman correction)或 Heckman 过程(Heckman Procedure)[①]。它分两步进行,第一步将估计一个变量内生选择的 Probit 模型,第二步再根据两个步骤之间残差的相关性矩阵对第二步的 OLS 或固定效应面板数据回归进行修正。

公式(4.6)和公式(4.7)之间的残差 e 和 u 相关时,条件独立假设不满足。在这种情况下,需要对模型进行内生性偏误的修正。处理效应模型在第一步估计 Probit 模型的同时给出了公式(4.6)和公式(4.7)残差项之间相关性的修正系数,并将该系数带入公式(4.6)进行估计。

本书建立如下处理效应模型:

$$\ln CI_{it} = X_{it}\boldsymbol{\beta} + \delta Ejbias_{it} + \sum \delta_i g_i + \lambda \ln t + e_{it} \tag{4.8}$$

---

① 但处理有效应模型有别于 Heckman 两步法。

其中 CI 是碳强度；$Ejbias$ 是偏向型技术进步的虚拟变量，如果技术进步节约能源则为 1，否则为 0；X 为控制变量矩阵。通过引入行业虚拟变量 g_i 和时间虚拟变量，可以控制行业个体效应和时间效应的误差项，为了节约自由度，采用时间趋势项 $\ln t$ 来代替时间虚拟变量。虚拟变量的二元选择过程可以用一个不可观测的潜变量 $Ejbias^*$ 表示。假设潜变量 $Ejbias^*$ 是一组外生协变量 $\mathbf{Z}$ 和残差项 u 的线性方程：

$$Ejbias_{it}^* = \mathbf{Z}_{it}\boldsymbol{\gamma} + u_{it} \tag{4.9}$$

同样通过引入行业虚拟变量和时间趋势项来控制个体效应和时间效应的误差项。

可以观测的决策过程是：

$$Ejbias_{it} = \begin{cases} 1, & if \quad Ejbias_{it}^* > 0 \\ 0, & otherwise \end{cases}$$

由于样本选择问题的存在，只能在 $Ejbias=0$ 时观测到 $\ln CI_0$，在 $Ejbias=1$ 时观测到 $\ln CI_1$。对公式(4.8)取条件期望：

$$E(\ln CI_1 \mid Ejbias = 1) = E(\ln CI_1 \mid Ejbias^* > 0) = E(\ln CI_1 \mid \mathbf{Z}\boldsymbol{\gamma} + u > 0)$$

$$= E(\ln CI_1 \mid u > -\mathbf{Z}\boldsymbol{\gamma})$$

$$= \mathbf{X}\boldsymbol{\beta} + \delta + \sum \delta g + \lambda \ln t + E(e \mid u < \mathbf{Z}\boldsymbol{\gamma})$$

$$= \mathbf{X}\boldsymbol{\beta} + \delta + \sum \delta g + \lambda \ln t + \sigma_{1u}\left[\frac{\varphi(\mathbf{Z}\boldsymbol{\gamma})}{\Phi(\mathbf{Z}\boldsymbol{\gamma})}\right] \tag{4.10}$$

其中 φ 是标准正态概率密度函数，Φ 是标准正态累积概率分布函数。

类似的：

$$E(\ln CI_1 \mid Ejbias = 0) = E(\ln CI_1 \mid Ejbias^* < 0) = E(\ln CI_1 \mid \mathbf{Z}\boldsymbol{\gamma} + u < 0)$$

$$= E(\ln CI_1 \mid u < -\mathbf{Z}\boldsymbol{\gamma})$$

$$= \mathbf{X}\boldsymbol{\beta} + \delta + \sum \delta g + \lambda \ln t + E(e \mid u > \mathbf{Z}\boldsymbol{\gamma})$$

$$= \mathbf{X}\boldsymbol{\beta} + \delta + \sum \delta g + \lambda \ln t - \sigma_{0u}\left[\frac{\varphi(\mathbf{Z}\boldsymbol{\gamma})}{1 - \Phi(\mathbf{Z}\boldsymbol{\gamma})}\right] \tag{4.11}$$

公式(4.10)和公式(4.11)等式右边的最后一项为偏误风险(Hazard)。

处理效应模型依赖于残差项 e 和 u 之间的联合正态分布假设,即二者的协方差矩阵为:

$$\begin{bmatrix} \sigma^2 & \rho\sigma \\ \rho\sigma & 1 \end{bmatrix}$$

可以通过第二步回归时在等式右边加入偏误风险项对内生偏误进行修正,亦可以通过极大似然法进行估计。Maddala(1983)推导出了内生偏误项的表达式:

$$E(CI_{it} \mid Ejbias_{it} = 1) - E(CI_{it} \mid Ejbias_{it} = 0) = \delta + \rho\sigma\left[\frac{\varphi(\mathbf{Z}_{it}\boldsymbol{\gamma})}{\Phi(\mathbf{Z}_{it}\boldsymbol{\gamma})\{1 - \Phi(\mathbf{Z}_{it}\boldsymbol{\gamma})\}}\right]$$

如果不存在内生性,即残差项 e 和 u 之间不相关,$\rho = 0$,OLS 估计系数 δ 不存在偏误。但若 $\rho \neq 0$,则估计结果会产生等式右边第二项的偏误。

(二)动态面板数据模型

本书同时也采用动态面板数据来处理内生性的问题。该方法的优点是可以有效地解决模型的内生性问题(Caselli 等,1996)。[1] 此外,动态面板数据模型能更好地考虑经济系统自身的惯性,这是经济因素变化的重要特征(杜立民,2010)。[2] 中国工业行业的碳强度很可能存在滞后效应,引入因变量滞后项可以较好地控制滞后因素。

本节分别针对节约能源技术进步的虚拟变量对碳强度的影响和偏向型技术进步总效应(IBTECH)对碳强度的影响设立动态模型。节约能源技术进步的虚拟变量对碳强度影响的动态面板数据模型如下:

$$\ln CI_{it} = \gamma\ln CI_{i,t-1} + \alpha_1 EKbias_{it} + \alpha_2 ELbias_{it} + \alpha_3 EMbias_{it} + \mathbf{X}'_{it}\boldsymbol{\beta} + \delta_t + \eta_i + \varepsilon_{it}$$

$$(4.12)$$

<hr>

[1]　Caselli, F., G.Esquivel and F.Lefort, "Reopening the Convergence Debate: A New Look at Cross-country Growth Empirics", *Journal of Economic Growth*, Vol. 1, No. 3(1996), pp. 363-389.

[2]　杜立民:《我国二氧化碳排放的影响因素:基于省级面板数据的研究》,《南方经济》2010 年第 11 期,第 20—33 页。

对方程(4.12)进行差分可得:

$$\Delta \ln CI_{it} = \Delta \gamma \ln CI_{i,t-1} + \Delta \alpha_1 EKbias_{it} + \Delta \alpha_2 ELbias_{it} + \Delta \alpha_3 EMbias_{it} + \Delta X'_{it} \boldsymbol{\beta} + \Delta \delta_t + \Delta \varepsilon_{it} \tag{4.13}$$

偏向型技术进步总效应(IBTECH)对碳强度影响的动态面板数据模型如下:

$$\ln CI_{it} = \gamma \ln CI_{i,t-1} + \theta_1 \ln IBTECH_{it} + X'_{it} \boldsymbol{\beta} + \delta_t + \eta_i + \varepsilon_{it} \tag{4.14}$$

对方程(4.14)进行差分可得:

$$\Delta \ln CI_{it} = \Delta \gamma \ln CI_{i,t-1} + \Delta \theta_1 \ln IBTECH_{it} + \Delta X'_{it} \boldsymbol{\beta} + \Delta \delta_t + \Delta \varepsilon_{it} \tag{4.15}$$

上述模型需要满足两个条件:第一,残差项一阶差分$\Delta \varepsilon_{it}$与模型中所有自变量的二阶及以上滞后项均不相关;第二,差分方程的残差项不存在二阶序列相关(Arellano & Bond,1991)。[①]

动态面板数据模型一般采用差分 GMM(diff-GMM)和系统 GMM(sys-GMM)两种方法进行估计。差分 GMM 继承了一阶差分方法具有的优点,可以从两个方面消除内生性问题。一是差分可以部分解决遗漏变量带来的内生性。遗漏变量是指回归方程的残差项中包含与碳强度相关的不可观测变量,这些因素大多随时间变化较小,如行业排放模式、行业要素使用特征等。差分则能够消除这些不随时间变化的个体非观测效应。而对于其他随时间变化的因素,如节能减排政策等,通过加入时间虚拟变量可以进行控制,为了节约自由度,也可以采用时间趋势项。二是由于变量对数的一阶差分可以近似地等于变量的增长率,因此一阶差分可以弱化变量之间的相关性,从而弱化甚至消除反向因果关系,因为即使两个水平变量之间存在相关,其增长率往往也不存在相关性(Griliches,1986)。[②]

然而,差分 GMM 依然存在一定的局限。在以下两种情形下差分 GMM 估计量的性质较差:一是水平方程等式右边因变量的滞后项系数趋近于 1,二是个体

---

① Arellano,Manuel and Bond,Stephen,"Some Tests of Specification for Panel Data:Monte Carlo Evidence and an Application to Employment Equations",*Review of Economic Studies*,Vol. 58,No. 2(1991),pp. 277-297.

② Griliches,Z.,"Productivity,R&D and Basic Research at the Firm Level in the 1970s",*The American Economic Review*,Vol. 76,No. 6(1986),pp.141-154.

非观测效应的方差增加的速度比残差项的方差更快。在这些情形下,系统GMM估计往往具有更好的性质(Blundell & Bond,1998)。[1]

采用系统GMM进行估计时,还将采用因变量一阶差分的滞后项作为水平方程(方程(4.12))中因变量滞后项的工具变量,相当于给方程(4.12)施加额外约束。系统GMM相对于差分GMM具有几个方面的优势:第一,系统GMM估计量在有限样本下的性质更好,可以得到比差分GMM估计量更小的偏差,同时有效性也得到改进;第二,即使水平方程等式右边因变量一阶滞后的系数趋近于1,系统GMM中因变量一阶差分滞后项依然是一个好的工具变量,系数估计是一致的;第三,存在非时变遗漏变量和测量误差问题时,估计量依然是无偏和一致的(Bond等,2001)。[2]

三、指标描述

本节采用中国工业36个行业1999—2011年的面板数据进行回归。[3] 具体的指标构建和数据来源如下:

(一)偏向型技术进步指标

偏向型技术进步指标包括三个表征技术进步偏向的虚拟变量 $EKbias$、$ELbias$ 和 $EMbias$,它们是依据第三章计算的偏向型技术进步指数 IBTECH 和提出的判别方法进行构建的。$EKbias$ 表示技术进步在能源和资本之间的偏向,$EKbias=1$ 则表示技术进步在能源和资本之间节约能源,$EKbias=0$ 表示技术进步在能源和资本之间节约资本,或者为中性。同理,$ELbias$ 和 $EMbias$,分别表示技术进步在能源和劳动力、能源和中间品之间的偏向,如果节约能源则取1,否则取0。

---

[1] Blundell,R.and S.Bond,"Initial Conditions and Moment Restrictions in Dynamic Panel Data Models", *Journal of Econometrics*, Vol. 87, No. 1(1998), pp. 115–143.

[2] Bond,S.R.,Hoeffler,A.and Temple,J.,"GMM Estimation of Empirical Growth Models",*Economic Papers*,Vol. 159, No. 1(2001), pp. 99–115.

[3] 本书的原始数据为1999—2011年,但由于第4章偏向型技术进步指数度量的是相邻两个年份之间的技术变化,因此从2000年开始才能判别偏向型技术进步的方向。

此外,本节还考察偏向型技术进步对碳强度影响的总效应,采用第三章计算的偏向型技术进步指数 IBTECH 的自然对数作为该变量的指标。它综合度量了偏向型技术进步在不同要素组合之间不同偏向对生产率的总效果。IBTECH>1 表示偏向型技术进步可以促进生产率提高,IBTECH<1 表示偏向型技术进步会导致生产率下降。

(二)控制变量

控制变量包括中性技术进步、技术效率变化、人均行业增加值和碳排放系数。中性技术进步 *MA*、技术效率变化 *EFF* 分别等于本书第三章计算出的中性技术进步指数 MATECH 和技术效率变化指数 EFFCH。人均行业增加值 y 等于行业增加值除以行业从业人数。其中,《中国统计年鉴》在 2008 年以后就没有公布分行业工业增加值数据,因此根据每年 12 月的分行业工业增加值累计增长率来推算 2008 年以后的增加值序列,并用工业出厂品价格指数进行平减。排放系数 *ef* 为第一节计算的每单位标准煤排放二氧化碳的转换比例。

(三)要素相对价格

与三个偏向型技术进步指标相对应,本章构造三个要素相对价格指标,即能源资本相对价格、能源劳动力相对价格和能源中间品相对价格。

综合能源价格(w_E)通过各行业煤炭、汽油、柴油、电力的消费量和煤炭、汽油、柴油、电力价格加权得到。中国并未公布综合能源价格(w_E),这里进行了推算。《中国物价年鉴》公布了 36 个大中城市 2002—2005 年的煤炭、汽油、柴油、电力价格,本章将此数据以省区能源消费量为权重计算出各项能源的加权价格,再分别用相应行业的出厂品价格指数进行扩展。同时,根据各行业煤炭、汽油、柴油、电力的消费量可计算出各行业的能源成本,综合能源价格则等于能源成本除以各行业综合能源消费总量。

资本价格(w_K)数据序列采用全国固定资产投资价格指数。劳动力(w_L)价格为经 CPI 调整得到的实际工资,名义工资数据为各行业"平均劳动报酬",CPI 数据为消费价格指数。中间品价格(w_M)指数用出厂品价格指数和根据投入产出表计算出的直接消耗系数矩阵加权获得。

以上价格数据均调整为 1999 年等于 1,能源与资本、劳动力和中间品的相对价格指标分别为 w_E/w_K、w_E/w_L 和 w_E/w_M。因此,该指标反映的是要素价格的相对累计增长率。

(四)技术变量

此外,在工具变量集合中,视情况采用:R&D、FDI 的技术溢出效应,包括水平溢出($\ln hfdi$)、前相溢出($\ln ffdi$)和后向溢出($\ln bfdi$)效应、进出口的技术溢出效应等。

研究与开发:用各行业人均研发资本存量作为 R&D 的指标(rd)。研发资本存量同样采用 PIM 估算:

$$R_{i0} = Z_{i0}(1 + g)/(g + D) \qquad R_{it} = (1 - D)R_{it-1} + Z_{it}$$

其中 R_{i0}、R_{it} 分别为基期资本存量和 t 期资本存量,Z 为当年 R&D 支出,D 为研发资本折旧率,g 为 R&D 支出增长率。本章用《中国科技统计年鉴》中的"分行业大中型企业科技活动经费内部支出"作为研发支出的指标。设定 R&D 价格指数 = 0.55×消费价格指数 + 0.45×固定资产投资价格指数(白俊红等,2009)。[1] 折旧率 D 取值 15%,增长率 g 是样本期之前 R&D 支出的平均增长率,应低于样本期内的增长率,本书取值 5%。

国际贸易和外商直接投资:进口技术溢出(im)和出口技术溢出(ex)的指标分别采用进口和出口占行业增加值的比重。各行业历年进出口总额来自 UN Comtrade 数据库 SITC Rev. 3 标准的三位数行业分类数据,并根据中国统计局的行业分类标准进行归并,最后用当年汇率转换为人民币计价。

FDI 的技术溢出:包括水平溢出、前向溢出和纵向溢出。分别采用两个指标来度量水平溢出($hfdi$),一是三资企业的固定资产净值占规模以上工业企业固定资产净值的比重($hfdik$),二是三资企业从业人员占规模以上工业企业从业人员的比重($hfdil$)。

---

① 白俊红、江可申、李婧:《中国地区研发创新的相对效率与全要素生产率增长分解》,《数量经济技术经济研究》2009 年第 3 期,第 139—151 页。

前向溢出(*ffdi*)和后向溢出(*bfdi*)则分别等于水平溢出乘以前向溢出系数和后向溢出系数,前者是根据投入产出表(IO 表)直接消耗系数计算出的第 *i* 行业向第 *m* 行业购买的产品占第 *m* 行业的比重,而后者是第 *i* 行业向第 *m* 行业提供的产品占第 *i* 行业的比重。对于 1999—2001 年的数据采用 1997 年的 IO 表,对 2002—2006 年的数据采用 2002 年的 IO 表,2007 年以后则采用 2007 年的 IO 表。

数据来自于历年《中国统计年鉴》《中国能源统计年鉴》《中国物价年鉴》《中国劳动统计年鉴》《中国科技统计年鉴》《中国投入产出表》和 UN Comtrade 数据库。表 4.3 给出了主要变量的描述性统计。

表 4.3　偏向型技术进步对碳强度影响净效应相关变量的描述性统计

变量	指标说明	单位	平均值	标准差	最小值	最大值	样本数
CI	碳强度	万吨/亿元	5.6451	11.2007	0.0288	66.1009	432
EKbias	技术进步在能源和资本之间的偏向	—	0.6181	0.4864	0.0000	1.0000	432
ELbias	技术进步在能源和劳动力之间的偏向	—	0.3681	0.4828	0.0000	1.0000	432
EMbias	技术进步在能源和中间品之间的偏向	—	0.8495	0.3579	0.0000	1.0000	432
IBTECH	偏向型技术进步指数	1	1.0119	0.0736	0.9340	2.0130	432
MA	中性技术进步指数	1	1.0537	0.1199	0.1610	1.7940	432
EFF	技术效率指数	1	0.9834	0.1928	0.1950	3.1210	432
ef	碳排放系数	吨 CO_2/吨标煤	1.4849	2.1678	0.0956	14.9189	432
y	人均工业增加值	亿元	12.7271	19.2941	1.4963	198.1634	432

四、实证结果及分析

(一)回归结果

表 4.4 报告了在能源与资本、能源与劳动力、能源与中间品三对要素组合

中,节约能源的偏向型技术进步对中国工业碳强度影响效应的回归结果,分别包括采用固定效应面板数据模型、处理效应模型和动态面板数据的回归结果。

模型 1 采用固定效应模型进行回归,除了 $EKbias$ 和 $\ln t$ 并未得到显著的系数之外,其他变量的系数均显著。结果显示,节约能源的偏向型技术进步 $ELbias$、$EMbias$ 系数显著为负,中性技术进步 $\ln MA$、技术效率 $\ln EFF$、人均增加值 $\ln y$ 的系数也显著为负,碳强度一阶滞后项系数、碳排放系数 $\ln ef$ 的系数显著为正。

模型 2—模型 4 采用处理效应模型逐次控制了变量 $EKbias$、$ELbias$ 和 $EMbias$ 的内生性。例如,在模型 3 中,第一步用 Probit 模型估计 $EKbias$ 的内生选择过程,自变量为 $\ln w_E/w_K$、$\ln rd$、$\ln hfdi$、$\ln ffdi$、$\ln bfdi$、$\ln imp$、$\ln exp$;第二步回归的自变量则包括 $EKbias$、$ELbias$、$EMbias$、$\ln CI_{t-1}$、$\ln y$、$\ln MA$ 和 $\ln ef$。第二步回归采用行业虚拟变量和时间趋势项控制个体非观测效应和时间非观测效应,采用 Stata 软件的 treatreg 命令,用极大似然法估计。模型 3 和模型 4 分别处理 $ELbias$ 和 $EMbias$ 的内生选择问题,处理过程类似。对模型 2—模型 4 的 ρ 值进行检验,模型 2 和模型 3 可以拒绝 $\rho=0$ 的原假设,说明 $EKbias$ 和 $ELbias$ 具有明显的内生性,而模型 4 中 $EMbias$ 的内生性则不显著。处理效应模型的回归结果中,$EKbias$ 在模型 3 处理了内生选择偏误之后显著为负,但在模型 4 和模型 5 中均不显著;$ELbias$ 和 $EMbias$ 在三个模型中均显著为负。三个虚拟变量在处理内生性之后,回归系数的绝对值要大于未处理内生性的结果。

表 4.4　节约能源的技术进步对中国工业碳强度影响效应的回归结果

	模型 1	模型 2	模型 3	模型 4	模型 5	模型 6
	FE	Treatment	Treatment	Treatment	Diff-GMM	Sys-GMM
$EKbias$	−0.0030	−0.0647 ***	0.0016	0.0021	−0.0124 **	−0.0207 **
	(0.0134)	(0.0246)	(0.0116)	(0.0117)	(0.0058)	(0.0094)
$ELbias$	−0.0526 ***	−0.0514 ***	−0.1060 ***	−0.0515 ***	−0.0303 ***	−0.0203 *
	(0.0123)	(0.0101)	(0.0257)	(0.0102)	(0.0084)	(0.0102)
$EMbias$	−0.0755 ***	−0.0775 ***	−0.0792 ***	−0.0869 **	−0.0499 ***	−0.0469 **
	(0.0172)	(0.0171)	(0.0174)	(0.0342)	(0.0133)	(0.0177)

	模型 1	模型 2	模型 3	模型 4	模型 5	模型 6
	FE	Treatment	Treatment	Treatment	Diff-GMM	Sys-GMM
$\ln MA$	−0.1510***	−0.1190**	−0.1190**	−0.1230**	−0.0844***	−0.0804***
	(0.0420)	(0.0539)	(0.0530)	(0.0537)	(0.0273)	(0.0273)
$\ln EFF$	−0.1280***	−0.1440***	−0.1440***	−0.1450***	−0.1310***	−0.1410***
	(0.0283)	(0.0322)	(0.0326)	(0.0326)	(0.0191)	(0.0254)
$\ln CI_{t-1}$	0.5090***	0.5070***	0.5050***	0.5100***	0.3350***	0.3180***
	(0.0272)	(0.0439)	(0.0447)	(0.0443)	(0.0325)	(0.0289)
$\ln y$	−0.3810***	−0.3660***	−0.3690***	−0.3690***	−0.4570***	−0.4630***
	(0.0370)	(0.0497)	(0.0500)	(0.0493)	(0.0262)	(0.0269)
$\ln ef$	0.6870***	0.6990***	0.6940***	0.6890***	0.9100***	0.9560***
	(0.0412)	(0.0637)	(0.0647)	(0.0646)	(0.0580)	(0.0601)
$\ln t$	0.0096	0.0106	−0.0093	−0.0040	−0.0502**	−0.0513**
	(0.0322)	(0.0402)	(0.0390)	(0.0381)	(0.0206)	(0.0190)
常数	4.5100***					5.5040***
	(0.3910)					(0.2810)
内生变量		EKbias	ELbias	EMbias		
R^2	0.967					
F 统计量	0.000					
Rho		0.004	0.017	0.793		
AR(1)					0.015	0.025
AR(2)					0.595	0.449
Hansen					1.000	1.000
观测值	396	385	385	385	360	396

注:回归系数括号中为稳健标准误,AR、Hansen test 和 F 统计量分别报告 prob>z、prob>z 和 prob>F(chiz) 的值;*、**、***分别表示 10%、5% 和 1% 水平上显著;在 GMM 估计中,回归中的前定变量为 $\ln C_{it-1}$,内 生变量为 EKbias、ELbias、EMbias、$\ln MA$、$\ln EFF$、$\ln y$、$\ln ef$、;对差分 GMM 和系统 GMM 类型,前定变量的 一阶及更高阶的滞后项为工具变量,内生变量的两阶及更高阶的滞后项为工具变量。

模型 5 和模型 6 则分别用差分 GMM 和系统 GMM 进行了动态面板数据回归,采用鲁德曼(Roodman,2006)提供的 Stata 命令 xtabond2。由于技术进步、碳强度、人均增加值、能源结构等变量之间可能存在相互影响,本节将 EKbias、ELbias、*EMbias*、ln*EFF*、ln*y*、ln*ef* 均设置为内生变量,以更好地解决模型的内生性问题。与此同时,对模型一阶差分后的扰动项进行检验,以确保 GMM 估计量的一致性,其前提条件是扰动项的一阶差分仅存在一阶序列相关,而不存在二阶序列相关。结果显示,差分 GMM 和系统 GMM 估计都不能拒绝扰动项不存在二阶序列相关的原假设,因此两个模型的估计量都符合一致性的条件。此外,表 4.4 报告了 Hansen 检验结果的 *p* 值。Hansen 检验的原假设为所选的工具变量是有效的。结果显示,不论是差分 GMM 还是系统 GMM,Hansen 检验都不能拒绝原假设。因此,动态面板数据模型的估计是有效的。

表 4.5 偏向型技术进步对中国工业碳强度影响效应的回归结果

	模型 7	模型 8	模型 9
	FE	diff-GMM	sys-GMM
ln*IBTECH*	−0.0299	−0.0992 **	−0.1070 **
	(0.1190)	(0.0439)	(0.0497)
ln*MA*	−0.1430 ***	−0.0762 ***	−0.0887 ***
	(0.0473)	(0.0084)	(0.0151)
ln*EFF*	−0.0875 ***	−0.0606 ***	−0.0731 ***
	(0.0308)	(0.0118)	(0.0133)
lnCI_{t-1}	0.4960 ***	0.3070 ***	0.3030 ***
	(0.0291)	(0.0202)	(0.0214)
ln*y*	−0.3730 ***	−0.4050 ***	−0.4250 ***
	(0.0399)	(0.0117)	(0.0203)
ln*ef*	0.6900 ***	0.8830 ***	0.9010 ***
	(0.0442)	(0.0322)	(0.0378)
ln*t*	−0.0209	−0.1370 ***	−0.1290 ***
	(0.0344)	(0.0170)	(0.0144)
常数	4.4020 ***		5.2420 ***
	(0.4200)		(0.2150)
R^2	0.962		
F 统计量	0.000		
AR(1)		0.008	0.008

续表

	模型 7	模型 8	模型 9
	FE	diff-GMM	sys-GMM
AR（2）		0.635	0.591
Hansen		1.000	1.000
样本	396	360	396

注:回归系数括号中为稳健标准误,AR、Hansen test 和 F 统计量分别报告 prob>z、prob>z 和 prob>F(chiz) 的值; *、**、*** 分别表示 10%、5%和 1%水平上显著;在 GMM 估计中,前定变量为 $\ln CI_{t-1}$,内生变量 为 $\ln IBTECH$、$\ln MA$、$\ln y$,其他为外生变量;前定变量的一阶及更高阶的滞后项为工具变量,内生变量的 两阶及更高阶的滞后项为工具变量。

表 4.5 报告了偏向型技术进步指数 IBTECH 对中国工业碳强度影响效应的 回归结果。IBTECH 反应的是技术进步在不同要素组合之间的偏向最终带来的 生产率提高的效应,因此可以预期 IBTECH 的提高会通过增加产出来降低碳强 度。固定效应面板数据模型并没有得出 IBTECH 系数的显著估计。在控制了碳 强度和偏向型技术进步之间的内生性问题之后,差分 GMM 和系统 GMM 回归的 结果显示 $\ln IBTECH$ 的系数显著为负,且为−0.1 左右。中性技术进步 $\ln MA$、技 术效率变化 $\ln EFF$ 的系数和人均增加值 $\ln y$ 的系数也显著为负,碳强度一阶滞 后项和碳排放系数 $\ln ef$ 的系数显著为正。

在表 4.4 中,处理效应模型可以逐次处理 $EKbias$、$ELbias$、$EMbias$ 三个变 量的内生性问题,并发现在处理了内生性之后,$EKbias$ 的系数变为显著, $ELbias$、$EMbias$ 系数的绝对值增大。然而,处理效应模型无法同时对三个变量 的内生性进行处理。采用差分 GMM 和系统 GMM 回归则可以同时得到三个 变量修正内生偏误的结果,得到的 $EKbias$、$ELbias$、$EMbias$ 系数均显著为负, 影响方向与处理效应模型结果一致。同时,由于动态面板数据模型能更好处 理碳强度一阶滞后项的影响,因此动态面板数据模型的回归结果比处理效应 模型更能反应模型中内生变量的净影响。一般认为,有限样本下,系统 GMM 估计比差分 GMM 估计的偏差更小。因此,选择系统 GMM 估计的模型 6 的结 果分析节约能源的技术进步对中国工业碳强度的影响。在表 4.5 中,差分 GMM 和系统 GMM 估计得到的系数非常接近,同样鉴于系统 GMM 往往比差分 GMM 更有效,下文采用模型 9 系统 GMM 的结果分析 IBTECH 变化对中国工业碳强度的影响。

(二)回归结果分析

模型 6 的回归结果表明,在控制偏向型技术进步、要素相对价格和行业人均增加值的内生性后,偏向型技术进步对工业碳强度具有显著的影响。具体来说,$EKbias$ 的估计系数为 0.0207,且在 5% 水平上显著,表明当技术进步在能源和资本之间节约能源时,与节约资本或中性技术进步的情形相比,可以促使碳强度下降 2.05%。[①] $ELbias$ 和 $EMbias$ 也可以促使碳强度下降。当技术进步在能源和劳动力之间节约能源时,与节约劳动力和中性技术进步的情形相比,可以使碳强度下降 2.01%,这一系数在 10% 水平上显著。当技术进步在能源和中间品之间节约能源时,与节约中间品和中性技术进步的情形相比,可以使碳强度下降 4.56%,估计结果在 5% 水平上显著。回归结果说明,当技术进步在能源和另一种要素之间节约能源时,这种效应有助于降低与能源消耗直接相关的碳强度。本节的实证结果符合这一预期。

从偏向型技术进步的总效应来看,模型 9 中在控制了变量之间的内生性之后,偏向型技术进步 IBTECH 指数每上升 1%,碳强度将下降 0.107%。它表示尽管技术进步在不同要素组合之间的偏向对碳强度的影响存在差异,但总效果将通过对生产率的增进而使碳强度下降。

◇　　　　◇　　　　◇

在中国工业行业,偏向型技术进步对碳强度可以产生多大程度的影响?这是本书要回答的最基本的问题。对此,本章从三个方面展开了分析:一是考察了 1999—2011 年期间中国工业已发生的偏向型技术进步对碳强度下降的贡献程度;二是考察能源节约型技术进步相对其他技术进步偏向而言,对碳强度下降的

---

①  $(\hat{CI}_{Ebias} - \hat{CI}_{Kbias})/\hat{CI}_{Kbias} = \exp(0.0207) - 1 \approx 0.0205$,下同。

特殊贡献;三是综合考虑技术进步在不同要素之间不同偏向的总效应之后,偏向型技术进步对碳强度的影响效应。为了回答第一个问题,本章在第三章计算出1999—2011年期间中国工业行业 IBTECH 指数的基础上,将碳强度的变化进行DEA 分解,从而得到偏向型技术进步对碳强度变化的贡献程度。然而,回答第二和第三个问题面临数据内生性问题的困扰。本章拟寻找偏向型技术进步对碳强度影响的单向因果关系,即偏向型技术进步的外生变化对碳强度的影响。而技术进步的方向将受到能源价格、研发、贸易、FDI 技术溢出等因素的影响,这些因素都不独立于碳强度,因此存在一个内生选择的过程,会使回归分析结果产生偏误。本章中,通过处理效应模型和动态面板数据模型的实证方法控制偏向型技术进步和碳强度之间的内生性问题,从而得到偏向型技术进步对中国工业碳强度影响的净效应。本章得出的主要结论如下:

第一,偏向型技术进步每年对碳强度下降的贡献稳中有升,且贡献程度2008年以后存在明显提高。具体来说,偏向型技术进步每年贡献的碳强度下降为2%左右,并呈逐年小幅上升趋势,但对碳强度下降的贡献程度在2008年以后显著提高,已逐渐超过中性技术进步。2010年开始,偏向型技术进步对碳强度下降率的贡献比重已达50%,而中性技术进步甚至导致碳强度上升。可见,偏向型技术进步已经成为促使碳强度下降的重要驱动因素。

第二,当技术进步在能源和另一种要素之间节约能源时,这种效应有助于降低碳强度。从偏向型技术进步对碳强度影响的净效应来看,如果技术进步在能源和资本、劳动力、中间品之间节约能源,则可以分别促使碳强度下降2.05%、2.01%和4.56%。

第三,如果偏向型技术进步的总效应可以提高生产率,那么它有助于促进碳强度降低。因此,综合技术进步在不同要素组合之间偏向的总影响,它将促进中国工业碳强度下降,偏向型技术进步指数 IBTECH 每上升1%,碳强度将下降0.107%。

本章旨在厘清偏向型技术进步对碳强度影响的单向因果关系,即技术进步偏向的外生变化对碳强度的影响。本章的研究,尽管没有考虑偏向型技术进步的诱发机制,依然可以作为本书要回答的核心问题的一个"基准"结论。后续章节将进一步分析技术进步偏向的根源部分:一是自主研发、国际技术溢出效应等不同的技术获取来源是否可以产生不同的技术进步偏向,并进而影响工业碳强度。二是政策工具、要素价格的变化是否可以通过诱发偏向型技术进步对碳强度产生影响。这些研究是本章基本结论的扩展与深化,并具有更强的政策含义。

第五章　不同来源的偏向型技术进步
　　　　　对中国工业碳强度的影响

　　本书在第四章指出,能源要素价格的外生提高有助于诱发节约能源的技术进步并促使碳强度下降。然而,除了要素诱发技术进步的机制之外,是否还有其他因素可以导致偏向型技术进步? 本章旨在从中国工业不同的技术获取来源来探寻这一问题。在前面的章节,偏向型技术进步是用基于全要素生产率分解的指标来表示的,这些指标反映的均是技术进步的绩效。那么,对于中国工业行业来说,从哪些来源可以获取技术,并最终实现技术进步? 这些不同来源的技术进步又是否具有不同的要素偏向,从而对碳强度产生不同的影响?

　　发明、创新和技术扩散是技术从产生到被采纳,从而促进技术进步的全过程,其中前两个环节构成的研究与开发活动是技术进步的重要源泉。然而,全球大部分的研发活动都集中在少数发达国家,对于尚处于发展中阶段的中国而言,从它国的技术扩散中获取技术同样是重要的渠道,这些活动有时是非自发的,包含在国际贸易、FDI 的技术溢出当中。本章将探讨这些不同来源技术进步的要素偏向及对碳强度的不同影响,为此构建了一个包含中性技术进步和偏向型技术进步的超越对数成本函数模型,将上述因素嵌入在内。在对中国 36 个工业行业 1999—2011 年数据的回归基础上,可以得出不同来源技术进步的要素偏向,并计算出不同来源技术进步及其中性技术进步和偏向型技术进步对中国工业能源强度的影响。

第一节　不同来源的技术进步

对中国工业行业来说，何种渠道是其获取技术，进而促进技术进步的主要来源？由于前面的章节尚未涉及中国工业技术进步可能来源的探讨，因此本章将首先花一些篇幅，从追溯熊彼特的创新理论开始，对中国工业行业获取技术的来源进行甄别。首先，熊彼特第一次提出了创新的概念，并强调创新对技术进步和经济增长的重要作用，同时，创新的扩散是创新最终被经济系统完全吸收的过程。然而，由于全球研发支出的绝大部分都集中于 OECD 国家，对于中国这样的发展中国家而言，自主创新却往往不是技术进步的主要渠道。为此，本节特别回顾了国家间技术扩散的相关研究，即 FDI 和国际贸易的技术溢出，这对于中国工业行业尤为重要。

一、创新和创新的过程

（一）创新

自 1912 年熊彼特首次提出"创新"的概念以来，经济学界开始持续不断地对技术进步的微观机制展开研究。熊彼特认为，创新是经济动态发展的"内在因素"，"经济发展"也是"来自内部自身创造性"的一种变动。所谓"创新"并不是生产函数的简单扩张，而是"建立一种新的生产函数"。熊彼特认为，当不存在创新时，经济系统会形成一种关于生产要素和生产条件的"组合"，在经济体系中周而复始，而创新就是要在生产体系中引入"新组合"（代明等，2012）。[1]

尼尔森和温特（Nelson 和 Winter，1982）归纳出两种熊彼特创新模式。[2] 熊

---

[1]　代明、殷仪金、戴谢尔：《创新理论：1912—2012》，《经济学动态》2012 年第 4 期，第 143—150 页。

[2]　Nelson，R. R. and S. G. Winter，*An Evolutionary Theory of Economic Change*，MA：Harvard University Press，1982.

彼特模式 I(Schumpeter Mark I)是一种"创造性破坏"模式,新企业进入市场的同时带来创新技术,从而挑战乃至"破坏"既存企业的生产方式、组织结构和分配模式,是一种"广度模式"。熊彼特模式 II(Schumpeter Mark II)是一种"创造性积累"模式,创新是由现存的大企业通过研究与开发(R&D)带来的,大企业还可以利用其知识存量对创新设立一定的壁垒,是一种"深度模式"。后者更强调 R&D 实验室与技术创新的相关性,以及大公司在创新中扮演的关键角色,这种创新的集聚程度更高(Malerba & Orsenigo,1996)。[1]

熊彼特同时还指出经济体在不断重复"创造性破坏"的过程中,创新的扩散扮演重要的作用。由于创新可以带来额外的利润,因此一旦有企业家引入某种创新,便会有同业者尝试复制创新,从而获取更高的利润。当创新被完全吸收和扩散,这一创新将不再带来额外利润,经济才重新恢复均衡。创新被复制和模仿的过程即创新扩散的过程,在相同或相关领域内还会促进其他的创新。

(二)创新的过程

创新是熊彼特理论的精髓。然而,熊彼特提出创新的概念旨在揭示发展和经济周期的原因。因此,他并未过多关注创新的过程。他认为创新和发明(invention)并没有直接的联系,二者形成的社会和经济过程均不同。然而,在有关创新和技术进步理论的进一步发展中,更多的学者认为发明和创新之间存在逻辑顺序。发明是创新的先驱,而创新又是技术进步的前提。创新是发明的一种商业化实现。创新和发明的不同在于创新是在经济领域的活动,是将发明转化为对经济有贡献的过程(Carland,2009)。[2] 在创新理论的基础上发展起来的演化理论也强调技术进步的过程是市场对成功的创新进行选择,分为三个步骤:第一,对技术创新在局部范围的选择,第二,其他企业的模仿,第三,这一创新的选

---

① Malerba,F.and L.Orsenigo,"Schumpeterian Patterns of Innovation are Technology-specific",*Research Policy*,Vol. 25(1996),pp. 451-478.

② Carland,J.,"Innovation:The Soul of Entrepreneurship",*Small Business Institute National Proceedings*,Vol. 33 No. 1(2009),pp. 173-184.

择过程开始对经济绩效产生贡献(Nelson and Winter,1982)。[①]

发明、创新和扩散是关于技术进步过程的理论探讨中的三个重要概念,是由创新理论延伸出来的。目前广泛的研究都认为三者之间存在上述这种逻辑顺序。波普(Popp,2012)给出了技术进步过程的概述:[②]

第一阶段:发明,在这一阶段中将产生新的观点和创意;

第二阶段:创新,这一阶段中,创意将转化为具有商业价值的产品;

第三阶段:扩散,具有商业价值的产品开始对经济产生影响,微观主体开始选择利用创新过程的成果。

前两个环节可以被概括为 R&D 活动,是技术进步的投入。因此,技术进步最直接的来源是国内渠道,一般用 R&D 投入的存量指标来表征。已有研究表明 R&D 是提高生产率、促进技术进步的重要因素(Griliches,1964;周亚虹等,2013)。[③] 不少发达国家的实证研究也证实了 R&D 对技术进步的正向贡献。然而,对于中等收入国家和欠发达国家的技术投入来说,仅考虑 R&D 不一定全面和恰当。发达国家处于技术水平的领先地位,自主研发是其实现技术创新的主要手段,而欠发达国家可以通过从发达国家引进技术来实现技术创新甚至技术追赶,即一种国与国之间的技术扩散。

二、技术溢出

后发优势理论认为,后进国家通过引进先进国家的技术和设备可以实现较高起点的工业化。欠发达国家通过引进发达国家的技术可以缩小技术差距,甚至实现技术追赶(林毅夫和张鹏飞,2002)。因此对于中国这样的发展中国家来

① Nelson,R.R. and S.G.Winter, *An Evolutionary Theory of Economic Change*,MA:Harvard University Press,1982.

② Popp,D.,"The Role of Technological Change in Green Growth",NBER Working Paper 18506,2012.

③ Griliches,Z.," Research Expenditures, Education, and the Aggregate Production Function ", *The American Economic Review*,Vol.54(1964),pp.961-974;周亚虹、贺小丹、沈瑶:《中国工业企业自主创新的影响因素和产出绩效研究》,《经济研究》2012 年第 5 期,第 107—119 页。

说,引进外国技术是本国重要的技术获取来源。[①]

从全球 R&D 和专利数据的研究来看,全球研发费用的支出都集中在少数发达国家。在 2007 年,OECD 国家的 R&D 支出占全球 R&D 支出的 80%,其中美国和日本就占了 46%。技术在国与国之间的转移分为两种方式:一是直接的技术转让,体现为专利购买;二是通过国际贸易和国际直接投资活动带来的技术溢出(spillover)。然而,由于信息不对称,国与国之间真正意义上的技术市场其实很难存在(Markusen,1995)。[②] 国际节能减排专利转移的数据也显示,和直接的专利购买相比,发展中国家似乎更倾向于通过进口设备来实现节能减排技术引进(Lanjouw & Mody,1996),[③]国际贸易和 FDI 的技术溢出是发展中国家获取发达国家先进技术更为重要的渠道。[④]

(一)FDI 的技术溢出

跨国公司是国与国之间技术扩散的重要载体。根据国际投资理论中的垄断优势理论,外资企业之所以能够进入东道国,并长期与本地内资企业竞争,就是因为外资企业本身在生产技术、管理经验、销售能力等方面具有垄断优势。而跨国公司的这种特定优势可能被本地企业模仿,也可能通过竞争、人员流动,或通过和产业链上下游企业经济活动的接触中无意识地被本地企业模仿和吸收,发生技术溢出效应。根据 Kokko(1994)、Blomstom 和 Kokko(1998)的定义,FDI 的技术溢出具有如下几个特点:第一,FDI 技术溢出是非自愿的,即跨国公司在东道国进行经济活动时,其先进的技术、管理水平甚至人力资本自发地传播到东道国企业;第二,FDI 技术溢出是一种技术扩散的外部效应,跨国公司的特定优势

---

① 林毅夫、张鹏飞:《后发优势、技术引进和落后国家的经济增长》,《经济学(季刊)》2005 年第 4 期,第 53—74 页。

② Markusen,J.R.,"The Boundaries of Multinational Enterprises and the Theory of International Trade",*The Journal of Economic Perspective*,Vol. 9 No. 2(1995),pp. 169-189.

③ Lanjouw,J.O.& A. Mody,"Innovation and the International Diffusion of Environmentally Responsive Technology",*Research Policy*,Vol. 25(1996),pp. 549-571.

④ 李平(1999)对相关理论做了较完整的综述,参见李平:《技术扩散中的溢出效应分析》,《南开学报》1999 年第 2 期,第 28—33 页。

引起了当地的技术或生产力进步,而跨国公司的子公司却无法获取其中的全部收益。[1]

当本地企业模仿外资企业的技术,雇佣外资企业培训的员工,或者由于遭受来自外资企业的激烈竞争而提高配置资源的效率,进行新技术研发时,就会发生技术溢出效应。在芬德利(Findlay,1978)、达斯(Das,1987)、科克姆(Kokko,1994)、Wang 和 Blonstrom(1992)等人的研究基础上,[2]FDI 技术溢出的渠道被总结为两大类:一是水平溢出(horizontal spillover),或称为产业内溢出(intra-industry spillover);二是垂直溢出,或称为产业间溢出(inter-industry spillover)。

水平溢出,是指外资企业通过对东道国本行业中的内资企业的示范和模仿效应、竞争效应、人员培训和流动效应而产生的技术溢出。

示范和模仿效应是 FDI 技术溢出的一种自然的结果,跨国公司之所以成为跨国公司,正是因为它具有一定的特长。外资企业与东道国企业能够长期竞争是因为其与内资企业存在技术差距,这是示范和模仿的前提。研究表明,全球大部分的研发均是由跨国公司的母公司承担的,跨国公司的母公司向东道国子公司转移的技术一般比东道国子公司能获取的技术更为先进。因此,子公司从母公司进口的技术往往会引起东道国竞争对手的竞相模仿(Mansfield & Romeo,1980)。[3] 此外,东道国厂商甚至可以通过研究外资企业的产品而获取该产品的技术(Bae & Lee,1986),这被称为是"逆向工程"的技术获取手段。[4]

竞争效应则存在相对复杂的双重效果。一方面,外资企业进入市场对内资

---

[1]　Blomstron,M. A. and A. Kokko,"Multinational Corporations and Spillovers",*Journal of Economic Surveys*,Vol. 12 No. 3(1998),pp. 247-277;Kokko,A.,"Technology,Market Characteristics,and Spillovers",*Journal of Development Economics*,Vol. 43(1994),pp. 279-293.

[2]　Findley,R.,"Relative Backwardness,Direct Foreign Investment and Transfer of Technology:A Simple Dynamic Model",*Quarterly Journal of Economics*,Vol. 37(1978),pp. 63-87;Das,S.,"Externalities,and Technology Transfer through Multinational Corporations:A Theoretical Analysis",*Journal of International Economics*,Vol. 22(1987),pp. 171-182;Wang,Y. and M. Blomstrom,"Foreign Investment and Technology Transfer:A Simple Model",*European Economic Review*,Vol. 36(1992),pp. 137-155.

[3]　Mansfield,E.and A.Romeo,"Technology Transfer to Overseas Subsidiaries by U.S.-Based Firms",*Quarterly Journal of Economics*,Vol. 95 No. 4(1980),pp. 737-750.

[4]　Bae,Z.and J.Lee,"Technology Development Patterns of Small and Medium Sized Companies in the Korean Machinery Industry",*Technovation*,Vol. 4 No. 4(1986),pp. 279-296.

企业带来的竞争压力,迫使内资企业提高整合现有资源的能力,刺激其提高生产率,甚至研发新技术。同时,内资企业技术水平的提高又会对外资企业产生反向的竞争压力,外资企业若想保持技术领先的地位,就需研发和采用更先进的技术。内外资企业之间的这种博弈可以引发新一轮更高水平的技术溢出(Wang和 Blomstrom,1992)。另一方面,如果跨国公司的竞争优势非常明显,也有可能将本地企业挤出市场,从而产生负面的溢出效应(Aitken 和 Harrison,1999)。

人力资本的流动是 FDI 技术溢出的另一个重要渠道。跨国公司不可能完全依赖本国的人力资本,一般会雇佣东道国的人力资本,在发展中国家,东道国廉价的劳动力成本往往也是吸引外资企业的重要因素。这些东道国员工接受了外资企业的培训,或者有机会参与产品、工艺的改进和研发工作。当他们流动到本地的内资企业时,溢出效应就会形成。

垂直溢出是指外资企业与产业链上下游的东道国企业在经济活动中产生的技术溢出效应。如果说外资企业可以通过专利保护、提供高工资防止员工流失等手段避免水平溢出,那么垂直溢出效应对外资企业来说则是难以避免的,甚至外资企业也并没有动力去回避这种溢出效应,因为其自身可以从中获益。

外资企业对产业链上游的供应商发生的技术溢出为后向溢出(backward spillover),它可能在三种情况下产生:第一,外资企业直接向本地供应商转移技术;第二,跨国公司对产品质量和交货时间的更高要求促使本地供应商努力提高生产管理和技术水平;第三,跨国公司的进入增加了中间品市场上的需求,从而使供应商可以享受规模经济带来的好处(Javorcik,2004)。[①]

类似的,如果外资企业是中间品的提供者,那么下游的本地企业则可以从上游外资企业提供的具有新技术、低成本优势的中间品中获得技术溢出,这称之为 FDI 的前向溢出(forward spillover)。艾特肯和哈里森(Aitken 和 Harrison,1991)认为,前向溢出甚至比后向溢出对本地企业的贡献更大,因为它有助于当地开发制成品市场。本地企业还可以从外资企业提供中间品时的配套服务中获得技术

① Javorcik,S.,"Does Foreign Direct Investment Increase the Productivity of Domestic Firms? In Search of Spillovers Through Backward Linkages",*The American Economic Review*,Vol. 94 No. 1(2004),pp. 605-627.

溢出,这甚至可以促进本地企业的 R&D。[1]

流向中国的 FDI 是否对生产率产生积极的作用? 实证研究得出的结论略有不同。Du 等(2012)对中国的实证研究发现,外资企业的知识可以通过溢出效应传导至本国企业,提高其生产率,但水平溢出较弱,垂直溢出对本国企业生产率有正向作用。[2] Lin 等(2009)却发现,来自港澳台的 FDI 对中国国内企业的水平溢出为负,OECD 国家的 FDI 水平溢出和垂直溢出则均显著为正。[3] 吉尔马等(Girma 等,2006)采用中国国有企业的样本,发现 FDI 对已经有一定研发基础的国有企业生产率具有更强的促进作用。[4] Hale 和 Long(2011)却认为在中国 FDI 并没有显著为正的溢出效应。[5]

(二)国际贸易技术溢出

一段时期内,FDI 的溢出效应被广泛地探讨,然而有关国际贸易溢出效应的文献则十分有限,直至科尔和赫尔普曼(Coe 和 Helpman,1995)的开创性研究。国际贸易活动中,进口高技术产品、中间品,或是出口活动中来自发达国家消费者对产品质量的更高要求都能导致技术溢出。[6] 国际贸易为发展中国家提供了一个模仿技术先进国家的机会,使进口国可以获得技术先进国家的产品、生产和市场信息,促进研发活动的效率。

进口活动可以从三个方面产生技术溢出。第一,进口使得本国生产率从国际 R&D 中受益。科尔和赫尔普曼(Coe 和 Helpman,1995)提出,国际贸易活动

① Aitken,B.J.and Harrison,A.E.,"Are There Spillovers from Foreign Direct Investment,Evidence from Panel Data for Venezuela",mimeo,MIT and the World Bank,1991 November.

② Du,L.,Harrison,A.and Jefferson,G.H.,"Testing for Horizontal and Vertical Foreign Investment Spillovers in China,1998—2007",*Journal of Asian Economics*,Vol.23(2012),pp.234–243.

③ Lin,P.,Liu,Z.and Zhang,Y.,"Do Chinese Domestic Firms Benefit from FDI Inflow? Evidence of Horizontal and Vertical Spillovers",*China Economic Review*,Vol.20(2009),pp.677–691.

④ Girma,S.,Y.Gong and H.Gorg,"Can you teach old dragons new tricks? FDI and innovation activity in Chinese State-owned enterprises",The University of Nottingham,Research Paper 2005/34,2006.

⑤ Hale,G.and Long,C.,"Are There Productivity Spillovers from Foreign Direct Investment in China",*Pacific Economic Review*,Vol.16(2011),pp.135–153.

⑥ Coe,D.T.and E.Helpman,"International R&D Spillovers",*European Economic Review*,Vol.39(2015),pp.859–887.

可以带来国外技术向本国的溢出,促进本国的生产率,因此在其构建的 C-H 模型中,本国的全要素生产率既是国内 R&D 存量的函数,又是国外 R&D 存量的函数(李有、刘万岚,2007)。[①] 第二,在进口的技术溢出中,进口中间品和设备从而吸收其中物化的技术是另一条重要的途径。第三,与 FDI 的溢出效应类似,进口也可能带来垂直溢出,如果为本国企业提供中间品的下游产业中进口品的比重较大,这样上游的企业就可能从下游企业中用更低的成本获得关于进口品技术的信息。

通过出口活动,企业有可能接触国外的先进技术,从而产生溢出效应。出口企业,尤其是欠发达国家的出口企业为了满足发达国家消费者对产品质量的更高要求,会努力提高其技术水平。同时外国的进口商也有可能帮助欠发达国家的出口商获取关于产品先进技术的信息,促使其产品达到更高的标准。这一假设被称之为"出口中学习"(learning-by-exporting),在早期关于出口的案例研究中就有所涉及。当然,这一实证结论并不能揭示因果关系,因为从事出口厂商的效率可能原本就高于不从事出口的厂商。尽管如此,依然不能否认企业存在从出口中获得技术溢出的可能(Keller,2009)。[②]

不少国家的微观数据均证实了"出口中学习"假设,即企业通过出口活动可以提高其生产率(Martins & Yang,2009)。[③] 专门针对中国数据的实证分析文献也得出了一致的结论(Wei & Liu, 2006;Liu & Buck, 2007;Yang & Mallick, 2010)。[④] 尽管专门研究中国企业进口活动技术溢出效应的文献并不多见,但也

[①] 李有、刘万岚:《国际贸易与技术溢出:经验研究的最新进展》,《国际贸易问题》2007 年第 3 期,第 16—21 页。

[②] Keller, W., "International Trade, Foreign Direct Investment, and Technology Spillovers", NBER Working Paper, No. 15442, 2009.

[③] Martin, P.S. and Y.Yang, "The impact of exporting on firm productivity: a meta-analysis of the learning-by-exporting hypothesis", *Review of World Economics*, Vol. 145(2009), 431-445.

[④] Wei, Y.and Liu, X., "Productivity Spillovers from R&D, exports and FDI in China's Manufacturing Sector", *Journal of International Business Studies*, Vol. 37(2006), pp. 544-577; Liu, X. and Buck, T., "Innovation Performance and Channels for International Technology Spillovers: Evidence from Chinese High-tech Industries", *Research Policy*, Vol. 36(2007), pp. 355-366; Yang, Y. and Mallick, S., "Export Premium, Self-selection and Learning-by-Exporting: Evidence from Chinese Matched Firms", *The World Economy*, Vol. 33 (2010), pp. 1218-1240.

有一些理论模型和他国的实证研究证实了企业的进口活动能带来技术的转移（Blalock & Veloso,2007），[①]企业可以通过进口高技术含量的中间产品来实现技术转移（Eaton & Kortum,2002），[②]或者同行业企业可以通过学习进口产品中物化的（embodied）技术而提高其技术水平。

通过本节对创新理论和技术溢出研究的梳理可知，发明、创新和扩散是技术从产生到作用于经济系统以产生技术进步的三个步骤。大企业的研发活动，即熊彼特模式 II 在发明和创新的过程中扮演着越来越重要的角色。然而，全球主要的研发活动都集中于少数发达国家，因此，对于中国工业行业来说，国际间的技术扩散活动，突出表现为 FDI 和国际贸易带来的技术溢出，是获取先进技术的主要来源。FDI 的技术溢出既包括通过示范和模仿、竞争、人员流动带来的横向溢出，也包括对产业链上下游行业带来的纵向溢出。国际贸易活动中，进口和出口则都可以通过设备和中间品贸易、产品和市场竞争带来技术溢出。

第二节　不同来源的偏向型技术进步
对碳强度的影响机制

一、影响机制的理论分析

由于工业碳排放与能源消耗密切相关，而能源又是生产投入要素的一种，因此，考察每一种来源的技术进步对碳强度的影响不应该忽视要素之间的相互作用。从要素替代的视角，当不同来源的技术进步作用于资本、劳动力、能源和中间品四种投入要素时，又会产生不同的要素使用特征：中性技术进步将同比例改变要素的边际生产率，从而使要素同比例变化；偏向型技术进步将改变能源和其

---

① Blalock,G.,and Veloso,F.,"Imports,Productivity Growth,and Supply Chain Learning",*World Development*,Vol.35(2007),pp.1134-1151.

② Eaton,J. and Kortum, S., "Technology, Geography, and Trade", *Econometrica*, Vol.70（2002）, pp.1741-1780.

他要素之间的边际生产率,从而改变要素的相对使用量。那么,如何判断 R&D、FDI 和国际贸易的技术溢出是否发生了节约能源的偏向型技术进步,每一种来源的技术进步通过偏向型技术进步的效应又对碳强度产生了多大程度的影响?为了回答上述问题,本章拟在成本函数的框架下考察不同来源的偏向型技术进步对碳强度的影响机制,其优点是可以将问题简化为给定产出和碳排放系数时技术进步对能源投入的节约,更容易剥离中性技术进步和偏向型技术进步的影响。

从总成本的角度,由于 $x_j = S_j C/w_j$(其中 x_j 是要素使用量,S_j 是要素投入在总成本中的价值份额,C 是总成本,w_j 是要素价格),因此技术进步在给定产出时对能源的节约可以分解为技术进步对总成本的影响和对能源份额的影响。而技术进步对总成本的影响既包括中性技术进步的作用,也包括偏向型技术进步通过对不同要素的节约而对总成本的节约。技术进步对能源份额的影响也不完全是能源增强型技术进步的贡献,偏向型技术进步对其他要素的节约也会影响到能源份额。此外,偏向型技术进步也受到替代弹性的影响。阿西莫格鲁(Acemoglu,2002)指出,如果要素之间是相互替代的,那么要素增强型技术进步也是偏向该要素,如果要素之间是互补的,那么要素增强型技术进步没有偏向该要素。①

技术进步如何影响碳强度?直观上来看,碳强度等于碳排放系数乘以能源与产出的比值,技术进步对碳强度的影响可以通过两种渠道发生作用:一是在给定要素投入不变的情况下技术进步对产出的增进;二是当存在偏向型技术进步时,由于能源和其他要素的边际替代率发生改变,则能源和其他要素之间的相对投入量发生变化。在成本最小化条件下,技术进步对碳强度的影响可以简化为给定产出时技术进步对能源投入的节约。同样,这种节约有可能是由中性技术进步引起的,即对所有生产要素同比例的节约,也有可能是由偏向型技术进步引起的,即由于边际生产率的改变而引起的其他要素对能源的替代。前者可以类比为希克斯分解中的收入效应,后者类比为替代效应。

---

① Acemoglu, D., "Directed Technical Change" *The Review of Economic Studies*, Vol. 69, No. 4 (2002), pp. 781-809

$$\frac{\partial \ln(C/Y)}{\partial \ln A} = \underbrace{\frac{\partial \ln x_E}{\partial \ln A}}_{\substack{\text{中性 + 偏向型}\\\text{技术进步}}}$$

(5.1)

在成本函数中,由于 $\ln x_E = \ln S_E + \ln C - \ln w_E$,并且中性技术进步只会改变总成本,并不会改变要素份额,因此技术进步对碳强度的影响又可以分解为给定产出时中性技术进步对总成本的节约,偏向型技术进步对总成本的节约和有偏进步对能源份额的影响,后两项之和才是偏向型技术进步对能源的节约效应,即技术进步通过要素替代对碳强度的影响。

$$\frac{\partial \ln(C/Y)}{\partial \ln A} = \underbrace{\frac{\partial \ln C}{\partial \ln A}}_{\substack{\text{中性 + 偏向型}\\\text{技术进步}}} + \underbrace{\frac{\partial \ln S_E}{\partial \ln A}}_{\substack{\text{偏向型}\\\text{技术进步}}}$$

(5.2)

对于 R&D、FDI 技术溢出和国际贸易技术溢出每一种来源的技术进步,均可以通过上述方式分解其对碳强度的影响。当不同来源的技术进步作用于四种要素时,考察其是否发生了节约能源的技术进步,进而对碳强度产生影响。并可以在对碳强度的总影响中分解出每一种来源的中性技术进步和偏向型技术进步对碳强度的影响效应。

综合上述分析,本章的目的即在研究中国工业不同来源的中性技术进步和偏向型技术进步,考察其是否发生了节约能源的技术进步并促进碳强度的下降。每一种来源的技术进步会产生不同的要素使用特征:中性技术进步使要素同比例变化,偏向型技术进步改变要素的相对使用量。它们均可以对碳强度产生影响,其影响机制如下图。

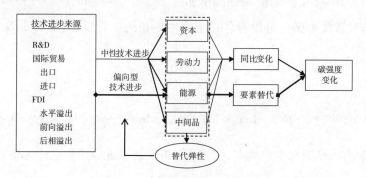

图5.1　技术进步对碳强度的影响机制

二、实证模型设定和估计方法

本章设定一个包括各项来源技术进步和资本、劳动力、能源、中间品四种投入要素的超越对数成本函数(Translog Cost Function,TCF),在其中嵌入中性技术进步和偏向型技术进步函数,并在此基础上展开分析。在此选择超越对数成本函数进行估计主要出于以下几点原因:第一,在成本函数的框架下分析技术进步对碳强度的影响可以将问题简化为给定产出时技术进步对能源投入的节约,更容易剥离中性技术进步和偏向型技术进步的影响。第二,超越对数成本函数不需要对替代弹性做出任何前定假设。目前,关于中国工业行业能源与其他要素之间替代弹性的研究并不丰富,结论也存在一定差异,而替代弹性的取值直接影响对技术进步偏向的判断。因此,本书通过超越对数成本函数估算出要素之间的替代弹性,并作为分析技术进步偏向的依据。第三,超越对数成本函数可以看作任意两次微分成本函数的二阶近似,也不需要对生产函数的形式做出特定的规定,形式简单,较容易估计。

(一)包含偏向型技术进步的超越对数成本函数模型

假设成本函数:

$$C = C(w_K, w_L, w_E, w_M, Y, t, A)$$

其中 w_K、w_L、w_E、w_M 分别为资本投入、劳动力投入、能源投入、中间品投入的价格,t 为时间趋势,Y 为产出,A 为技术进步,包括研究与开发(rd)、出口(ex)、进口(im)、FDI 的水平溢出、前向溢出和后向溢出($hfdi$,$ffdi$,$bfdi$)几种不同来源。

超越对数成本函数可以看作以上成本函数的二阶近似(Welsch & Ochsen,2005):

$$\ln C = \alpha_0 + N(\cdot) + \boldsymbol{\alpha}'_w \cdot \ln \boldsymbol{w} + \alpha_t \cdot t + \alpha_Y \cdot \ln Y$$
$$+ B(\cdot) + t \cdot \boldsymbol{\beta}'_{tw} \cdot \ln \boldsymbol{w} + \ln Y \cdot \boldsymbol{\beta}'_{Yw} \cdot \ln \boldsymbol{w} + \frac{1}{2} \cdot \ln \boldsymbol{w}' \cdot \boldsymbol{\beta}_{ww} \cdot \ln \boldsymbol{w} \tag{5.3}$$

在模型中,C 为总生产成本,$N(\cdot)$ 为中性技术进步函数。$\boldsymbol{w}$ 为要素投入的价格向量,$B(\cdot)$为偏向型技术进步函数,用各项技术进步来源与要素投入价格的交叉项表示。$\boldsymbol{\alpha}$、$\boldsymbol{\beta}$为待估计系数向量(矩阵),其中$\boldsymbol{\alpha}$表示不同来源技术进步的对数、要素价格对数、时间趋势和产出项对数的系数,$\boldsymbol{\beta}$表示上述因素分别与四种要素价格对数交叉相乘项的系数。系数的具体解释见本书附录。

具体而言,在(5.3)式中,

$$N(\cdot) = \alpha_{rd}\ln(rd) + \alpha_{ex}\ln(ex) + \alpha_{im}\ln(im) + \alpha_{hfdi}\ln(hfdi) + \alpha_{ffdi}\ln(ffdi) + \alpha_{bfdi}\ln(bfdi)$$

$$B(\cdot) = \ln(rd) \cdot \boldsymbol{\beta}'_{rdw} \cdot \ln\boldsymbol{w} + \ln(ex) \cdot \boldsymbol{\beta}'_{exw} \cdot \ln\boldsymbol{w} + \ln(im) \cdot \boldsymbol{\beta}'_{imw} \cdot \ln\boldsymbol{w}$$
$$+ \ln(hfdi) \cdot \boldsymbol{\beta}'_{hfdi} \cdot \ln\boldsymbol{w} + \ln(ffdi) \cdot \boldsymbol{\beta}'_{ffdi} \cdot \ln\boldsymbol{w} + \ln(bfdi) \cdot \boldsymbol{\beta}'_{bfdi} \cdot \ln\boldsymbol{w}$$

$$\ln\boldsymbol{w}' = (\ln w_K, \ln w_L, \ln w_E, \ln w_M)$$

根据谢泼德引理(Shephard's Lemma),可以推出各投入要素的价值份额:

$$\frac{\partial \ln C}{\partial \ln w_j} = \frac{w_j}{C} \cdot \frac{\partial C}{\partial w_j} = \frac{w_j}{C} \cdot x_j = S_j \quad j = K,L,E,M \tag{5.4}$$

方程(5.3)对要素价格的对数求偏导可以得出要素份额方程:

$$S_j = \alpha_j + \beta_{rd}\ln(rd) + \beta_{ex}\ln(ex) + \beta_{im}\ln(im) + \beta_{hfdi}\ln(hfdi) + \beta_{ffdi}\ln(ffdi)$$
$$+ \beta_{bfdi}\ln(bfdi) + \beta_{Yj}\ln Y + \beta_{tj}t + \sum \beta_{jk}\ln w_k \quad j,k = K,L,E,M$$

$$\tag{5.5}$$

(二)替代弹性的计算方法

要素之间的替代或互补关系直接影响对技术进步偏向的判断。常用的替代弹性有交叉价格弹性(Cross-price elasticity, CPE),Allen 偏替代弹性(Allen partial elasticity of substitution, AES)和 Morishima 替代弹性(Morishima elasticity of substitution, MES)。CPE 表示的是要素 k 价格变化对要素 j 投入量的影响,描述的是要素之间的绝对替代率,无法度量要素之间的相对替代率。AES 则被诟病经济意义不明确,并没有提供比 CPE 更多的信息。MES 是一种相对替代率,度量的是要素 k 相对价格的变化对要素 j 和要素 k 使用比的影响,能较好地反映要素之间的替代关系。

$$MES_{jk} = \frac{\partial \ln(x_j / x_k)}{\partial \ln w_j} = \eta_{jk} - \eta_{jj} \quad j,k = K,L,E,M \tag{5.6}$$

其中 η_{jk}、η_{jj} 分别为要素 j 对 k 的交叉价格弹性和要素 j 的自价格弹性。根据要素投入、要素份额、总成本和要素价格之间的关系,可以推导出 TCF 中交叉价格弹性的计算公式:①

$$\eta_{jk} = \frac{\beta_{jk}}{S_j} + S_k, \quad 如果 \quad j \neq k \quad \eta_{jj} = \frac{\beta_{jj}}{S_j} + S_j - 1$$

MES 的大小和由生产函数推导出的替代弹性 σ 也有密切的联系。MES 大于 0 相当于 σ 大于 1(Blackorby and Ressell,1989),②即阿西莫格鲁(Acemoglu,2002)定义的总体替代关系(gross substitution);MES 小于 0 相当于 σ 在 0 到 1 之间,即总体互补关系(gross complementary)。

(三)技术进步偏向及对碳强度影响的判断方法

根据上文的分析,如果技术进步导致要素 j 与要素 k 的投入比降低,则技术进步在 j 和 k 之间是节约要素 j 的。此时若 MES 大于 0,则技术进步是偏向要素 k 的,若 MES 小于 0,则技术进步是偏向要素 j 的。

在本书中,以 R&D 为例,

$$\frac{\partial \ln(x_j / x_k)}{\partial \ln rd} = \frac{\partial \ln x_j}{\partial \ln rd} - \frac{\partial \ln x_k}{\partial \ln rd} = \frac{\beta_{rdj}}{S_j} - \frac{\beta_{rdk}}{S_k}, \quad j,k = K,L,E,M \tag{5.7}$$

如果(5.7)式小于 0,则可以判断 R&D 是节约要素 j 的。此时若(5.6)式小于 0,则 R&D 偏向要素 k,若大于 0,则 R&D 偏向要素 j。

根据(5.2)式,以 R&D 为例,本书模型中技术进步对碳强度的影响可以表示为:

---

① 要素 j 对 k 的交叉价格弹性为 $\eta_{jk} = \partial \ln x_j / \partial \ln w_k$。(5.4)式两边取对数可得:$\ln x_j = \ln C + \ln S_j - \ln w_j$,由(5.4)式同时可知 $\partial \ln C / \partial \ln w_k = S_k$,即可求出 η_{jk} 的表达式。同理可求要素 j 的自价格弹性 η_{jj}。

② Blackorby C. and R. Robert Russell, "Will the Real Elasticity of Substitution Please Stand Up? (A Comparison of the Allen/Uzawa and Morishima Elasticity)", *The American Economic Review*, Vol. 79 (1989), pp. 882–888.

$$\frac{\partial \ln(C/Y)}{\partial \ln rd} = \frac{\partial \ln ef \cdot x_E}{\partial \ln rd} = \frac{\partial \ln x_E}{\partial \ln rd} = \alpha_{rd} + \boldsymbol{\beta}'_{rdw} \cdot \ln \boldsymbol{w} + \frac{\beta_{rdE}}{S_E} \qquad (5.8)$$

其中 α_{rd} 反映的是中性技术进步同比例节约能源和其他生产要素，从而降低总成本的效应。$\boldsymbol{\beta}'_{rdw} \cdot \ln \boldsymbol{w}$ 反映的是偏向型技术进步通过对生产要素不同比例的节约而降低总成本的效应。β_{rdE}/S_E 反映的是偏向型技术进步对能源份额的改变。

其中第二项和第三项之和度量的是所有方向的偏向型技术进步对能源要素投入的总影响。如果其小于零，表示偏向型技术进步从总体上是节约能源的。

(四)估计方法

将方程(5.3)和要素份额方程(5.5)后加入随机干扰项，即可以进行计量模型估计。尽管方程组具有不同的因变量，但是考虑到在要素需求系统中各方程之间的扰动项可能具有相关性，本书采用似不相关回归(SUR)方法(iterative Zellner's Seemingly Unrelated Regression)进行估计。SUR 方法适用于系统中每个方程左边有不同的内生变量，右边全部为外生变量，但方程组残差存在相关性的情况。[①] 泽勒(Zellner,1962)提出的 SUR 方法与迭代三阶段最小二乘法可得出一样的结果，该方法相比对单个方程进行逐一估计可提高回归的有效性(繁茂清等,2010)，[②]而且不论删除哪个份额方程，估计结果不会受影响(Welsch & Ochsen,2005)。[③] 由于各要素份额相加一定等于1，因此可以去掉其中一个份额方程，本书去掉中间品份额方程。在估计方程系统时，一些研究仅估计了份额方程，而另一些研究则同时纳入了成本函数方程，这样做的优点是可以更好地控制中性技术进步的影响。由(5.2)式可知，技术进步对碳强度的影响也将通过中性技术进步发生作用，同比例地降低要素投入从而降低总成本，这也将对碳强度

① Zellner, "An Efficient Method of Estimating Seemingly Unrelated Regression and Tests for Aggregation Bias", Journal of the American Statistical Association, Vol. 57(1962), pp. 346–369.

② 繁茂清、任若恩、陈高才：《技术变化、要素替代和贸易对能源强度影响的实证研究》，《经济学(季刊)》2009 年第 1 期，第 237–258 页。

③ Welsch, H. and Ochsen, C., "The Determinants of Aggregate Energy Use in West Germany: Factor Substitution, Technological Change and Trade", Energy Economics, Vol. 27(2005), pp. 93–111.

产生影响。因此,本文同时估计方程(5.3)和方程(5.5)组成的份额方程组。同时,为了保证估计的成本函数满足对称性和价格的一阶齐次性,本章将对系数设立约束条件(详见本书附录)。

三、指标选取

本章采用 1999—2011 年中国 36 个工业行业的面板数据进行回归分析。所用指标包括要素投入和要素价格、总成本和要素份额、不同来源技术进步的指标等。

表 5.1　本章主要变量的统计描述(1999—2011 年)

变量	均值	标准差	最小值	最大值
rd	6783.5510	7727.9350	138.7196	40320.9300
ex	1.0132	1.5534	0.0000	8.8174
im	0.9285	1.4792	0.0000	9.3883
$hfdi_k$	0.2736	0.1849	0.0000	0.8141
$ffdi_k$	0.2528	0.1068	0.0336	0.6772
$bfdi_k$	0.2922	0.1152	0.0089	0.7449
$hfdi_l$	0.2157	0.1855	0.0000	0.7530
$ffdi_l$	0.1791	0.1023	0.0151	0.6131
$bfdi_l$	0.2251	0.1222	0.0057	0.6904
w_K	1.1413	0.1256	1.0000	1.3915
w_L	2.0207	0.8576	1.0000	6.1864
w_E	1.6406	0.5043	1.0000	3.5344
w_M	1.2227	0.3898	0.7908	4.0539
S_K	0.3929	0.1660	0.1655	0.9200
S_L	0.0386	0.0167	0.0111	0.0928
S_E	0.0515	0.0419	0.0083	0.1980
S_M	0.5170	0.1862	0.0256	0.7888

资本、劳动力、能源和中间品四种投入要素的使用量和价格指标构建方法与本书第三章和第四章描述的相同。在此基础上，可以计算出各行业的总成本和投入要素的价值份额。各行业历年要素使用的总成本为各投入要素价值的加和；要素份额为投入要素价值与总成本之比：

$$C_{it} = \sum_i w_{j,it} x_{j,it} , \quad S_{j,it} = \frac{w_{j,it} x_{j,it}}{C_{it}} \quad j = K, L, E, M$$

R&D、国际贸易和外商直接投资的技术溢出指标构建方法一样与前述章节相同。数据口径统一为规模以上，并调整为 1999 年不变价格。

表 5.1 给出了主要变量的统计性描述。从统计指标来看，不同来源技术进步在行业间存在一定差距；要素价格中劳动力价格差距最大、资本价格差距最小；不同要素份额中间品和资本在总成本中所占份额远大于劳动力和能源份额。

第三节　不同来源的偏向型技术进步对
碳强度的影响估计

一、实证结果

本章用中国工业 36 个行业 1999—2011 年的数据进行回归，将方程(5.3)和方程(5.5)视为一个方程组体系，采用 SUR 方法进行了估计，并省略中间投入份额方程。为充分考虑行业间差异，在方程组中添加了行业虚拟变量控制其个体效应。模型 1 以三资企业固定资本比重表示 FDI 溢出效应的指标，模型 2 以从业人员比重为该变量的指标进行了稳健性检验。[1]

此外，本章还考虑了贸易与 FDI 相互影响。中国工业具有明显的外向型特征，一是加工贸易比重大，即进口和出口之间存在较高的相关性，不少进口产品

---

① 本章还尝试了不同形式模型的回归结果，包括仅回归要素份额方程组的回归、不考虑贸易与 FDI 相互影响的回归等，限于篇幅文中未予报告。

实际上是进一步加工的出口产品的原料。二是不少在华的外资企业从事进出口贸易活动,这就使得进出口与 FDI 也存在较高的相关性。除此之外,行业的研发数据中也包含三资企业的研发,这与 FDI 的技术溢出效应又有一定的重叠。对这一问题的一个较直接的解决方式是从进口数据中扣除用于出口的部分,并从研发和贸易数据中扣除三资企业的研发和贸易量,然而在工业行业层面,这些数据不全面或难以获得。因此,本书通过回归间接地剔除这些变量之间多重共线性的影响。首先用进口数据对 FDI 的溢出效应和出口做 OLS 回归,用出口数据和 R&D 数据对 FDI 的溢出效应做 OLS 回归,并用这些回归的残差值表征剔除了 FDI 及出口影响的进口变量和剔除了 FDI 影响的出口和 R&D 变量。

模型 1 和模型 2 的拟合优度均达到了 0.992,通过模型估计结果计算的四种要素自价格弹性均为负数,并且通过模型估计系数拟合的总成本均为正,说明模型拟合的成本函数具有较好的性质。并且模型 2 相对模型 1 而言,大部分变量的系数没有发生大幅度变化,回归结果较稳健(见表 5.2)。下文将采用模型 2 的结果展开分析。

表 5.2 不同来源技术进步的 TCF 函数回归结果

	模型 1	模型 2		模型 1	模型 2
A:中性技术进步					
rd	−0.0081	−0.0316	$hfdik$	−0.004	−0.0261
	(0.0298)	(0.0289)		(0.0203)	(0.0202)
ex	0.0485***	0.0550***	$ffdik$	−0.3780***	−0.3030***
	(0.0139)	(0.0134)		(0.0593)	(0.0519)
im	0.0953***	0.0992***	$bfdik$	0.0847**	−0.0055
	(0.0121)	(0.0113)		(0.0341)	(0.0324)
y	0.6870***	0.6760***	t	0.0606***	0.0651***
	(0.0360)	(0.0338)		(0.0099)	(0.0091)
B:偏向型技术进步					
rd_w_K	−0.0123*	−0.0128**	$hfdi\_w_K$	−0.0129***	−0.0017
	(0.0063)	(0.00630)		(0.0047)	(0.0049)

	模型 1	模型 2		模型 1	模型 2
rd_w_L	−0.0071 ***	−0.0075 ***	$hfdi\_w_L$	−0.0040 ***	−0.0028 ***
	(0.00101)	(0.0010)		(0.0007)	(0.0007)
rd_w_E	−0.0093 ***	−0.0090 ***	$hfdi\_w_E$	−0.0077 ***	−0.0034 **
	(0.0022)	(0.0023)		(0.0016)	(0.0016)
rd_w_M	0.0287 ***	0.0292 ***	$hfdi\_w_M$	0.0246 ***	0.0079
	(0.0073)	(0.0074)		(0.0055)	(0.0058)
ex_w_K	−0.0166 ***	−0.0163 ***	$ffdi\_w_K$	−0.0073	−0.0226 *
	(0.0034)	(0.0033)		(0.0136)	(0.0125)
ex_w_L	−0.0001	−0.0001	$ffdi\_w_L$	0.0074 ***	0.0035 *
	(0.0005)	(0.0005)		(0.0021)	(0.0019)
ex_w_E	0.0008	0.0008	$ffdi\_w_E$	0.0295 ***	0.0264 ***
	(0.0011)	(0.0010)		(0.0045)	(0.0042)
ex_w_M	0.0159 ***	0.0156 ***	$ffdi\_w_M$	−0.0295 *	−0.0073
	(0.0038)	(0.0038)		(0.0157)	(0.0147)
im_w_K	−0.0171 ***	−0.0176 ***	$bfdi\_w_K$	−0.0336 ***	−0.0340 ***
	(0.0028)	(0.0027)		(0.0081)	(0.0077)
im_w_L	−0.0006	−0.0010 **	$bfdi\_w_L$	0.0018	0.0012
	(0.0004)	(0.0004)		(0.0012)	(0.0012)
im_w_E	−0.0009	−0.0023 **	$bfdi\_w_E$	−0.0016	−0.0023
	(0.0009)	(0.0009)		(0.0027)	(0.0026)
im_w_M	0.0186 ***	0.0209 ***	$bfdi\_w_M$	0.0335 ***	0.0351 ***
	(0.0032)	(0.0032)		(0.0094)	(0.0091)
t_w_K	0.0035 *	0.0056 ***	y_w_K	−0.0968 ***	−0.1000 ***
	(0.0019)	(0.0019)		(0.0081)	(0.0079)
t_w_L	−0.0008 **	−0.0004	y_w_L	−0.0062 ***	−0.0071 ***
	(0.0004)	(0.0003)		(0.0013)	(0.0012)
t_w_E	−0.0003	−0.0007	y_w_E	−0.0144 ***	−0.0175 ***
	(0.0008)	(0.0007)		(0.0027)	(0.0027)
t_w_M	−0.0024	−0.0045 **	y_w_M	0.1170 ***	0.1205 ***
	(0.0021)	(0.0021)		(0.0094)	(0.0092)

续表

	模型 1	模型 2		模型 1	模型 2
C:要素替代					
$w_K\_w_K$	0.0900 ***	0.0947 ***	$w_L\_w_E$	0.0122 ***	0.0108 ***
	(0.0076)	(0.0075)		(0.0025)	(0.0026)
$w_K\_w_L$	−0.0188 ***	−0.0174 ***	$w_L\_w_M$	−0.0142 ***	−0.0126 ***
	(0.0035)	(0.0037)		(0.0023)	(0.0023)
$w_K\_w_E$	−0.0246 ***	−0.0246 ***	$w_E\_w_E$	0.0192 ***	0.0211 ***
	(0.0065)	(0.0064)		(0.0030)	(0.0030)
$w_K\_w_M$	−0.1370 ***	−0.1470 ***	$w_E\_w_M$	−0.0260 ***	−0.0285 ***
	(0.0151)	(0.0151)		(0.0052)	(0.0053)
$w_L\_w_L$	0.0104 ***	0.0096 ***	$w_M\_w_M$	0.0884 ***	0.0943 ***
	(0.0014)	(0.0015)		(0.0089)	(0.0090)
FDI 指标	K 比重	L 比重		K 比重	L 比重
样本数量	453	453		453	453
R^2	0.992	0.992		0.992	0.992

注:1.限于篇幅,表中仅报告方程(5.3)的回归结果。方程(5.3)和方程(5.4)中的系数满足一定的约束条件,因此,方程(5.3)的回归结果可以反映整个方程组系统的回归结果。

2.括号内的数值为标准误。*** 表示在1%的水平上显著,** 表示在5%的水平上显著,* 表示在10%的水平上显著。

3.为了简化表中系数的表达形式,将变量前的对数符号省略,如将 $\ln w_K$ 简写成 w_K;并把交叉相乘项下划线(_)简写,如将 $\ln rd \cdot \ln w_K$ 简写成 rd_w_K。4、表中的 $w_K\_w_K$、$w_L\_w_L$、$w_E\_w_E$、$w_M\_w_M$ 系数均为实际回归结果的2倍。因为根据方程(5.3),回归结果实际上是 $(1/2)\beta_{ww}$。

二、实证结果分析

(一)不同来源技术进步的要素偏向

技术进步在要素组合之间的偏向与要素之间的替代弹性有关。表5.3报告了根据TCF函数系数估计结果计算的MES替代弹性,结果表明,能源和资本、劳动力、中间品之间的MES均大于0。因此,如果某种来源的技术进步可以提高能源资本投入比、能源劳动力投入比和能源中间品投入比,那么这种来源的技术进步在能源和资本、能源和劳动力、能源和中间品之间是偏向能源的,也是节约能源的。

表 5.3　中国工业要素间的 MES 替代弹性

K 与其他要素		L 与其他要素		E 与其他要素		M 与其他要素	
MES_{KL}	0.0547	MES_{LK}	0.4126	MES_{EK}	0.1911	MES_{MK}	0.3104
MES_{KE}	0.0645	MES_{LE}	0.6970	MES_{EL}	0.5694	MES_{ML}	0.2899
MES_{KM}	0.2778	MES_{LM}	0.4330	MES_{EM}	0.2033	MES_{ME}	0.1526

注:表中数据为根据本章回归结果计算所得。

表 5.4 和表 5.5 报告了技术进步的要素偏向结果,不同来源技术进步的要素偏向有着明显的区别。

R&D 的增加可以使能源与资本、中间品的投入比例得到降低,说明 R&D 是偏向能源和中间品的,也是节约能源的,能源与劳动力的投入比例略微提高,说明与劳动力相比,R&D 是偏向劳动力的;综合其对不同要素的偏向之后,R&D 是节约能源的。同时,R&D 还可以节约资本和劳动力,增加使用中间品。

出口的增加可以降低能源与中间品的投入比,说明在能源和中间品之间,出口是偏向能源的,也是节约能源的。但是它将提高 E/K 和 E/L,说明和能源相比,出口更偏向资本和劳动力。综合出口对四种要素的影响,其偏向型技术进步的总效应是能源使用型的,同时还是资本、劳动力和中间品使用的。进口可以降低 E/L,从而是节约能源的,同时也偏向能源;出口在能源和资本、能源和中间品之间的偏向与进口相同。

表 5.4　中国工业不同来源技术进步的要素偏向(两要素比较)

技术进步的来源	E/K	E/L	E/M
R&D	−0.1487 偏向能源	0.0029 偏向劳动力	−0.2355 偏向能源
出口	0.0573 偏向资本	0.0162 偏向劳动力	−0.0158 偏向能源
进口	0.0256 偏向资本	−0.0032 偏向能源	−0.0539 偏向能源

续表

技术进步的来源	E/K	E/L	E/M
FDI 水平溢出	−0.1162 偏向能源	−0.0467 偏向能源	−0.1966 偏向能源
FDI 前向溢出	0.5904 偏向资本	0.3814 偏向劳动力	0.6289 偏向中间品
FDI 后向溢出	0.0538 偏向资本	−0.0771 偏向能源	−0.0966 偏向能源

注:表中的数字均为弹性系数,即不同来源的技术进步每增加1%将引起要素相对投入和绝对投入变动的
百分比。表中数据为根据本章回归结果计算所得。

表5.5　不同来源的偏向型技术进步要素使用或节约的总效应

技术进步的来源	K	L	E	M
R&D	−0.0448 资本节约	−0.1963 劳动力节约	−0.1935 能源节约	0.0421 中间品使用
出口	0.0070 资本使用	0.0480 劳动力使用	0.0643 能源使用	0.0801 中间品使用
进口	0.0520 资本使用	0.0808 劳动力使用	0.0776 能源使用	0.1315 中间品使用
FDI 水平溢出	−0.0405 资本节约	−0.1100 劳动力节约	−0.1567 能源节约	0.0398 中间品使用
FDI 前向溢出	−0.3849 资本节约	−0.1759 劳动力节约	0.2055 能源使用	−0.4233 中间品节约
FDI 后向溢出	0.0009 资本使用	0.1317 劳动力使用	0.0546 能源使用	0.1512 中间品使用

注:表中数据为根据本章回归结果计算所得。

　　FDI 水平溢出效应在能源和资本之间是偏向能源和节约能源的,在能源和劳动力、能源和中间品之间是偏向能源和节约能源的。综合其对四种要素的影响,FDI 水平溢出是能源节约的,同时也是资本节约、劳动力节约和中间品使用的。FDI 的前向溢出可以提高 E/K、E/L 和 E/M,说明 FDI 的前向溢出是偏向资本、劳动力和中间品的,其偏向型技术进步总效应是能源使用的,同时也是资本节约、劳动力节约和中间品节约的。FDI 的后向溢出在能源和资本之间是偏向资本和节约资本的,在能源和劳动及中间品之间是偏向能源,也是节约能源的,其偏向型技术进步总效应是能源使用的,同时也是资本、劳动力和中间品使用的。

技术进步的要素偏向可能受两种不同方向力量的影响。第一种是技术进步倾向于节约相对昂贵的生产要素,称为"价格效应"(Price Effect),第二种是技术进步偏向于提高更为丰裕(便宜)的生产要素的边际生产率,即节约相对便宜的生产要素,从而使产品扩大市场份额,称为"市场规模效应"(Market Size Effect)(Acemoglu,2002)。随着能源市场化改革的深化,中国的能源价格已从过去被人为严重压低的状态逐渐向市场化定价过渡,并与国际市场价格的联系越来越紧密,能源价格的上升速度相比其他生产要素要快一些。在这种情况下,一方面 R&D、FDI 水平溢出均表现出能源节约的作用,价格效应更为明显。R&D 是企业自身的研发活动,FDI 水平溢出主要是通过同行业的模仿和竞争来实现的,这些来源的技术进步具有较强的节约成本的特征,其中 R&D 和 FDI 水平溢出对能源的节约最为明显。另一方面,进口、出口、FDI 的前向和后向溢出则是能源使用型的,市场规模效应更为明显,而这几种技术溢出效应市场导向特征较强,其中 FDI 的前向溢出,即外资企业对下游市场的影响,对能源的使用最为明显。

(二)不同来源偏向型技术进步对工业碳强度的影响

技术进步可以通过两个方面对碳强度产生影响:一是中性技术进步,可以导致要素同比例的变化,二是偏向型技术进步,可以导致要素投入比例的变化。表5.6 报告了不同来源技术进步对碳强度的总影响,并计算了其中中性技术进步和偏向型技术进步对碳强度的影响。

在六种来源的技术进步中,R&D、FDI 水平溢出和 FDI 前向溢出可以降低中国工业碳强度。R&D 每上升 1%,碳强度可以下降 0.2016%,其中中性技术进步使得碳强度下降 0.0081%,偏向型技术进步通过要素替代效应使碳强度下降0.1935%。FDI 水平溢出每上升 1%,碳强度可以下降 0.1609%,其中中性技术进步使碳强度下降 0.0042%,偏向型技术进步通过要素替代导致碳强度下降0.1567%。FDI 的前向溢出效应每提高 1%,碳强度将下降 0.1728%,其中中性技术进步使能源碳强度下降 0.3783%%,偏向型技术进步导致碳强度上升 0.2055%。

出口、进口和 FDI 后向溢出均导致碳强度上升。出口、进口和 FDI 后向溢出每提高 1%,碳强度将分别上升 0.1128%、0.1713%和 0.1393%,其中中性技术进步分别使碳强度上升 0.0485%、0.0952% 和 0.0847,偏向型技术进步分别使碳强度上升 0.0643%、0.0760% 和 0.0546%。

表 5.6　不同来源的技术进步对中国工业碳强度的影响

技术进步来源	总影响	中性技术进步的影响	偏向型技术进步的影响
R&D	−0.2016	−0.0081	−0.1935
出口	0.1128	0.0485	0.0643
进口	0.1713	0.0953	0.0760
FDI 水平溢出	−0.1609	−0.0042	−0.1567
FDI 前向溢出	−0.1728	−0.3783	0.2055
FDI 后向溢出	0.1393	0.0847	0.0546

注:表中的结果均为技术进步对碳强度影响的弹性系数。表中数据为根据本章回归结果计算所得。

　　进一步,在(5.5)式中带入不同行业的能源要素份额,可以分别计算出 36 个行业不同来源的偏向型技术进步对碳强度的影响情况(见表 5.7)。结果发现,偏向型技术进步在不同行业对碳强度的影响程度有较大差异。尽管如此,对绝大多数行业来说,R&D 和 FDI 的水平溢出可以较大程度降低碳强度,FDI 的前向溢出则较大程度提高能源强度,其他来源技术进步的影响相对较小,这一点与工业整体情况是基本一致的。进一步观察不同来源的偏向型技术进步在高耗能行业对碳强度的影响,不难发现,R&D 和 FDI 水平溢出效应通过偏向型技术进步降低碳强度的弹性系数在高耗能行业普遍低于工业平均水平,但 FDI 前向溢出效应在 7 个高耗能行业都能通过偏向型技术进步降低碳强度,而从工业平均来看它将提高碳强度。进口、出口、FDI 后向溢出在高耗能行业的情况与工业平均水平较为接近。

表 5.7　36 个工业行业中不同来源的偏向型技术进步对碳强度的影响

行业	R&D	出口	进口	FDI 水平溢出	FDI 前向溢出	FDI 后向溢出
G01	−0.1012%	0.0574%	0.0877%	−0.0797%	−0.0888%	0.0734%
G02	−0.2553%	0.0705%	0.0724%	−0.2078%	0.4053%	0.0456%
G03	−0.0910%	0.0571%	0.0890%	−0.0717%	−0.1165%	0.0751%

行业	R&D	出口	进口	FDI 水平溢出	FDI 前向溢出	FDI 后向溢出
G04	−0.1309%	0.0614%	0.0858%	−0.1047%	0.0137%	0.0694%
G05	−0.0864%	0.0557%	0.0885%	−0.0681%	−0.1335%	0.0740%
G06	−0.4152%	0.0819%	0.0548%	−0.3404%	0.9077%	0.0142%
G07	−0.3275%	0.0744%	0.0633%	−0.2678%	0.6284%	0.0292%
G08	−0.4570%	0.0847%	0.0500%	−0.3750%	1.0380%	0.0057%
G09	−0.5894%	0.0952%	0.0366%	−0.4840%	1.4525%	−0.0172%
G10	−0.2631%	−0.2631%	0.0693%	−0.2146%	0.4223%	0.0397%
G11	−0.6570%	0.1009%	0.0297%	−0.5407%	1.6722%	−0.0305%
G12	−0.6957%	0.1045%	0.0262%	−0.5728%	1.7974%	−0.0368%
G13	−0.3030%	0.0717%	0.0652%	−0.2475%	0.5482%	0.0325%
G14	−0.6428%	0.0998%	0.0313%	−0.5287%	1.6264%	−0.0273%
G15	−0.1548%	0.0594%	0.0800%	−0.1248%	0.0769%	0.0588%
G16	−0.4264%	0.0813%	0.0524%	−0.3497%	0.9376%	0.0100%
G17	−0.4711%	0.0855%	0.0482%	−0.3870%	1.0834%	0.0022%
G18	**−0.1049%**	**0.0679%**	**0.0958%**	**−0.0830%**	**−0.0384%**	**0.0872%**
G19	**−0.1165%**	**0.0601%**	**0.0871%**	**−0.0928%**	**−0.0323%**	**0.0718%**
G20	−0.3976%	0.0787%	0.0550%	−0.3259%	0.8458%	0.0145%
G21	−0.1827%	0.0656%	0.0804%	−0.1481%	0.1812%	0.0593%
G22	−0.1987%	0.0642%	0.0766%	−0.1611%	0.2212%	0.0527%
G23	−0.2976%	0.0722%	0.0665%	−0.2430%	0.5342%	0.0349%
G24	**−0.0855%**	**0.0557%**	**0.0886%**	**−0.0674%**	**−0.1353%**	**0.0741%**
G25	**−0.1052%**	**0.0594%**	**0.0885%**	**−0.0834%**	**−0.0678%**	**0.0743%**
G26	**−0.0907%**	**0.0588%**	**0.0904%**	**−0.0716%**	**−0.1100%**	**0.0773%**
G27	−0.2254%	0.0674%	0.0748%	−0.1831%	0.3085%	0.0498%
G28	−0.4647%	0.0860%	0.0499%	−0.3811%	1.0627%	0.0058%
G29	−0.5059%	0.0891%	0.0456%	−0.4151%	1.1922%	−0.0017%
G30	−0.6076%	0.0962%	0.0342%	−0.4996%	1.5114%	−0.0221%
G31	−0.7736%	0.1121%	0.0194%	−0.6370%	2.0469%	−0.0484%
G32	−1.0315%	0.1280%	−0.0110%	−0.8509%	2.8486%	−0.1027%
G33	−0.7072%	0.1031%	0.0231%	−0.5822%	1.8242%	−0.0420%
G34	**−0.0709%**	**0.0564%**	**0.0918%**	**−0.0549%**	**−0.1774%**	**0.0801%**

续表

行业	R&D	出口	进口	FDI 水平溢出	FDI 前向溢出	FDI 后向溢出
G35	-0.1370%	0.0673%	0.0898%	-0.1097%	0.0527%	0.0763%
G36	-0.1969%	0.0642%	0.0769%	-0.1597%	0.2162%	0.0531%

注:表中数据为根据本章回归结果计算所得。粗体字表示高排放行业。

总体而言,偏向型技术进步对碳强度的影响十分明显。除了 FDI 的前向溢出之外,不同来源技术进步的中性技术进步差异不是很大,主要是偏向型技术进步的差异导致其对碳强度影响的差异。如果技术进步表现出较强的能源节约型的特点,它将降低碳强度,如 R&D 和 FDI 水平溢出效应,其偏向型技术进步对碳强度影响的弹性系数达到-0.1935 和-0.1567,而中性技术进步对碳强度影响的弹性系数仅为-0.0081 和-0.0042。而如果某种来源技术进步节约能源的特点不明显,它将提高碳强度。因此,技术进步的要素偏向对中国工业碳强度有重要的影响。

本章涉及了另一个重要的议题:中国工业技术进步有哪些来源? 不同来源的技术进步是否是节约能源的? 通过偏向型技术进步对碳强度的影响有多大?

通过厘清中国工业技术进步的来源,本章研究了 R&D、国际贸易和 FDI 的技术溢出等不同来源的偏向型技术进步对碳强度的影响。在构建了一个包含中性技术进步和偏向型技术进步的超越对数成本函数模型的基础上,用中国 36 个工业行业 1999—2011 年的数据进行 SUR 回归,得到了不同来源技术进步的要素偏向,计算出不同来源技术进步及其中性技术进步和偏向型技术进步对碳强度的影响,可以得出以下主要结论:

第一,不同来源技术进步的要素偏向有所不同。R&D、FDI 的水平溢出是能源节约型的,进口、出口、FDI 前向溢出和后向溢出是能源使用型的。阿西莫格鲁(Acemoglu)在偏向型技术进步理论中提出的"价格效应"和"市场规模效应"

可以解释不同来源技术进步的不同偏向,特别是 R&D 和 FDI 的水平溢出,前者是企业的自主研发,后者涉及企业间的竞争,都具有很强的节约成本的倾向,因此技术进步的效应是节约正在变得相对昂贵的能源要素。

第二,不同来源的技术进步对碳强度的影响有所不同。R&D 和 FDI 的水平溢出和前向溢出可以显著降低碳强度,出口、进口、FDI 的后向溢出却将导致碳强度的上升。

第三,偏向型技术进步对碳强度的影响非常明显。如果一种技术进步表现出较强的能源节约型特征,那么它可以降低碳强度,如果其表现出较强的能源使用型特征,那么它将提高碳强度。中性技术进步仅在 FDI 的前向溢出效应中比较明显。其他来源技术进步的中性技术进步对能源强度的影响较小,且差异不大。

对中国工业不同来源技术进步的偏向进行考察同样具有重要的政策含义,可以看到,在技术溢出效应中,进口、出口、FDI 前向和后向溢出依然是能源使用型的,这说明中国尚需更细致地从产业链,乃至市场细分的角度考察贸易政策和外资政策的环境能源效应。

第六章　促进节能偏向技术
创新的政策工具

　　为了控制与经济增长相伴随的化石能源消耗和温室气体排放,①中国自"十一五"以来加强了政策约束力度,并逐渐形成了 2030 年中长期节能减排政策框架。在政策体系的演进过程中,市场化的工具也被提到重要的位置。2013 年至 2014 年间,中国在七个省市启动了碳交易试点,尝试以"碳定价"来内部化企业排放的外部性成本,并计划在 2017 年启动全国碳交易市场。这将是中国最大规模的市场化减排政策工具的实践。

　　市场型工具最主要的特征是对排放制定价格,如碳税、碳交易等;而命令型工具(Command-and-control,CAC)则为直接的政策管控。理论一般认为,从达成减排目标来考量,上述市场型工具是成本有效的(Cost effectiveness),优于命令型工具。然而,仅有相当有限的文献检验了两种政策工具在中国的诱发技术创新效应。对命令型工具,Tanaka 等(2014)通过对酸雨和二氧化硫两控区的研究发现,更严格的环境规制有助于提高企业的生产率。② 韩超和胡浩然(2015)则发现中国清洁生产标准对全要素生产率的影响存在一次性的挤出效应和累积的学习效应,最终后者将超过前者。③ 对市场型工具,杨芳(2013)在地区层面找到

---

①　温室气体排放和化石能源消耗很大程度上同源。因此,限制碳排放的政策往往也能控制化石能源消耗,反之亦然。

②　Tanaka, S., Y. Wesley and G. H. Jefferson, "Environmental Regulation and Industrial Performance: Evidence from China", Mimeo, 2014.

③　韩超、胡浩然:《清洁生产标准规制如何动态影像全要素生产率》,《中国工业经济》2015 年第 5 期,第 70—82 页。

了能源价格诱发创新的证据,[①]而涂正革和谌仁俊(2015)认为中国二氧化硫交易试点并未提高地区生产率。[②]

　　然而,第一,这些文献侧重讨论的是政策工具对企业生产率的影响,并非针对企业专门化的节能偏向技术创新活动,而后者对节能减排的影响更直接。第二,并未就市场型和命令型政策工具对技术创新的不同诱发效果进行比较。两种工具在发展中国家的实施效果也值得进一步讨论。一方面,发展中国家可能面临能源要素价格扭曲或市场扭曲[③];另一方面,发展中国家政策执行效率较低[④],但政府也可能更加适应政策管控。中国作为最大的发展中国家,情况更为特殊。第三,并未就市场型或命令型政策工具诱发技术创新的作用机理和行业特征展开分析。行业间所有制、能源消耗、成本转嫁能力的差异,使其对价格激励和政策管控的敏感性存在区别,上述文献并未讨论这种行业异质性。第四,也未估算政策工具通过诱发节能偏向型技术进步而对碳强度产生的潜在影响。

　　作为对已有文献的补充,本章对比研究了市场型和命令型政策工具对节能减排技术创新的不同诱发效果和作用机理,并评估政策工具通过诱发偏向型技术进步而对碳强度产生的潜在影响。本章的边际贡献在于:第一,从诱发技术创新的角度,侧重于对比评价两种政策工具的不同效果。第二,基于所有制结构和行业异质性,从政策工具传导有效性和增加企业成本两个层面,对市场型和命令型政策工具诱发节能减排技术创新的作用机理进行了对比分析。第三,估算了不同强度的政策工具通过诱发节能偏向技术进步而对碳强度产生的潜在影响效应。

　　① 杨芳:《技术进步对中国二氧化碳排放的影响及政策研究》,经济科学出版社2013年版,第94—123页。

　　② 涂正革、谌仁俊:《排污权交易机制在中国能否实现波特效应》,《经济研究》2015年第7期,第160—173页。

　　③ 陶小马、邢建武、黄鑫、周雯:《中国工业部门的能源价格扭曲与要素替代研究》,《数量经济技术经济研》,2009年第11期,第3—16页;王芃、吴英涛:《能源产业市场扭曲与全要素生产率》,《经济研究》2014年第6期,第142—155页。

　　④ Harrison, A. et al., "When Do Firms Go Green? Comparing Price Incentives with Command and Control Regulations in India", NBER Working Paper, No. 21763, 2009.

第一节　市场型和命令型政策工具的
节能偏向技术创新效应

相当数量的研究认为,技术效应是减缓中国碳排放,降低碳强度的主导因素。那么,哪些因素可以诱发节能减排技术创新?从理论上来看:第一,能源价格的提高是诱发因素之一。希克斯(Hicks,1932)指出,技术进步的偏向会节约正在变得昂贵的生产要素,形成诱发技术进步理论的思想(Induced Technical Change,ITC)。[1] ITC 理论在能源气候变化领域也得到了验证,一些研究表明能源价格可以诱发节能减排的技术进步,如纽厄尔等(Newell 等,1999)[2]、塔赫里和史蒂文森(Taheri 和 Stevenson,2002)[3]、波普(Popp,2002)[4]、乔利和斯梅茨(Joelly and Smeets,2015)[5]。第二,节能减排政策亦可以诱发技术创新。环境规制的"波特假说"认为,环境规制强度的提高有助于企业的技术创新。针对清洁技术创新,一些实证研究也认为政策可以产生积极的激励效果,如约翰斯顿等(Johnstone 等,2010)[6]。第三,节能减排技术创新还可能存在路径依赖。拉坦(Ruttan,1997)认为,技术进步的方向依赖于过去的积累,当前盛行的技术和知识也将影响未来的技术选择;[7]而阿吉翁等(Aghion 等,2016)通过研究"清洁"

---

① Hicks,J.*The Theory of Wages*,McMillian,1932.

② Newell,R.G.,A.B.Jaffe,R.N.Stavins,"The Induced Innovation Hypothesis and Energy-Saving Technological Change",*The Quaterly Journal of Economics*,Vol.114,No.3(1999),pp.941-975.

③ Teheri,A.A.and R.Stevenson,"Energy Price,Environmental Policy,and Technological Bias",*The Energy Journal*,Vol.23,No.4(2002),pp.85-107.

④ Popp,D.,"Induced Innovation and Energy Prices",*The American Economic Review*,Vol.92,No.1(2002),pp.160-180.

⑤ Joelly N.and R.Smeets,"Directing Technical Change from Fossil-fuel to Renewable Energy Innovation:An Application using Firm-level Patent Data",*Journal of Environmental Economics and Management*,Vol.72(2015),pp.15-37.

⑥ Johnstone,N.,I.Haščič,D.Popp,"Renewable Energy Policies and Technological Innovation:Evidence Based on Patent Counts",*Environmental and Resource Economics*,Vol.45,No.1(2010),pp.133-155.

⑦ Ruttan,V.W.Induced Innovation,"Evolutionary Theory and Path Dependence:Sources of Technical Change",*The Economic Journal*,Vol.107(1997),pp.1520-1529.

技术和"污染"技术创新发现,技术进步的方向存在路径依赖,但能源价格提高会诱发创新转向更清洁的技术。[1]

上述第一类和第二类节能减排技术创新的诱发因素分别对应着两类环境政策工具。一是市场型(Market-oriented)政策工具。既可以通过价格控制实现,如碳税;也可以采用数量控制,如排放权交易。但两者均能为污染造成的负外部性定价,从而使其内部化,在确定性的理论条件下完全等价。二是以政府行政管制为特征的命令型政策工具,又称为"命令与控制"政策。如对企业施加强制型的减排目标、标准等,传统上往往更多地被政策制定者所采纳。两类工具的有效性对实现中国中长期减排目标至关重要。市场型工具可以引起能源价格的外生加价,尽管理论预期其更加成本有效,但由于中国能源价格尚未完全市场化,而在现行的行政体系下减排任务可层层分解至地方甚至企业,命令型工具可能取得相当的成效。鉴于此,两种工具在中国的诱发技术进步效应和作用机理还需要进行实证检验。

一、经验观察

本研究构建了中国工业行业的节能减排专利数据、能源价格指数和政策执行措施的面板数据[2]。观察行业数据可以发现如下现象:

一方面,从价格诱发效应来看,中国工业行业节能减排专利数量逐年增长,并和能源价格指数具有相似的趋势(见图6.1);节能减排专利占比总体而言也呈上升趋势,但2010年左右有所回落(见图6.2)。本书试图检验市场型工具引起的外生能源价格加价对节能技术创新的诱发作用。然而,中国并未在全国范围长期实践市场化减排政策工具,在数据缺乏的情况下,可参考卡伦和曼苏尔(Cullen 和

---

[1]　Aghion, P., Dechezlepretre, A., Hemous, D., Martin, R., Van. Reenen, J., " Carbon Taxes, Path Dependency and Directed Technical Change: Evidence from the Auto Industry", *Journal of Political Economy*, Vol. 124, No. 1(2012), pp. 1-51.

[2]　由于化石能源消耗和温室气体排放之间具有同源性,在此对涉及这两类的专利和政策合并考虑。为了精简表述,文中有时也由"节能技术创新"或"节能创新"来指代这两类创新。

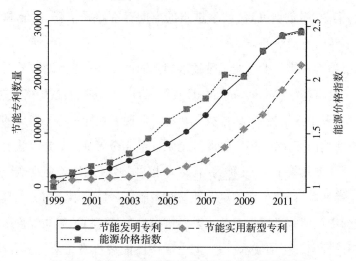

图 6.1　节能减排专利数量和能源价格指数的趋势

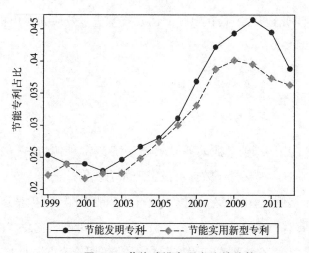

图 6.2　节能减排专利占比的趋势

Mansur,2014)的碳价格映射方法①。由于化石能源消耗和温室气体排放之间具有同源性,该文将碳价格视为能源价格的外生加价,利用实际的能源历史数据进行实证分析,并根据其与碳价格之间的映射关系计算其对排放的潜在影响。本书中也将能源价格历史数据作为实证研究的代理变量,并在实证中尽可能控制能源价格

---

① Cullen,J. A. and E. T. Mansur,"Inferring Carbon Abatement Costs in Electricity Markets:A Revealed Preference Approach using the Shale Revolution",NBER Working Paper,No. 20795,2014.

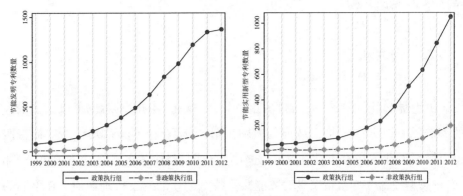

图 6.3　政策执行组和非政策执行组节能减排专利数量的趋势

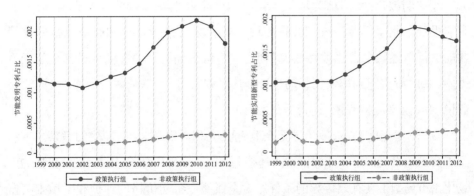

图 6.4　政策执行组和非政策执行组节能减排专利占比的趋势

资料来源:作者绘制。

的内生性问题,以能源价格外生加价的影响来估算其潜在的诱发技术进步效应。

　　另一方面,自"十一五"以来,中国将能源强度下降目标作为约束性指标写入五年规划。尽管如此,工业节能专利数量在此前后不存在明显的趋势变化,这是否意味着政策目标的提出在中国未产生诱发创新效应?这一结果可能和行业间政策目标落实情况的差异有关。在本书统计的 29 个工业行业中,有 9 个行业实质上并未受到国家发展与改革委员会(发改委)、工业和信息化部(工信部)、环境保护部(环保部)等相关部门的直接政策约束。对照政策执行组和无政策执行组的节能减排发明数量及占比均值,可以发现数量上两组差距逐渐拉大(见图 6.3),占比上 2006 年以后政策执行组有明显的提升,而无政策执行组则基本不变(见图 6.4)。

二、作用机理

由于研发市场存在一定程度的市场失灵,仅靠市场激励难以形成社会最优的清洁技术研发水平,因而政府的激励作用十分关键(Popp,2010)。[①] "波特假说"认为,设计良好的环境规制可以激励企业创新,使其更具有竞争优势。[②] 那么,市场型或命令型政策工具对节能减排技术创新的诱发机理如何? 在不同的条件下有何区别? 贾菲和帕默(Jaffe 和 Palmer,1997)进一步将"波特假说"区分为三类:"弱波特假说"认为环境规制将激励企业创新以抵消环境成本,但不一定能提升企业竞争力;"狭义波特假说"认为,只有设计良好和有效执行的政策才能取得上述效果;"强波特假说"则进一步认为环境规制有助于提升企业竞争力。[③] 从政策实施到诱发创新的整个作用过程来看,本书分两个层次对"弱波特假说"和"狭义波特假说"进行考察。

首先,政策工具需有效传导至企业,这是基于"狭义波特假说"的考察。市场型工具的效果类似于在能源价格的基础上形成一个外生加价,因此,能源价格的市场化是市场型工具有效传导的条件。对企业能源采购价格的保护和干预则会扭曲价格信号。例如,由于电力行业在保障生产和民生方面的特殊性,其在很长一段时间面对不同程度的能源价格保护。1994 年起,全国煤炭价格全部市场化,但对电煤的改革却不断反复。进入 2000 年后,国家发改委仍然多次对电煤市场进行干预。因此,市场型工具形成的碳价格对电力行业的诱发技术进步效应可能非常有限。

对命令型工具,国有企业是重要的政策传导渠道。尽管由于缺乏竞争,国有企业的生产率表现可能不及非国有企业,但其无疑是中国节能减排政策的重要参与主体。"十一五"时期以来,国家将减排目标层层分解,并纳入国有企业的

---

① Popp,D.,"Innovation and Climate Policy",NBER Working Paper,No. 15673,2010.

② Porter M.E.,van der Linder C,"Toward A New Concept of the Environment-Competitiveness Relationship" *Journal of Economic Perspectives*,Vol. 9,No. 4(1995),pp. 97–118.

③ Jaffe A.B.and Palmer K.,"Environmental Regulation and Innovation:A Panel Data Study",*Review of Economics and Statistics*,Vol. 79,No. 4(1997),pp. 19–610.

绩效考核中,与企业"一把手"的职位挂钩。这种机制可能增强中国的政策执行效果,甚至可能是保障中国节能减排政策效果的关键所在。与此同时,国有企业也更容易获得国家对技术创新的支持或补贴,从事高水平的研发动力更强。

其次,政策工具需带来显著的成本压力或经济激励,这是"弱波特假说"的条件,即企业对清洁技术的研发和运用可以节约甚至抵消环境规制带来的成本。当然,不同政策工具的激励方式存在差异,命令型工具主要通过直接增加企业生产成本而产生负向激励,而市场型工具一般将通过价格机制形成正向激励。当然,企业所面对的内部化的单位排放"价格"也是一种机会成本。在这种情况下,一方面企业的能源消耗规模越大,政策工具带来的经济激励或成本压力越大,从而提升节能减排技术创新的动力。根据《2010年国民经济和社会发展统计公报》,中国的六大高耗能行业为化学原料及化学制品制造业、非金属矿物制品业、黑色金属冶炼及压延加工业、有色金属冶炼及压延加工业、石油加工炼焦及核燃料加工业、电力热力的生产和供应业。经笔者计算,这六大行业的能源消费量占工业能源消费量的70%以上,能源成本份额也高于其他行业。同时,其中钢铁、电解铝、水泥、玻璃等产品存在严重的产能过剩。如果市场型或命令型政策工具在高耗能行业可以产生更强的诱发技术创新效应,将有助于在去产能的同时促进产业结构调整和工业生产方式清洁化。当然,高耗能行业往往也面临着更多的节能减排政策管控,政策执行力度本身可能存在内生性问题,本书也将对此进行稳健性检验。

另一方面,企业的成本转嫁能力有限,才能形成技术创新的压力,否则政策的有效性将受到影响。面对环境规制,电力、石油等不同行业成本转嫁的现象也已得到了实证研究的验证。[①] 具体而言,成本转嫁的难易程度取决于需求价格弹性,也和经济增速有关。如果最终产品的需求价格弹性大,提高产品价格将使企业销量大幅下降并蒙受损失,则企业更倾向于进行节能减排技术创新,这也是政策效果产生行业异质性的原因之一。此外,在经济形势上行的情况下,需求旺

---

① 例如: Alexeeva-Talebi, V., "Cost Pass-through of the EU Allowances: Examining the European Petroleum Markets", *Energy Economics*, Vol. 33(2011), pp. 575-583; Fabra, N.and M.Reguant, "Pass-through of Emissions Costs in Electricity Markets", NBER Working Paper, No. 19613,2013.

盛,企业一般具有更大的转嫁空间;而经济增速放缓时,最终产品价格往往也较低,企业更难进行成本转嫁。

综上所述,图6.5总结了市场型和命令型政策工具诱发节能减排技术创新的作用机理、路径和条件。从作用机理上来看,减排政策工具需要有效传导至企业,并带来显著的成本压力或经济激励,才能最终诱发节能减排创新活动。从传导路径来看,市场型工具通过形成外生能源价格加价,而命令型工具则通过政策目标和政策执行两个层面来增加企业成本。从作用条件来看,一方面,市场型工具有效传导的条件是能源价格市场化,而命令型工具很可能通过国有企业考核来保证政策执行效果;另一方面,能源成本较大、成本难以转嫁是增加成本压力或经济激励的两个条件。作用条件的行业差异使得市场型或命令型工具在行业间的诱发创新效果也存在异质性。

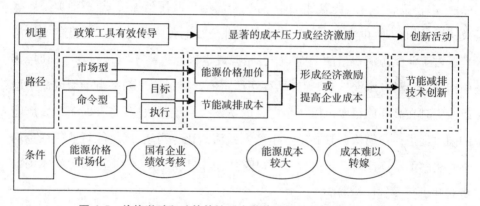

图6.5　价格激励和政策管控诱发节能减排技术创新的作用机理

第二节　政策工具诱发节能偏向技术创新效应的研究设计

一、实证模型

本书的实证分为三步,其中对命令型工具将分两个层面进行检验:国家层面的政策目标和行业层面的政策执行。第一,市场型工具和政策目标的诱发效应检验:构建能源价格和政策目标诱发节能减排专利的静态和动态面板数据模型,并用系统 GMM 估计来控制内生性问题。第二,政策目标执行的诱发效应检验:根据不同工业行业政策执行的差异,构造双重差分模型和固定效应模型。第三,诱发效应的作用机理检验:在上述固定效应模型中加入价格和政策与不同所有制、行业分组的交互项以及工业出厂品价格指数进行回归。

(一)市场型工具和政策目标的诱发效应检验

由于缺乏全国层面长期的市场型工具实践,本书用能源价格历史数据作为代理变量。因变量则可以采用节能专利数量或占比。以数量作为因变量时,可以估计能源价格及政策目标对节能专利数量影响的弹性系数。然而,一些因素会引起申请专利保护行为的变化,如经济增长,这不仅可以提高节能减排专利数量,也将引起所有类别专利的增长。采用节能专利占比作为因变量可以控制这些因素,也能体现对节能技术创新更有针对性的诱发作用。静态面板数据模型设置如下:

$$\ln patent_{it} = \beta_0 + \beta_1 \ln pe_{it} + \beta_2 policy_{it} + X_{it}b + \mu_t + \eta_i + \epsilon_{it} \qquad (6.1)$$

其中 i 表示行业, t 表示时间, $patent_{it}$ 可以是专利的数量或占比, pe_{it} 为行业能源价格指数, $policy_{it}$ 为能源强度政策目标, X_{it} 为其他控制变量。此外, μ_t 和 η_i 分别表示时间和行业非观测效应, ε_{it} 是随机误差项。

如前文所述,能源价格和节能技术创新之间可能存在内生性问题。同时,技术创新的方向具有路径依赖效应。通过在等式右边加入因变量的一阶滞后项,可以反应前期节能技术创新的积累对当期的影响,建立如下动态面板数据模型:

$$\ln patent_{it} = \gamma_0 + \gamma_1 \ln patentratio_{it-1} + \gamma_2 \ln pe_{it} + \gamma_3 policy_{it} + X_{it}r + \mu_t + \eta_i + \varepsilon_{it} \qquad (6.2)$$

动态面板数据模型一般采用差分 GMM 和系统 GMM 两种方法进行估计,可以部分地解决内生性问题。通过对水平方程取一阶差分,一方面能够消除不随时间变化的个体非观测效应[①],另一方面变量对数的一阶差分近似等于变量的

---

① 对于随时间变化的因素可以加入时间虚拟变量可以进行控制。为了节约自由度,这里采用时间趋势项。

增长率,从而弱化反向因果关系。此外,系统 GMM 估计还将采用因变量一阶差分的滞后项作为水平方程中因变量滞后项的工具变量,并能在有限样本下得到比差分 GMM 估计量更小的偏差,因此这里采用系统 GMM 模型进行估计。

(二)政策目标执行的诱发效应检验

将"十一五"规划首次提出能源强度目标视为政策冲击,根据行业政策执行与否将其分为政策执行组(处理组)和非政策执行组(对照组),采用双重差分(Difference-in-Difference,DID)模型进行估计,即首先对政策执行前后进行差分,然后将处理组和对照组进行差分,以消除两组的共同趋势,得到政策执行效应。当然,由图 6.3 可知,在政策实施前节能发明专利数量在处理组和对照组的增速有差异,可以通过加入控制变量、时间趋势项来控制组间不同的趋势。综上,建立如下双重差分回归模型:

$$patent_{igt} = \alpha_0 + \alpha_1 enf_g + \alpha_2 time_t + \alpha_3 (enf_g \cdot time_t) + \alpha_4 pe_{it} + X_{it}a + \varepsilon_{igt}$$

$$(6.3)$$

其中,因变量可以是专利的数量和占比。角标 i,g,t 分别表示行业、政策执行分组和时间。enf 是政策执行分组的虚拟变量,在政策执行组取 1,非政策执行组取 0;$time$ 是表示政策执行前后的时期虚拟变量,2006 年后中国开始实施能源强度政策目标,取值为 1,2006 年以前取 0;这样,二者交叉相乘项的系数 α_3 表示政策执行诱发节能创新的净效应。pe 为能源价格,X 为其他控制变量。在实证中,也将控制行业和时间层面的不可观测效应。

此外,也可检验政策执行强度对节能技术创新的诱发效果。由于政策执行强度的差异发生在行业层面,在此采用面板数据模型进行估计:

$$patent_{it} = \delta_0 + \delta_1 enfintensity_{it} + \delta_2 (enfintensity_{it} \cdot time_t) + \delta_3 pe_{it} + X_{it}q + \mu_i + \eta_t + \varepsilon_i$$

$$(6.4)$$

其中,$enfintensity$ 为各个行业的政策执行力度指标,μ_i 和 η_t 分别为不随时间变化和不随行业变化的不可观测效应。此外,还加入政策执行强度和政策时期分组虚拟变量的交互项,以考察国家节能政策目标是否增强了政策执行的效果。

(三)诱发效应的作用机理检验

如前所述,本书分三个步骤进行考察。在市场型和命令型政策工具的传导效应上,分别在(6.1)式和(6.4)式中加入能源价格、政策执行强度与不同所有制、行业子类虚拟变量的交叉相乘项;在两种政策工具的成本效应上,则分别加入其与高耗能行业虚拟变量的交叉相乘项,从而考察行业异质性诱发效果。对成本转嫁,则在(6.3)式的控制变量中加入行业 PPI 指数进行检验。假如能源价格和节能政策的压力传导至最终产品价格,则 PPI 中包含这二者的信息,控制PPI 后二者的系数将不显著。反之,如果成本转嫁有限,则其并不会影响系数的显著性。

二、数据来源和指标处理

本书的数据来源和指标处理方法如下。

(一)节能减排专利数据

构建中国工业行业节能减排专利面板数据需要解决两个方面的问题。第一,确定节能减排专利的目类,即确定其对应的国际专利分类 IPC(International Patent Classification)代码;第二,将以 IPC 代码分类的节能减排专利数目按照工业行业分类代码进行归并和加总。

首先,依据世界知识产权组织(World Intellectual Property Organization, WIPO)发布的《绿色专利清单》中的 IPC 代码[①],在中国国家知识产权局(SIPO)专利数据库中分年度检索节能减排相关的专利数量。中国专利包括三种类型:发明、实用新型和外观设计,其内含的创新程度依次递减,本书仅检索发明和实用新型专利。在时间维度上,按照专利申请日进行年度划分。本研究的时间跨度为 1999—2012 年,检索的时间为 2015 年 5—7 月,专利从申请到批准并公开

---

① WIPO 的 Green Patents Inventory 目录详见 http://www.wipo.int/classifications/ipc/en/est/。本书的检索详细覆盖到其中的细分层级。

往往耗时 1—3 年,按照这一规律,绝大部分 2012 年进行申请的专利在本书的搜索期内已公开。

其次,将节能减排专利数据按照工业行业分类标准归并和加总至行业层面。IPC 代码和行业分类代码之间并非一一对应,而是存在多对多的关系,这给归并带来难度。本书采用专利—行业索引解决这一问题。OECD 官方公布了对照索引 OTC(OECD Concordance)[①],此外,WIPO 也相应开发了 APL 索引[②]。OTC 采用两种方式加总:生产的行业(Industry of Manufacture, IOM)和应用的行业(Sector of Use, SOU)。本书认为按照应用的行业加总更有意义,它反映的是技术的需求情况。应用技术的行业才是这一技术的需求者,往往也是出资方。专利的生产行业则不具有这样的经济意义。图 6.6 对比了采用生产的行业和应用的行业两种专利—行业匹配方法。可以看出,采用 SOU 方法匹配时,电力行业(28)有较大量的节能减排专利申请,而采用 IOM 方法匹配时电力行业专利申请几乎为零,这部分专利体现在设备制造行业(22)。APL 索引尽管开发的年份更接近,但其结果与 OTC 的 IOM 归并结果类似。因此,本书选用 OTC 的 SOU 方式,将节能减排专利合并为国际标准行业分类(ISIC),再根据 ISIC 和中国标准行业分类(GB)之间的对应关系,最终转换为 29 个中国工业行业分类(见本书附表 2)。

(二)能源价格

用经过标准化的行业综合能源成本来表示行业能源价格。由于国家统计局并未公布能源价格的绝对量数据,借鉴 Ma 等(2008,2009)[③]、王班班和齐绍洲

---

① 参见 Johnson, D. K. N., " The OECD Technology Concordance (OTC): Patents by Industry of Manufacture and Sector of Use", STI Working Papers 2002/5, 2002。

② 研究成果作为论文发表,参见 Lybbert, T. J. and N. J. Zolas, " Getting Patents and Economic Data to Speak to Each Other: An 'Algorithmic Links with Probabilities' approach for Joint Analyses of Patenting and Economic Activity", *Research Policy*, Vol. 43(2014), pp. 530–542。

③ Ma, H., Oxley, L., et al., " China's Energy Economy: Technical Change, Factor Demand and Interfactor/Interfuel Substitution", *Energy Economics*, Vol. 30(2008), pp. 2167–2183; Ma, H., Oxley, L. and Gibson, J. " Substitution Possibilities and Determinants of Energy Intensity for China", *Energy Policy*, Vol. 37 (2009), pp. 1793–1804.

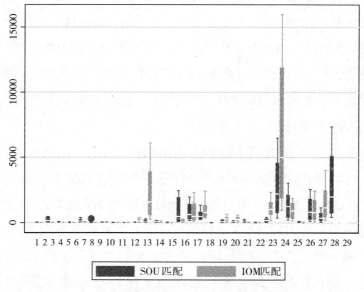

图 6.6　SOU 和 IOM 专利—行业匹配对比

（2014）①的方法，对煤炭、汽油、柴油和电力消耗的综合成本进行推算。首先，
《中国物价年鉴》公布了 2002—2005 年 36 个大中城市的煤炭、汽油、柴油和电力
价格，求各能源的均价，并分别用煤炭采选业出厂品价格指数、石油和天然气开
采业出厂品价格指数和电力、热力的生产和供应业出厂品价格指数将价格序列
进行扩展；其次，将行业四种能源消费量按照价格加权，可估算出各行业的能源
成本；第三，用能源成本除以各行业综合能源消费总量以得到行业综合能源价
格；最后，将综合能源价格序列调整为 1999 年为 1 的价格指数序列。

（三）政策指标

本书的政策指标分为两个层面。第一个层面是政策目标，采用每个五年计
划中能源强度下降目标的百分点作为指标。其中，"十一五"期间各行业目标等
同于国家目标，在"十二五"期间则等于行业公布的能源强度目标。②

---

① 王班班、齐绍洲：《有偏技术进步、要素替代与中国工业能源强度》，《经济研究》2014 年第 2 期，
第 115—127 页。
② 从"十二五"开始，大部分工业行业才在其行业"十二五"规划中明确了能源强度、碳强度下降目标。

第二个层面是政策执行指标。通过在国家发改委、工信部、环保部网站的政策公开目录中根据行业名称、行业主要产品等关键词进行逐年搜索,并参考《中国工业经济年鉴》《中国低碳年鉴》和相关行业年鉴中的行业政策概况,本书对各行业的节能和与能源使用相关的低碳政策、清洁生产政策进行了搜集和统计。在政策搜集和筛选中,仅保留涉及具体政策执行的行业标准、行业准入、淘汰落后产能、强制的污染物监测等政策措施。

在此基础上,本书构造了两个政策执行指标:

一是政策执行与否的虚拟变量,即颁布了具体执行措施的行业取 1,否则取 0。二是累积政策执行强度。对每一条政策执行措施,本书在政策力度、直接程度和适用范围三个维度,分三档进行打分。政策力度的打分标准参照张国兴等(2014)[①]:将各部委颁布的条例、规定、决定评 3 分,意见、办法、方案、指南、暂行规定、细则、条件、标准评 2 分,通知、公告、规划评 1 分。直接程度的打分是依据政策是否有明确的落实主体和执行措施。适用范围的打分则根据政策的行业覆盖范围是多个行业、单个行业还是某个子行业(或特定的产品、工序等)。具体的评分规则见表 6.1。随后,对每一个维度以 1/3 为权重进行加权得到该条政策执行强度的评分,并对各行业每一年的政策评分加总得到年度评分。由于政策在有效期内将持续产生影响,对政策评分进行逐年加总,但在累积过程中,如果一条新的政策取代该时期内的旧的政策,则减去被取代政策的评分。最终形成"累积政策执行强度"指标。该指标不仅涵盖 2006 年以后执行的政策措施,也包括了少数行业(如电力)在"十一五"之前实施的减排政策。

表 6.1　政策执行措施的打分规则

分值	政策力度	直接程度	适用范围
3	各部委颁布的条例、规定、决定	政策落实主体清晰,措施明确	多个行业

---

① 张兴国等:《中国节能减排政策的测量、协同与演变》,《中国人口、资源与环境》2014 年第 12 期,第 62—73 页。

分值	政策力度	直接程度	适用范围
2	各部委颁布的意见、办法、方案、指南、暂行规定、细则、条件、标准	存在政策落实主体,有一定的执行措施	全行业或行业内非常重要的子行业
1	通知、公告、规划	无明确落实措施	行业内部的某个子行业、特定产品或工序

资料来源:作者整理。

(四)控制变量

本书的其他控制变量包括:(1)人均 R&D,用行业人均 R&D 存量表示,存量的指标构造采用永续盘存法。凯勒(Keller,2009)认为,在创新活动中,R&D 可以看作创新的"投入",而专利则是"产出"。[1] 因此,R&D 有助于通过提高行业整体研发水平来促进节能减排技术创新。(2)国有资产占比,反映行业的所有制结构特征,这是中国的创新活动中较为特殊的影响因素。尽管现有研究一般认为国有企业的创新活动弱于私有企业(Xie and Zhang,2015;吴延兵,2012)[2],但由于受到更强的政策规制,国有企业在节能减排创新领域的技术创新活动可能更强。(3)行业集中度,采用行业大中型企业占比表示,一定程度反映行业的竞争水平。当然,竞争和创新之间的关系较为复杂,例如,张杰等(2014)认为其存在倒 U 型等非线性关系,并可能因企业类型不同而有所差异。[3] 其他指标的数据来源于历年《中国统计年鉴》《中国科技统计年鉴》等。

本章采用的主要指标描述统计表 6.2。

---

[1]　Keller,W.,"International Trade,Foreign Direct Investment,and Technology Spillovers",NBER Working Paper,No.15442,2009.

[2]　见 Xie,Z. and X. Zhang,"The Patterns of Patents in China",*China Economic Journal*,Vol.8,No.2 (2015),pp.122—142;吴延兵:《中国哪种所有制类型企业最具创新性》,《世界经济》2012 年第 6 期,第 3—27 页。

[3]　张杰、郑文平、翟福昕,《竞争如何影响创新:中国情景的新检验》,《中国工业经济》2014 年第 11 期,第 56—68 页。

表 6.2　主要变量的描述统计

变量	观测值	均值	标准差	最小值	最大值
节能发明专利数量(个)	406	429.365	1027.327	0.000	7359.841
节能发明专利占比(100%)	406	0.001	0.002	0.000	0.011
节能实用新型专利数量(个)	406	231.513	689.399	0.000	6297.791
节能实用新型专利占比(100%)	406	0.001	0.002	0.000	0.011
能源价格指数(1)	406	1.692	0.529	1.000	3.534
能源强度政策目标(%)	406	9.652	9.736	0.000	22.000
累积政策执行强度(1)	406	4.320	8.994	0.000	56.000
人均 R&D(万元/万人)	406	8125.761	9009.335	138.720	43224.110
国有资产占比(100%)	406	0.334	0.295	0.003	0.998
行业集中度(100%)	406	0.158	0.110	0.036	0.674

资料来源:作者计算。

第三节　市场型和命令型政策工具的
节能偏向技术创新效应比较

一、市场型和命令型的诱发效应和特征

市场型和命令型工具是否可以诱发节能减排技术创新? 两种工具各自有何特征? 本节将回答这两个基本问题。

(一)市场型工具和政策目标的诱发效应和特征

分别以节能发明专利、节能实用新型专利的数量和占比的自然对数作为因变量进行回归(见表6.3)。[①] 对比静态和动态面板数据模型结果可发现,由于

---

　　① 在采用节能专利占比为因变量的回归模型中,由于因变量分母已经考虑了专利总数的变化,而行业 R&D 与专利总数高度相关,因此在控制变量中不再加入人均行业 R&D。本书对只加入核心变量的模型也进行了回归,控制变量的加入并未改变核心变量的显著性。限于篇幅未报告前者的结论。

内生性的原因,静态面板数据模型中能源价格的诱发效应被高估。同时,市场型工具和政策目标的诱发效果具有不同的特征,主要如下:

第一,市场型工具存在溢出效应,在诱发节能创新的同时,还将促进其他类别的创新活动。部分控制了内生性问题的动态面板数据 GMM 估计量显示,能源价格对节能专利数量影响的弹性系数要明显高于对节能专利占比影响的弹性系数。这说明企业面对市场型工具时,一种措施是进行节能减排活动从而消化能源成本的上升,而另一种措施是通过创新活动降低其他生产要素和生产环节的成本,从而抵消上涨的能源成本。

第二,不同于市场型工具,政策目标对节能技术创新的诱发效果具有针对性,对高创新程度的发明专利,这种针对性尤其明显。从回归结果来看,政策目标对节能发明专利占比的诱发效应要强于对其数量的效应,而在节能实用新型专利的数量和占比之间则没有明显差别。当企业面临严格执行的政策目标时,除了积极进行减排活动之外,并无其他替代措施,从而有利于诱发企业从事专门的节能技术创新。[①]

表6.3 能源价格和政策目标对节能减排技术创新的诱发效应

变量	(1) 节能数量 RE	(2) 节能数量 Sys-GMM	(3) 节能占比 RE	(4) 节能占比 Sys-GMM	(5) 实用数量 RE	(6) 实用数量 Sys-GMM	(7) 实用占比 RE	(8) 实用占比 Sys-GMM
能源价格	1.4027 *** (0.1754)	0.4936 *** (0.0610)	0.2880 * (0.1395)	0.2298 ** (0.0758)	1.9349 *** (0.1881)	0.8093 *** (0.0966)	0.5419 *** (0.1404)	0.3412 *** (0.0493)
政策目标	0.0129 *** (0.0032)	0.0030 *** (0.0004)	0.0171 *** (0.0025)	0.0074 *** (0.0004)	0.0122 *** (0.0035)	0.0023 * (0.0009)	0.0119 *** (0.0025)	0.0055 *** (0.0006)
人均 R&D	0.3295 *** (0.0611)	0.1140 * (0.0517)			0.6185 *** (0.0673)	1.0145 *** (0.0964)		

① 其他控制变量的结果为:人均研发水平提高有助于促进节能减排技术创新,这可能是由 R&D 提升整体研发水平所致;国有资产占比高的行业节能减排技术创新水平也更高,这与本书其他部分的结论相符,即国有企业在中国节能减排中扮演了重要的角色。但行业集中度变量在模型3和模型4及模型5和模型6之间出现符号变化,主要原因可能在于当动态面板数据引入因变量滞后项以后,因变量的变化大部分由其滞后项解释。

续表

变量	(1) 节能数量 RE	(2) 节能数量 Sys-GMM	(3) 节能占比 RE	(4) 节能占比 Sys-GMM	(5) 实用数量 RE	(6) 实用数量 Sys-GMM	(7) 实用占比 RE	(8) 实用占比 Sys-GMM
因变量滞后项		0.4756*** (0.0490)		0.6561*** (0.0285)		0.4180*** (0.0354)		0.3801*** (0.0238)
国有资产占比	0.2829*** (0.0578)	0.3132*** (0.0504)	0.1932*** (0.0476)	0.0460 (0.0571)	0.0243 (0.0627)	0.2718*** (0.0378)	0.1217* (0.0480)	0.1655*** (0.0392)
行业集中度	−0.0826 (0.0632)	−0.0904*** (0.0178)	0.2005*** (0.0493)	−0.0872*** (0.0159)	0.2064** (0.0709)	−0.2600*** (0.0337)	−0.0008 (0.0496)	−0.1250*** (0.0106)
时间趋势	0.3926*** (0.0598)	0.5878*** (0.0491)	0.1336** (0.0476)	−0.0555 (0.0299)	−0.0036 (0.0669)	−0.0455 (0.0916)	0.0231 (0.0479)	0.1639*** (0.0140)
常数项	0.1084 (0.6055)	0.2209 (0.4033)	−8.2056*** (0.3774)	−3.0095*** (0.2861)	−2.5435*** (0.6958)	−6.9582*** (0.6996)	−8.8002*** (0.4167)	−5.8042*** (0.2607)
观测值	406	377	392	364	392	364	392	364
R^2	0.880		0.526		0.898		0.453	
Hansen		0.9990		1.0000		0.9983		1.0000
AR(1)		0.0005		0.0000		0.0329		0.0123
AR(2)		0.7755		0.7002		0.2998		0.1813

注:1.括号内为标准误; * 表示 $p<0.05$; ** 表示 $p<0.01$; *** 表示 $p<0.001$。
　2.静态面板数据根据 Hausman 检验结果采用随机效应模型进行估计。
资料来源:作者计算。

(二)政策执行的诱发效应和特征

首先检验政策执行与否的影响。对每个因变量分别采用不添加行业及年份固定效应和添加这些固定效应的模型形式。[①]结果显示(见表 6.4),除了模型(8)以外,政策执行时期(以下简称"时期")和政策执行分组(以下简称"分组")的虚拟变量交互项系数均显著为正。此外,政策执行对节能发明数量和占比的诱发效应要大于其对实用新型专利数量和占比的效果,这与第一部分回归中的

---

①　本书对仅包括虚拟变量及其交互项的基准模型也进行了回归,添加控制变量后并未影响核心变量的方向和显著性。限于篇幅未予以报告。

发现相一致。

进一步,累积政策执行强度更大的行业,只有在"十一五"后才对节能技术创新产生积极的诱发作用。在表 6.5 的模型(1)—模型(4)中仅加入累积政策执行强度,在模型(5)—模型(8)中进一步加入累积政策执行强度和时期虚拟变量的交互项。结果显示,2006 年以前政策执行系数为负,但 2006 年以后,政策执行可以显著促进节能专利数量的增长。上述结果说明,"十一五"以来国家对节能减排在战略规划层面的高度重视是政策产生积极效果的前提和保障。

表 6.4　政策执行对节能减排技术创新的诱发效应

变量	(1)	(2)	(3)	(4)	(5)	(6)	(7)	(8)
	发明数量	发明数量	发明占比	发明占比	实用数量	实用数量	实用占比	实用占比
时期*政策	448.2807**	466.0866**	0.0005**	0.0005*	244.0784**	247.5899**	0.0003*	0.0004
	(13.6641)	(7.6724)	(0.0000)	(0.0001)	(12.5865)	(5.6002)	(0.0000)	(0.0001)
政策	85.4990**	2023.1504	0.0010**	0.0068**	21.9185	1196.3392	0.0009**	0.0068**
	(6.0892)	(567.2339)	(0.0000)	(0.0004)	(4.4659)	(437.0913)	(0.0000)	(0.0005)
时期	−635.3771	−872.7240	−0.0009	−0.0013	−427.1750	−235.5147**	−0.0009	−0.0011
	(237.4896)	(269.8778)	(0.0003)	(0.0009)	(157.2100)	(15.5366)	(0.0002)	(0.0008)
能源价格	1076.8960	1091.4209	0.0017	0.0012	727.8675	685.4681	0.0017	0.0011
	(371.6808)	(491.5362)	(0.0005)	(0.0007)	(244.0159)	(286.4082)	(0.0005)	(0.0007)
国有资产占比	948.8297	1061.8237	0.0021	0.0015	580.2874	1037.0828	0.0023	0.0010
	(341.6356)	(439.2780)	(0.0011)	(0.0006)	(216.8901)	(294.9116)	(0.0013)	(0.0004)
行业集中度	−1229.6164**	−1276.6576	−0.0014	−0.0001	−809.4371**	−1501.3298	−0.0025	−0.0010
	(36.8957)	(832.4168)	(0.0004)	(0.0003)	(52.6803)	(800.6794)	(0.0012)	(0.0007)
人均R&D	0.0208*	0.0174			0.0120*	0.0113		
	(0.0025)	(0.0120)			(0.0012)	(0.0089)		
行业固定效应	否	是	否	是	否	是	否	是
年份虚拟变量	否	是	否	是	否	是	否	是
常数	是	是	是	是	是	是	是	是
观测值	406	406	406	406	406	406	406	406
R^2	0.309	0.708	0.213	0.929	0.256	0.601	0.184	0.946

注:括号内为标准误; * 表示 $p<0.10$; ** 表示 $p<0.05$; *** 表示 $p<0.010$;标准误聚合到政策执行分组。
资料来源:作者计算。

表 6.5　政策累积执行强度对节能减排技术创新的诱发效应

变量	(1) 发明数量	(2) 发明占比	(3) 实用数量	(4) 实用占比	(5) 发明数量	(6) 发明占比	(7) 实用数量	(8) 实用占比
累积执行 强度	16.1948 *** (5.4954)	0.0000 *** (0.0000)	9.1116 ** (4.2210)	0.0000 *** (0.0000)	−63.9111 ** (31.3608)	−0.0001 *** (0.0000)	−46.0407 * (24.2621)	−0.0001 ** (0.0000)
累积执行 强度 * 时 期					78.6758 *** (30.3497)	0.0001 *** (0.0000)	54.2943 ** (23.5499)	0.0001 *** (0.0000)
能源价格	1099.5797 *** (187.3807)	0.0012 *** (0.0002)	691.6483 *** (143.8079)	0.0010 *** (0.0002)	1025.3027 *** (188.5659)	0.0010 *** (0.0002)	645.0622 *** (144.4244)	0.0009 *** (0.0002)
国有资产 占比	1006.0869 ** (422.3094)	0.0017 *** (0.0006)	761.5494 *** (288.4538)	0.0013 ** (0.0005)	984.8287 ** (405.6851)	0.0015 ** (0.0006)	749.4802 *** (275.8979)	0.0012 ** (0.0005)
行业集中 度	−1578.5151 ** (798.2486)	−0.0008 (0.0009)	−1479.9650 ** (591.3019)	−0.0015 * (0.0008)	−1467.0069 * (785.7019)	−0.0006 (0.0009)	−1404.8496 ** (579.6062)	−0.0013 * (0.0008)
人均 R&D	0.0213 *** (0.0078)		0.0128 ** (0.0058)		0.0222 *** (0.0076)		0.0132 ** (0.0056)	
控制行业	是	是	是	是	是	是	是	是
控制年份	是	是	是	是	是	是	是	是
常数项	是	是	是	是	是	是	是	是
观测值	406	406	406	406	406	406	406	406
R^2	0.347	0.32	0.287	0.309	0.361	0.352	0.301	0.328

注:1.括号内为标准误; * 表示 $p<0.10$; ** 表示 $p<0.05$; *** 表示 $p<0.010$。
　　2.根据 Hausman 检验结果,采用随机效应模型估计。
资料来源:作者计算。

二、市场型和命令型工具诱发技术创新的作用机理

如前所述,市场型和命令型工具之所以出现上述诱发效果、特征及差异性,其作用机理在于两个方面:政策工具的有效传导和企业成本显著增加。

(一)政策工具的传导

市场型工具有效传导的条件在于能源价格市场化,但由于中国长期对电煤

价格实行保护,电力行业是一个例外。因此,本书对电力行业、制造业和采矿业进行了对比。实证结果表明,在诱发节能创新方面电力行业主要受命令型工具影响(表6.6的模型(5)—模型(8)),价格激励只在诱发专门的但含量较低的创新上更加有效(表6.6的模型(4));而制造业则对市场型工具则更加敏感(表6.6的模型(1)—模型(4))。这一结果与预期相符。当然,2015年底启动的新一轮电改旨在厘清电力行业的价格形成机制,这在长期有助于增强包括碳交易在内的市场型工具在电力行业的诱发创新效果。但从短期来看,继续辅之以命令型工具是更有效的政策组合。

表 6.6　市场型和命令型工具在电力、制造业和采矿业的诱发效应对比

变量	(1) 发明	(2) 发明占比	(3) 实用	(4) 实用占比	(5) 发明	(6) 发明占比	(7) 实用	(8) 实用占比
能源价格(对数)	1.2334*** (0.2458)	0.0120 (0.2017)	1.3201*** (0.2754)	0.0018 (0.1995)				
能源价格(对数)*制造业	0.5251*** (0.1811)	0.3488** (0.1505)	0.7011*** (0.1994)	0.6148*** (0.1489)				
能源价格(对数)*电力行业	-0.6211** (0.2575)	0.1735 (0.2259)	0.4793 (0.3021)	0.4790** (0.2236)				
累积执行强度					-74.4899** (31.4760)	-0.0001*** (0.0000)	-52.1024** (24.2387)	-0.0001** (0.0000)
累积执行强度*时期					37.4373 (24.9004)	0.0001*** (0.0000)	24.7544 (19.1748)	0.0000* (0.0000)
累积执行强度*制造业					36.5834* (19.5742)	0.0000 (0.0000)	23.7076 (15.0686)	0.0000* (0.0000)
累积执行强度*电力行业					201.4578*** (22.4990)	0.0002*** (0.0000)	152.5488*** (17.1994)	0.0002*** (0.0000)

变量	(1)	(2)	(3)	(4)	(5)	(6)	(7)	(8)
	发明	发明占比	实用	实用占比	发明	发明占比	实用	实用占比
控制行业	是	是	是	是	是	是	是	是
控制时间	是	是	是	是	是	是	是	是
常数	是	是	是	是	是	是	是	是
观测值	406	392	392	392	406	406	406	406
R^2	0.890	0.532	0.902	0.477	0.574	0.490	0.539	0.625

注:1.括号内为标准误; * 表示 $p<0.10$;** 表示 $p<0.05$;*** 表示 $p<0.010$。
　　2.其他变量包括:政策目标、人均 R&D、国有资产占比、行业集中度、业虚拟变量、常数项。
　　3.根据 Hausman 检验结果,采用随机效应估计。
资料来源:作者计算。

　　命令型工具有效传导的条件在于国有企业是重要主体。为此,在等式(4)的基础上,加入累积政策执行强度和国有化分组、时期虚拟变量的交互项进行回归。结果显示(表 6.7 的模型(1)—模型(4)),只有在国有化程度高的分组"十一五"以后,政策执行对节能创新才能产生积极的诱发效应。这一结果说明,政策执行对创新的诱发效果主要是通过国有企业来体现的。

　　作为对照,市场型工具则可以显著促进国有化和非国有化行业的节能减排技术创新,但仅在诱发高程度创新活动时,对国有化行业的效应显著大于非国有化行业(表 6.7 的模型(5)—模型(8))。这在一定程度上说明中国创新活动的市场激励不足。市场型工具并不是减排任务的硬约束,企业在面对内部化的减排成本时需要选择"最优"的排放和研发水平,权衡成本和收益,因此创新活动的市场回报尤为重要。这样,市场化程度越高,市场型工具应越多地诱发创新活动,而本书的结论正好相反。这说明企业创新活动的市场收益受限,而由于国有企业比非国有企业更容易享受国家对高含量研发活动的资助和补贴,因此将更多地从事发明创新,但这并不是市场激励的结果。

表 6.7 市场型和命令型工具诱发效应的所有制差别

变量	(1) 发明	(2) 发明占比	(3) 实用	(4) 实用占比	(5) 发明	(6) 发明占比	(7) 实用	(8) 实用占比
累积执行强度	−73.2907 ** (31.2569)	−0.0001 *** (0.0000)	−54.5949 ** (24.6891)	−0.0001 *** (0.0000)				
累积执行强度 * 国有化	42.2201 *** (9.4338)	0.0001 *** (0.0000)	28.7324 *** (7.4516)	0.0000 *** (0.0000)				
累积执行强度 * 时期	74.8635 ** (30.2845)	0.0001 *** (0.0000)	53.8369 ** (23.9210)	0.0001 *** (0.0000)				
能源价格（对数）					1.0218 *** (0.1831)	−0.0945 (0.1419)	2.0081 *** (0.1955)	0.4015 *** (0.1470)
能源价格（对数） * 国有化					0.4344 *** (0.1269)	0.5772 *** (0.1001)	−0.1809 (0.1355)	0.1556 (0.1037)
行业固定效应	是	是	是	是	是	是	是	是
控制时间	是	是	是	是	是	是	是	是
常数	是	是	是	是	是	是	是	是
观测值	406	406	406	406	406	392	392	392
R^2	0.392	0.398	0.324	0.360	0.876	0.548	0.899	0.448

注：1.括号内为标准误；* 表示 $p<0.10$；** 表示 $p<0.05$；*** 表示 $p<0.010$。

2.控制变量包括：能源价格、人均 R&D、行业集中度。

3.根据 Huasman 检验结果，模型（1）和模型（3）采用固定效应，其他采用随机效应估计。

资料来源：作者计算。

（二）显著的成本压力或经济激励

这需要满足两个条件。条件之一是能源成本较大。在政策有效传导的前提下，能源成本占比越高，政策工具越容易诱发节能技术创新。回归结果表明，不论对市场型还是命令型工具，都更容易诱发高耗能行业的节能减排技术创新。然而，两种政策工具在高耗能行业间的诱发创新效果还存在差异和互补（见表

6.8）。市场型工具对能源的加价对六大高耗能行业和非高耗能行业的诱发效应均显著为正,但对钢铁和有色金属行业的诱发效应显著强于非高耗能行业,对石化行业在诱发高程度创新上效果也更强。与之相对,命令型工具对电力和石化行业的诱发效应强于低耗能行业,并显著为正,但对其他行业不足以产生正向的诱发效果。如前文所述,这可能是由这些行业间政策传导效果、需求价格弹性等差异引起的。

表6.8 市场型和命令型工具在高耗能行业的诱发效应

变量	(1) 发明	(2) 发明占比	(3) 实用	(4) 实用占比	(5) 发明	(6) 发明占比	(7) 实用	(8) 实用占比
能源价格	1.3189 ***	0.0635	2.2453 ***	0.4576 ***				
	(0.2143)	(0.1622)	(0.2299)	(0.1649)				
累计执行强度					−32.7360	−0.0001 ***	−30.4203	−0.0000 *
					(25.3619)	(0.0000)	(20.4036)	(0.0000)
累积执行强度*时期					29.9204	0.0001 ***	21.3062	0.0000
					(23.1490)	(0.0000)	(18.6665)	(0.0000)
价格或政策和行业的交乘项								
石化	0.5268 **	0.6735 ***	−0.6453 **	0.1239	57.4112 ***	0.0001 ***	25.4539 **	0.0000 ***
	(0.2352)	(0.1837)	(0.2530)	(0.1867)	(13.3358)	(0.0000)	(10.6904)	(0.0000)
化工	0.0147	−0.2654	0.2045	−0.0139	9.5259	0.0000	13.2951	0.0000 *
	(0.3955)	(0.3031)	(0.4230)	(0.3080)	(11.2835)	(0.0000)	(9.0863)	(0.0000)
建材	−0.2728	−0.4400 *	−0.0440	−0.0125	−8.1664	−0.0000	1.2927	−0.0000
	(0.3015)	(0.2372)	(0.3223)	(0.2411)	(14.0009)	(0.0000)	(11.2675)	(0.0000)
钢铁	0.7001 *	0.4688 *	0.5274	0.7506 ***	−46.5216 ***	−0.0000	−22.0008 **	−0.0000
	(0.3565)	(0.2770)	(0.3811)	(0.2815)	(13.5658)	(0.0000)	(10.8582)	(0.0000)
有色	0.3241	0.7336 ***	0.6640 *	1.0012 ***	−27.7597 **	−0.0000	−12.7707	−0.0000
	(0.3376)	(0.2593)	(0.3608)	(0.2636)	(12.4431)	(0.0000)	(10.0212)	(0.0000)
电力	−0.1520	0.0874	−0.2893	0.0908	187.1297 ***	0.0002 ***	141.7144 ***	0.0002 ***
	(0.2457)	(0.1917)	(0.2633)	(0.1948)	(14.0355)	(0.0000)	(11.2545)	(0.0000)
行业固定效应	是	是	是	是	是	是	是	是

续表

变量	(1)	(2)	(3)	(4)	(5)	(6)	(7)	(8)
	发明	发明占比	实用	实用占比	发明	发明占比	实用	实用占比
控制时间	是	是	是	是	是	是	是	是
常数项	是	是	是	是	是	是	是	是
观测值	406	392	392	392	406	406	406	406
R^2	0.884	0.562	0.902	0.484	0.637	0.566	0.569	0.638

注:1.括号内为标准误;* 表示 $p<0.10$;** 表示 $p<0.05$;*** 表示 $p<0.010$。

2.控制变量包括:能源价格、人均 R&D、国有资产占比、行业集中度。

3.根据 Hausman 检验结果,模型(1)和模型(3)采用固定效应,其他采用随机效应估计。

资料来源:作者计算。

值得一提的是,自 2015 年以来,中国工业经济进行结构调整的需要更加迫切。高耗能、高污染型的产业又面临着去产能、去库存的结构调整压力。在上述六大高耗能行业中,建材、钢铁、有色金属①行业均存在严重的产能过剩,而市场型工具在这三个行业能产生显著为正的诱发节能创新效应,在钢铁和有色金属行业的诱发效果还远远强于其他行业。在这一背景下,合理运用市场型工具的价格激励,相对经济上行时期更具有"一箭双雕"的效果。市场型工具带来能源加价,对高耗能行业将显著增加企业的生产成本或机会成本。同时,由于市场下行压力大,行业利润受到挤压,污染型、低效率的"边际产能"将首先被淘汰,存续产能则必须更多地研发并运用清洁技术以求生存发展。这样,市场型工具诱发创新的效应有助于在去产能、调结构的同时,促进工业生产方式的绿色升级。这六大高耗能行业还是 2017 年全国碳交易市场的覆盖行业。因此可以预期,碳市场在中国下一个阶段的经济发展中不仅是重要的减排工具,对工业结构调整和工业生产方式的清洁化也将具有重要的意义。当然,对电力行业来说,命令型工具在短期依然是更有效的政策选择,需要区别对待。

条件之二是企业成本难以转嫁。如果减排政策工具带来的成本压力最终传导至下游产品,则其对节能技术创新的诱发作用就有可能减小甚至不显著。回

① 主要包括钢铁、煤炭、水泥、造船、电解铝、玻璃等。

归结果发现成本转嫁并未影响政策工具诱发创新的有效性,在包含 PPI 的回归中,能源价格、政策执行组和时期虚拟变量的交互项等主要变量系数的显著性未受影响(见表 6.9)。同时,PPI 系数显著为负也表明,如果最终产品价格下降,企业利润空间受挤压,节能减排创新动力增强,节能减排政策工具有助于倒逼企业转变发展方式,寻求节能技术创新。

表 6.9　成本转嫁对诱发效应的影响

变量	(1) 发明专利数量	(2) 发明专利占比	(3) 实用新型专利数量	(4) 实用新型专利占比
时期 * 政策	517. 3652***	0. 0006***	291. 8044***	0. 0005***
	(133. 0235)	(0. 0001)	(102. 3116)	(0. 0001)
能源价格	1224. 6898***	0. 0013***	793. 8091***	0. 0012***
	(183. 2822)	(0. 0002)	(140. 1909)	(0. 0002)
PPI	−335. 9009***	−0. 0001	−298. 6506***	−0. 0003***
	(106. 9071)	(0. 0001)	(81. 6814)	(0. 0001)
行业固定效应	是	是	是	是
年份虚拟变量	是	是	是	是
常数	是	是	是	是
观测值	406	406	406	406
R^2	0. 365	0. 323	0. 307	0. 322

注:1.括号内为标准误;* 表示 p<0. 10;** 表示 p<0. 05;*** 表示 p<0. 010。
　　2.其他变量包括:国有资产占比、行业集中度、人均 R&D。
　　3.根据 Hausman 检验结果,采用随机效应模型估计。
资料来源:作者计算。

三、稳健性检验

(一)政策执行内生性问题的匹配法检验

需要注意的是,行业间节能减排政策的执行强度可能并不是随机的。例如,高能耗、高排放的重点行业一般而言受到的监管力度也更大。在本章的样本中，电力行业的累积政策执行强度最高也反应了这一问题。为此，本节采用匹配法对前述结论进行进一步的验证。其基本思路是为处理组的每一个个体在对照组中寻找一个或若干个最相似的个体，两者的唯一差别仅在于是否受到了政策处理。因此，两者的差异反映了政策处理的效果。在表6.10的模型（1）—模型（4）中采用倾向得分匹配法估计平均处理效应（ATE），在模型（5）—模型（8）中采用偏差校正匹配法估计样本平均处理效应（SATE）。

倾向得分匹配的估计结果表明，政策执行对节能专利占比的影响显著为正，但对节能专利数量的效应不显著。而经过偏差校正匹配估计后，政策执行对节能专利数量和占比的诱发效应均显著为正。尽管难以从根本上解决政策内生性问题带来的偏误，但通过匹配法对样本选择问题进行处理，表明政策执行对节能专利占比的诱发效果较为稳健。

表6.10　政策执行诱发效果的匹配法估计

处理效应	倾向得分匹配				偏差校正匹配			
	(1)	(2)	(3)	(4)	(5)	(6)	(7)	(8)
	发明	发明占比	实用	实用占比	发明	发明占比	实用	实用占比
ATE	22.2545	0.0005***	−13.4592	0.0004***				
	(28.4195)	(0.0001)	(17.1481)	(0.0001)				
SATE					347.5394***	0.0010***	165.1893***	0.0008***
					(27.0082)	(0.0001)	(19.1021)	(0.0001)
样本	406	406	406	406	406	406	406	406

注：1.模型（1）—模型（4）使用stata psmatch2命令进行估计，采用共同取值范围内的样本，对距离最近的4个个体进行有放回的匹配；倾向得分采用Logit模型估计。这里对多个协变量进行了平衡性检验，最终采用国有资产占比、行业集中度、行业增加值和碳强度。
2.模型（5）—模型（8）使用偏差校正匹配nnmatch命令估计。
3.括号内为标准误；* 表示p<0.10；** 表示p<0.05；*** 表示p<0.010。
资料来源：作者计算。

（二）政策指标的稳健性检验

本章中，"累积政策执行强度"指标采用了加权评分的方法构建。在此过程中,打分和权重设置都可能受主观因素的影响。为此,本书还采用累积政策计数作为政策执行强度的指标进行稳健性检验,即对行业每一年的政策进行简单计数并逐年累加。计数指标尽管不能体现不同政策执行的强度差异,但受主观因素影响相对较小。对表6.4至表6.7采用计数指标重新进行回归,主要变量的结论基本未受影响。

"十三五"时期,中国将面临深化结构改革和狠抓节能减排的双重压力。当前经济增速换档,而减排任务依然艰巨,这就迫切需要为共赢的发展模式寻求新的动力和政策引导。其中,节能减排技术创新不仅是达成减排目标的关键,更是实现绿色发展的重要驱动力。对此,本章针对市场型和命令型两类政策工具的诱发技术创新效应和作用机理进行了实证检验,主要结论如下:

第一,市场型和命令型政策工具均有助于诱发节能减排技术创新,但其诱发效应各有特点。市场型工具存在外溢性,除了节能减排技术创新之外,还有助于其他类别技术创新的共同增长,为企业提供更灵活的选择。命令型工具的诱发效应则对创新含量更高的发明专利更强,并且有赖于政策的有效执行。

第二,政策工具向行业的有效传导是诱发技术创新的前提。因此,在能源采购价格更加市场化的行业,市场型工具更加有效。而由于电煤价格长期受到政策干预,市场型工具对电力行业的诱发效应有限。对命令型工具来说,国有企业是政策落实的主体,但命令型工具因而也存在所有制局限,仅能对国有化程度高的行业产生正的诱发创新效果。

第三,在能源消耗量大、成本难以转嫁的行业更容易产生诱发技术创新效应。但由于行业间能源消耗、需求价格弹性等差异,市场型和命令型政策工具的诱发效果即使是在高耗能行业间也存在异质性。市场型工具对六大高耗能行业的诱发效应均为正,但对钢铁、有色金属行业的效应远远强于其他行业;命令型工具仅对电力和石化行业产生正的诱发效果。

本章的政策含义在于,应充分发挥节能减排政策组合的互补和协同作用,单一政策的诱发技术创新效果存在局限。具体来说：

一是对钢铁、有色金属、建材等产能过剩行业和其他能源采购价格趋于市场化的制造业行业，应逐步以市场型工具为主。中国并未实施碳税政策，拟于2017年启动的碳交易体系即成为具有代表性的市场型政策工具。目前，上述主要高排放行业已确定将被纳入交易体系，这对促进节能减排技术创新具有积极的作用。在能力建设成熟、条件允许的情况下，应逐步纳入其他制造业行业，确立以市场型工具为主的市场调节措施。此外，碳价格对技术创新的激励存在滞后性，并取决于市场对新技术竞争优势的长期预期，因此应避免过度分配排放权配额而造成的碳价格暴跌，并制定碳价格"地板价"等调控机制，更好地发挥市场型工具对这些行业节能减排技术创新的促进作用。

二是对电力、石化等国有化程度高的上游行业，短期内仍应采用命令型工具为主。特别是电力行业尽管已被纳入2017年全国碳交易市场，但仍然有必要采取管控措施。在这些行业中，能耗限额标准、清洁生产标准、行业准入标准等政策措施已对促进节能减排技术创新发挥了积极的作用，下一阶段应继续严格执行现有标准和技术规范，并可研究制定碳排放限额标准，引导技术升级。当然，新一轮电力体制改革的深化有助于增强市场工具的有效性，介时碳市场对电力行业节能减排技术创新的促进作用将得以提高。

三是经济增速换档对于促进节能减排技术创新来说亦是一种机遇。企业一方面面临较低的产品价格，成本转嫁能力减弱，另一方面面对工业去产能、调结构的空前压力。此时，不论是采用市场型还是命令型工具，都将迫使其寻求新的发展方式。当然，在这种经济环境下，如果现实能源价格下跌，则企业能源成本压力减弱，不利于节能减排创新活动。市场型工具尽管能产生积极的诱发创新效果，但不一定能抵消能源价格下跌的负面作用，也需要继续辅之以命令型的政策管控。因此，合理搭配和运用节能减排政策工具，将有助于实现工业去产能和绿色发展的双赢。

第七章　碳定价政策的节能偏向技术进步效应和减排效果

　　以"碳定价"为特征的市场型工具和以管制为特征的命令型工具是促进节能偏向型技术进步的两种政策手段,其作用效果各具特点。进入"十二五"以来,市场型政策工具在中国的节能减排政策体系中被提到了重要的位置。那么,它通过诱发技术进步效应又对中国工业碳强度产生何种影响? 在关于中国的实证研究中,由于历史数据的缺失,这一效应较难被估计。但笔者认为,碳交易、碳税等市场型"碳定价"政策都将产生碳价格,对偏向型技术进步诱发的效果与能源要素价格的诱发效果类似,同样可以借鉴上一章中的碳价格"映射"思想来估计其潜在效应。从现有研究可以得出,能源价格的提高有助于进一步促进能源节约的技术进步,从而对碳强度产生影响。因此,当节能减排政策工具等外生因素促使能源价格提高时,除了直接通过要素替代的作用改变碳强度之外,还将通过诱发节约能源的技术进步改变碳强度,后者的影响效应正是本章关注的问题。对此,本章分别建立能源价格诱发的偏向型技术进步 IV-Probit 模型和偏向型技术进步对碳强度影响的动态面板数据模型,在控制内生性的基础上得到外生能源价格上升对中国工业碳强度影响的弹性系数,并分析价格诱发的偏向型技术进步对中国工业节能减排和碳定价政策的含义。

第一节　碳定价政策概述及中国的实践

一、碳定价政策概述

市场型减排政策工具最重要的特征是将对碳排放制定价格。从经济学的外部性理论来看,污染问题的实质是私人活动带来的负外部性,它将引起社会损害,但如果不进行政策干预,个体则不需要为其支付成本。污染控制的政策则需要对污染制定价格,从而使负外部性问题内部化。这既可以通过控制排放价格,即制定碳税,也可以通过控制排放数量,即建立碳交易市场来实现。前者源自"庇古税"思想,即通过向污染者收税来支付社会损害,从而将外部性问题内部化;而后者源自科斯的"明晰产权"思想。在此基础上,米德(Meade,1972)和阿罗(Arrow,1969)提出创造附加市场可以促使外部性内部化[①],形成了排放权交易初步思想。

碳税和碳交易的优劣之争是环境经济学的经典研究命题。理论上来说,在完全信息和零交易成本的假设下,庇古手段和科斯手段易被证明是等效的,即对受政策覆盖的排放主体来说,一定碳税水平下的排放总量等于设定此排放总量的碳市场形成的排放价格。然而在不完全信息的条件下,价格控制和数量控制的效果并不清晰。[②] 一般认为,碳税在实践中操作更简便,并且有利于形成透明且确定的碳价格。早期温室气体减排实践中碳税也占据了重要的位置,尽管如此,2005 年《京都议定书》生效以来,碳交易体系逐渐成为市场型政策工具中的主流手段(见表 7.1)。这是由碳交易体系的下述几方面优点所致:第一,碳交易

---

① Meade,J.E.,"The Theory of Labour-managed Firms and of Profit Sharing",*Economic Journal*,Vol. 82(1972),pp. 402 – 28;Arrow,J.K,"The Organization of Economic Activity:Issues Pertinent to the Choice of Market versus Non-market Allocation,in The Analysis and Evaluation of Public Expenditures:The PPB System",Vol. 1,Joint Economic Committee,91st US Congress,1st Sessio,Washington,DC:US Government Printing Office,1969.

② 详见 Weitzman(1974)的经典论文:Weitzman,W.,"Prices vs. Quantities",*The Review of Economic Studies*,Vol. 41 No. 4(1974),pp. 477–491。

体系有助于达成确切的排放目标,并且对于实现特定的减排目标来说是一种成本最小的机制,这对各国实现减排目标来说非常实用;第二,碳交易可以促进价格发现,即由市场自发形成政府特定减排目标下的碳价格水平,而碳税则很难确定这一最优税率,通常需要在实践中反复调整;第三,碳交易体系并非税收,因此在政治上更容易获得支持。

表7.1　国际上实施碳税和碳交易的区域

实施碳交易的区域		实施碳税的区域	
区域	启动时间	区域	启动时间
欧盟(EU ETS)	2005 年	芬兰	1990 年
新西兰	2008 年	荷兰	1990 年
瑞士	2008 年	挪威	1991 年
美国东北部(RGGI)	2009 年	瑞典	1991 年
东京都	2010 年	丹麦	1992 年
加州(美国)	2012 年	阿伯塔(加拿大)	2007 年
魁北克(加拿大)	2012 年	魁北克(加拿大)	2007 年
哈萨克斯坦	2012 年	英国	2008 年
中国七省市	2013—2014 年	英属哥伦比亚(加拿大)	2008 年
韩国	2015 年	瑞士	2008 年
安大略(加拿大)	2017 年(计划)	澳大利亚	2012 年(已终止)
中国	2017 年(计划)	日本	2012 年

资料来源:The Clean Revolution,"Carbon Pricing",May,2013,见 http://thecleanrevolution.org/_assets/files/May-Insight-Briefing—Carbon-Pricing.pdf。

二、碳定价政策在中国的实践

中国自 2009 年哥本哈根气候大会以来逐渐开始扮演国际气候谈判的领导者角色。在国内政策方面,亦制定了 2020 年和 2030 年碳减排目标,并最终在碳税和碳交易中选择了后者作为控制温室气体排放增长的政策工具。国家发改委于 2011 年底启动了"两省五市"的碳交易试点筹备工作,要求广东省、湖北省、北京市、天津市、上海市、深圳市、重庆市于 2013 年建成并启动碳市场。最终,七个试点省市在 2013 年至 2014 年间陆续启动了碳交易。中国的碳交易试点整体随即成为覆盖全国 20% 左右碳排放的全球第二大碳交易市场(见图 7.1)。

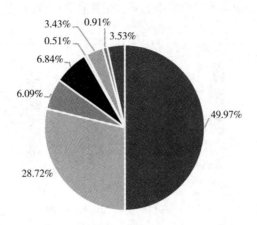

图 7.1　全球碳市场规模比例

资料来源:齐绍洲、程思:《中国碳排放权交易试点比较研究》,见 http://www.brookings.edu/zh-cn/research/papers/2015/08/12-china-carbon-trade。

　　中国的碳交易试点相当于七个分隔的区域性碳市场。由于试点在总量设置、配额分配等制度设计上存在差异,七个市场的碳排放权配额价格(以下简称碳价格)也有较大差别。澳大利亚国立大学和中国碳论坛 2013 年展开了一项关于中国碳价格的调研,根据政府、学界、业界的相关从业人员的回复,认为 2014 年、2016 年和 2018 年碳市场的平均价分别在 30 元/吨、40 元/吨和 55 元/吨左右(ANU&CCF,2013)。① 2013 年开市以来,深圳、广东、北京的碳价格一度维持在 50—80 元的价格区间。但 2014 年以来经济增速换挡,各个试点省市的碳价格普遍呈现下降趋势。北京和深圳的碳价格维持在 40 元左右,其他试点的碳价格则在 10—20 元左右。当然,受投资者的影响,碳价格的市场波动不一定完全反应了排

---

① 该调查由澳大利亚国立大学和中国碳论坛在七个省市碳交易试点启动之前共同完成,搜集了 86 名碳市场专家的看法与预期,其中 45% 来自于碳交易、碳咨询和金融部门等机构。详见 https://ccep.crawford.anu.edu.au/sites/default/files/uploads/ccep_crawford_anu_edu_au/2014-02/ccep1305.pdf。

放权配额的余缺松紧,但履约期①的碳价格则能更好地反应排放企业对配额的真实需求。从履约期碳价格来看,2014 年履约期北京和深圳试点的碳价格较高,分别为 45 元和 53 元,而其他试点省市的碳价格则在 20—30 元左右(见图 7.2)。

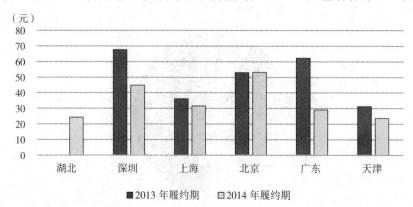

图 7.2 中国碳排放权交易试点省市 2013 年和 2014 年履约期成交均价

资料来源:齐绍洲、程思:《中国碳排放权交易试点比较研究》,见 http://www.brookings.edu/zh-cn/research/papers/2015/08/12-china-carbon-trade。

在七省市试点的实践基础上,中国还计划于 2017 年启动国家层面的碳交易体系。从国家发展与改革委员会已颁布的政策文件和试点经验来看,中国的碳交易市场依然将主要覆盖工业行业的排放源,碳排放主要来自于化石能源燃烧。因此,碳价格可以视为工业行业实际面对的能源价格的外生加价,可以借鉴第六章的"碳映射"思想对"碳定价"政策诱发节能偏向技术进步效应及其减排的潜在效果进行估算。

第二节　识别碳定价政策的节能偏向技术
进步效应和减排效果

"碳定价"相当于能源价格的外生提高。此时,通过诱发节约能源的技术进

---

① 政府主管部门要求纳入碳交易体系的企业等排放主体在每年的特定时期内上缴与考察期排放等量的配额,从而抵消自身的排放量,该时间段称为"履约期"。

步,将通过两条途径对碳强度产生影响,一是对碳强度的直接影响,二是通过改变能源和其他要素比例而对碳强度产生影响。本节旨在建立实证模型,识别碳定价政策通过诱发节能偏向的技术进步,进而降低碳强度的效应。

一、实证模型设定

价格诱发的节约能源技术进步可以降低能源与其他要素的比例,但对碳强度的影响可能为正,也可能为负。可以分别建立诱发技术进步的实证模型和节约能源技术进步对碳强度影响的实证模型,通过前者估计出能源价格上涨对节约能源技术进步影响的弹性系数,后者估计出节约能源技术进步对碳强度影响的弹性系数,二者相乘即可得出诱发的偏向型技术进步对碳强度的影响。在实证中,保证这一链式逻辑成立的条件是在每一环节都确保自变量是外生的,自变量和因变量之间只存在单向因果关系。然而,如前面章节所述,偏向型技术进步、要素价格、碳强度这些变量之间可能存在相互依存的内生关系。因此,在第一环节,本章将采用工具变量法,第二环节采用动态面板数据方法纠正回归结果中的内生性偏误。

(一)价格诱发偏向型技术进步的 IV-Probit 模型

诱发的技术进步理论认为,要素价格可以决定或是改变偏向型技术进步的方向。根据诱发技术进步的假设,能源价格提高将促进节约能源的技术进步,因为能源变成相对昂贵的生产要素,因而促使厂商更多地研发节能技术,从而节约能源的使用。据此,建立要素相对价格对偏向型技术进步影响的实证方程:

$$Ejbias = \beta_{ij0} + \beta_{ij1} \ln w_E / w_j + \beta_{ij2} \ln t + e_{ij}$$

其中,用时间趋势项 $\ln t$ 来控制随时间变化的其他因素对偏向型技术进步的影响,如技术进步的来源、政策因素等。然而,节约能源技术进步的大小难以被直接度量。通过第四章的非参数方法,可以判断技术进步在能源与资本、劳动力和中间品之间的方向,并形成虚拟变量 $EKbias$、$ELbias$ 和 $EMbias$。$EKbias = 1$,则发生了节约能源的技术进步,否则等于 0,$ELbias$ 和 $EMbias$ 同理。因此,可以用这三个虚拟变量作为节约能源技术进步的代理变量,并建立二值响应模型。

令 $Ejbias^*$ 为潜变量:

$$Ejbias_i = \begin{cases} 1, & \text{如果} \quad Ejbias^* > 0 \\ 0, & \text{如果} \quad Ejbias^* \leq 0 \end{cases} \qquad j = K, L, M$$

$$Ejbias^* = \beta_{Ej0} + \beta_{Ej1}\ln w_E/w_j + \beta_{Ej2}\ln t + u_{Ej} \tag{7.1}$$

假定 u_{Ej} 独立于自变量,且服从标准正态分布。由此可推导出 $Ejbias$ 的响应概率:

$$P(Ejbias = 1 \mid z) = G(\beta_{Ej0} + \beta_{Ej1}\ln w_E/w_j + \beta_{Ej2}\ln t)$$

其中,$G(\cdot)$ 为标准正态分布的累积分布函数,z 为自变量矩阵。

同时还可以求出要素相对价格变化对响应概率 $p(z) = P(Ejbias = 1 \mid z)$ 的偏效应:

$$\frac{\partial p(z)}{\partial \ln w_E/w_j} = g(\beta_{Ej0} + z\beta)\beta_{Ej1} \tag{7.2}$$

其中,$g(\cdot)$ 为标准正态分布的概率密度函数。

同时,由于偏向型技术进步将改变要素之间的边际技术替代率,从而改变要素之间的相对价格,因此要素相对价格和偏向型技术进步之间存在联立性,使得模型具有内生性问题。可以通过引入影响能源价格的工具变量来解决内生性偏误。本节采用中国 7 月份和 1 月份的平均气温之差($temp$)和国际布伦特原油价格($brent$)作为能源与其他要素相对价格的工具变量。由于过高的夏季气温或过低的冬季气温会增加空调制冷或供热对能源的需求,因而对能源价格产生压力,国际布伦特原油价格反应国际能源价格对中国能源价格的影响,而中国的能源相对价格对气温则不存在影响,对国际原油价格的影响也较微弱,满足工具变量条件。从而有:

$$\ln w_E/w_j = \pi_{Ej1}\ln temp + \pi_{Ej2}\ln brent + v_{Ej} \tag{7.3}$$

公式(7.1)和公式(7.3)的残差项有 $(u_{Ej}, v_{Ej}) \sim N(0, \Sigma)$,服从多元正态分布。采用极大似然估计可以得到系数的渐进有效估计。

(二)碳强度影响因素方程

工业碳强度等于碳排放与工业增加值的比值,碳排放在数值上又等于能源消耗乘以碳排放系数。由于生产函数反映的是生产投入要素和产出之间的函数关系,因此,在碳排放系数已知的情况下,只要给定能源投入以及能源资本、能源劳动力、能源中间品投入比,就相当于给定了能源强度和碳强度。节约能源的技术进步通过两条途径影响碳强度,一是直接对碳强度产生影响,二是改变要素比例,从而对碳强度产生影响。

中性技术进步并不会改变要素比例,只会同比例增进资本、劳动力、能源、中间品四种投入要素的边际生产率。因此,在投入要素不变的情况下,中性技术进步可以通过提高产出来降低碳强度。

碳强度还受到人均工业增加值的影响。环境库茨涅兹曲线表明,由于经济增长必然伴随着碳排放的增加,人均产出增加的第一阶段将使碳排放增加。然而,随着经济进一步的发展,社会对环境保护的意识增强,碳强度将进而随着人均产出的增加而下降,呈现倒 U 型曲线关系。碳强度反映的是碳排放的产出效率,随着工业人均增加值的提高,预期碳强度会下降。

除此之外,由于经济系统自身的惯性,在模型中还引入碳强度的一阶滞后项来控制上一期碳强度对本期碳强度的影响。考虑到碳强度还受到其他时间非观测效应的影响,为节约自由度,参照大部分现有研究,采用时间趋势项代替年度虚拟变量来控制政策等时变因素的影响。

因此,碳强度影响因素方程如下:

$$\ln CI_{it} = \varphi_0 + \varphi_1 \ln CI_{it-1} + \varphi_3 fEKbias_{it} + \varphi_4 fELbias_{it} + \varphi_5 fEMbias_{it} +$$
$$X'_{it}\omega + \mu_i + \upsilon_t + \varepsilon_{it} \tag{7.4}$$

其中,$fEKbias$、$fELbias$ 和 $fEMbias$ 为 IV-Probit 模型拟合的 $EKbias = 1$、$ELbias = 1$ 和 $EMbias = 1$ 的响应概率。由于 $EKbias$、$ELbias$ 和 $EMbias$ 为虚拟变量,因此如果将碳强度对这些变量进行回归,其系数表示的是当其等于 1 时的碳强度相对于等于 0 时碳强度的差值,而 IV-Probit 模型估计的系数是要素相对价格变化对响应概率的影响,两个模型的系数解释有所不同。而如果采用虚拟变量拟合的响应概率作为动态面板模型的因变量,则可以将 IV-Probit 模型估计的要素价格变化对偏向型技术进步影响的系数和动态面板模型估计的偏向型技术进步对碳强度影响的系数相乘,得到价格诱发的偏向型技术进步对碳强度的影响。此外,控制变量包括:MA、EFF 分别表示的是由第三章计算的中性技术进步指数和技术效率变化指数；y_i 表示的是行业人均增加值；ef 是行业二氧化碳排放系数，表示的是行业能源结构的变化。[①]

二、估计方法

本节分别建立价格诱发的偏向型技术进步 IV-Probit 模型和偏向型技术进步对碳强度影响的动态面板模型，IV-Probit 模型采用极大似然估计，动态面板模型可以采用差分 GMM 和系统 GMM 方法进行估计。

（一）IV-Probit 估计方法

IV-Probit 模型可以采用极大似然法或者纽维（Newey，1987）提出的两步法进行估计。然而后者估计的是内生变量对潜变量影响的系数，与极大似然法估计的系数不可比且较难解释（Wooldridge，2002）。[②] 尽管当模型中存在多个内生变量时，极大似然法较难收敛，此时两步法具有优势，但本节建立的 IV-Probit 模型仅存在一个内生变量，因此采用极大似然法进行估计。

当存在一个内生变量时，观测值 i 的极大似然值为：

$$\ln L_i = w_i [Ejbias_i \ln\Phi(m_i) + (1 - Ejbias_i \ln\{1 - \Phi(m_i)\} + \ln\varphi\left(\frac{\ln w_{Ei}/w_{ji} - \pi_1 \ln temp_i - \pi_2 \ln brent_i}{\sigma}\right) - \ln\sigma]$$

---

① 方程(7.4)中并未包括要素相对价格。实际上，要素相对价格的变化会通过两种渠道影响碳强度，一是改变技术进步的偏向。二是要素替代作用。前者改变了生产函数，而后者是沿着生产函数的移动。然而，正如 Leon-Ledesma 等（2010）指出，一般在计量模型中很难同时识别出偏向型技术进步的效应和要素替代效应。（详见 Leon-Ledesma, M.A., P.McAdam and A.Willman, "Identifying the Elasticity of Substitution with Biased Technical Change", *The American Economic Review*, Vol. 100 No. 4(2010), pp. 1330–1357.）在方程(7.4)中，由于 *fEKbias*、*fELbias* 和 *fEMbias* 为 IV-Probit 模型拟合的响应概率，它们和要素相对价格变量是高度相关的，如果继续在第二步的方程中添加要素相对价格，则存在高度共线性，无法估计。因此，这里舍弃要素相对价格的变量，要素替代效应就相当于遗漏变量进入残差项，也会引起模型的内生性问题。然而，本章将采用动态面板数据模型的 GMM 估计方法，该方法也可以消除由于遗漏变量带来的内生性偏误。因此，尽管这里无法估计出要素替代作用对碳强度的影响，但可以估计出诱发的偏向型技术进步对碳强度的影响，而后者才是本书的关注点。

② Wooldridge, J.M., *Econometric Analysis of Cross Section and Panel Data*, Cambridge, MA: MIT Press, 2002.

其中：

$$m_i = \frac{\beta_0 + \beta_1 \ln w_{Ei}/w_{ji} + \beta_2 \ln t + \rho(\ln w_{Ei}/w_{ji} - \pi_1 \ln temp_i - \pi_2 \ln brent_i)/\sigma}{(1 - \rho^2)^{\frac{1}{2}}}$$

$\Phi(\cdot)$ 和 $\varphi(\cdot)$ 分别是标准正态分布的累计分布函数和概率密度函数；σ 是 v_i 的标准差；ρ 是 u_i 和 v_i 之间的相关系数；w_i 是观测值的权重调整系数。通过估计并计算 σ 和 ρ 即可得到系数估计。

（二）动态面板数据估计方法

偏向型技术进步可以通过直接作用和改变要素比例的间接作用来影响碳强度。碳强度对偏向型技术进步的影响，尽管不明显，但也可能存在反向因果关系，如碳强度提高会促使节能减排意识增强，从而促进节约能源的技术进步，或者两者受到某些因素的共同作用，如要素相对价格等。此外，方程中依然会存在由于遗漏变量、测量误差等原因带来内生性问题。因此，需要对方程（7.4）采用动态面板模型的 GMM 方法进行估计以消除内生性问题。将方程（7.4）进行一阶差分得到：

$$\Delta \ln CI_{it} = \varphi_0 + \varphi_1 \Delta \ln CI_{it-1} + \varphi_{3\ it} \Delta fEKbias_{it} + \varphi_4 \Delta fELbias_{it} + \varphi_5 \Delta fEMbias_{it} +$$
$$\Delta X'_{it} \boldsymbol{\omega} + \Delta v_t + \Delta \varepsilon_{it} \tag{7.5}$$

对方程（7.4）进行差分 GMM 估计以控制变量内生性的问题。差分 GMM 可以消除不随时间变化的非观测效应，从而部分解决了遗漏变量的问题，并能通过差分弱化反向因果关系。与本书第四章类似，上述模型同样需要满足两个条件：一是残差项的一阶差分 $\Delta \varepsilon_{it}$ 与所有解释变量的二阶（及以上）滞后项均不相关；二是差分方程的残差项不存在二阶序列相关。[1]

三、指标选取

本节采用中国工业 36 个行业 1999—2011 年的面板数据进行回归。[2] 所需

---

[1] 更多关于动态面板模型和 GMM 估计的描述参见本文第四章。

[2] 本书的原始数据为 1999—2011 年，但由于第三章偏向型技术进步指数度量的是相邻两个年份之间的技术变化，因此从 2000 年开始才能判别偏向型技术进步的方向。

用的指标包括表征偏向型技术进步方向的虚拟变量,能源与资本、劳动力、中间品之间相对价格和要素比。具体的指标构建和数据来源如下:

(一)偏向型技术进步指标

偏向型技术进步指标包括三个表征节约能源技术进步的虚拟变量 $EKbias$、$ELbias$ 和 $EMbias$。与第三章中相同,它们是依据 IBTECH 指数构建的。$EKbias = 1$ 则表示技术进步在能源和资本之间节约能源,$EKbias = 0$ 表示技术进步在能源和资本之间节约资本,或者为中性。同理,$ELbias$ 和 $EMbias$ 分别表示技术进步在能源和劳动力、能源和中间品之间的偏向,如果节约能源则取 1,否则取 0。

(二)要素相对价格

同样,与三个偏向型技术进步指标相对应,构造三个要素相对价格指标,即能源资本相对价格、能源劳动力相对价格和能源中间品相对价格 w_E/w_K、w_E/w_L 和 w_E/w_M,要素价格的计算方法与第四章相同。该指标反映的是要素价格的相对累计增长率。

(三)控制变量

本节引入全国冬夏温差 $tempgap$ 和国际布伦特原油价格 $brent$ 作为要素相对价格影响因素方程的外生控制变量。全国冬夏温差 $tempgap$ 为全国 7 月和 1 月平均气温之差,反应的是每年夏天高温和/或冬天低温的情况。此外,国内能源价格还受国际能源价格的影响,用布伦特原油价格表示。

引入中性技术进步、技术效率变化、人均行业增加值、碳排放系数变化作为碳强度影响因素方程的控制变量。中性技术进步 MA、技术效率变化 EFF 等于本书第三章计算出的中性技术进步指数 MATECH 和技术效率变化指数 $EFFCH$。人均行业增加值 y 等于行业增加值除以行业从业人数。ef 是第四章计算的行业二氧化碳排放系数,表示的是行业能源结构的变化。变量 rd、$hfdi$、$ffdi$、$bfdi$ 同样来自第四章,分别表示行业的人均 R&D、FDI 的水平溢出、前向溢出和后向溢出效应。

以上数据来自于历年《中国统计年鉴》《中国能源统计年鉴》《中国物价年鉴》《中国劳动统计年鉴》《中国投入产出表》和 *BP Energy Outlook*。表 7.2 给出了相关变量的描述性统计。

表 7.2　价格诱发有偏技术进步计量模型相关变量的描述性统计

变量	指标说明	单位	平均值	标准差	最小值	最大值	样本数
CI	碳强度	万吨/亿元	5.6451	11.2007	0.0288	66.1009	432
$EKbias$	技术进步在能源和资本之间的偏向	—	0.6181	0.4864	0.0000	1.0000	432
$ELbias$	技术进步在能源和劳动力之间的偏向	—	0.3681	0.4828	0.0000	1.0000	432
$EMbias$	技术进步在能源和中间品之间的偏向	—	0.8495	0.3579	0.0000	1.0000	432
w_E/w_K	能源资本相对价格	—	1.4475	0.2875	0.9980	2.7346	432
w_E/w_L	能源劳动力相对价格	—	0.8511	0.1694	0.3971	1.3972	432
w_E/w_M	能源中间品相对价格	—	1.3956	0.3275	0.6898	2.4504	432
$tempgap$	7 月与 1 月平均温差	摄氏度	25.8119	1.4257	23.0206	28.9548	432
$brent$	布伦特原油价格	—	57.2333	28.0818	24.4400	111.2600	432
y	人均工业增加值	亿元	12.7271	19.2941	1.4963	198.1634	432

第三节　节能偏向技术进步对碳定价政策减排效果的贡献

一、实证结果

（一）价格诱发偏向型技术进步的 IV-Probit 模型回归结果

本节首先对能源和资本、能源和劳动力、能源和中间品三对要素建立价格诱发的有偏技术进步 IV-Probit 模型,用极大似然法进行估计,并对残差的行业组间异方差进行了修正。同时,本节也采用面板 IV 的线性概率模型(IV-LPM)进行了估计。表 7.3 报告了估计结果。总体而言,IV-Probit 模型的估计结果明显好于 IV-LPM 模型,因为 Probit 模型对拟合概率的上下值进行了限定,能够比线性概率模型更好地拟合二值因变量的情景。从 Wald 检验结果来看,IV-Probit 模型中,$EKbias$ 和 $\ln w_E/w_K$ 之间、$ELbias$ 和 $\ln w_E/w_L$ 之间存在明显的内生性,而 $EMbias$ 和 $\ln w_E/w_M$ 之间的内生性不显著;而 IV-LPM 模型中 $ELbias$ 和 $\ln w_E/w_L$ 之间未通过内生性检验,且回归系数不显著,而 $EMbias$ 和 $\ln w_E/w_M$ 之间存在内生性,且回归结果与 IV-Probt 模型非常接近。[①] 故下文采用 IV-Probit 模型的回归结果进行分析。回归系数显示,节约能源的技术进步存在明显的价格诱发特征,与理论预期相一致。能源资本相对价格、能源劳动力相对价格和能源中间品相对价格的提高均能分别提高 $EKbias=1$、$ELbias=1$ 和 $EMbias=1$ 的响应概率,且系数均在 1% 的水平上显著,说明能源相对价格的提高能显著增加节约能源技术进步的可能性。

然而,表 7.3 报告的系数并非要素相对价格对节约能源技术进步响应概率的偏效应,还需根据公式(7.2)求出 $\ln w_E/w_j$ 对 $P(Ejbias=1)$ 的平均处理效应(见表 7.4)。由于因变量为概率值,自变量为要素相对价格的对数形式,因此平均处理效应的数值为半弹性。结果显示,$\ln w_E/w_K$ 每上升 1%,$EKbias=1$ 的概率将上升 1.008 个百分点;$\ln w_E/w_L$ 每上升 1%,$ELbias=1$ 的概率将上升 1.666 个百分点;$\ln w_E/w_M$ 每上升 1%,$EMbias=1$ 的概率将上升 0.432 个百分点。

要素相对价格对工具变量的回归也得出了较为显著的结果。首先,全国 7 月和 1 月平均温差 $temp$ 每上升 1%,能源资本相对价格将下降 0.002%,能源劳动力相对价格将下降 0.266%,能源中间品相对价格将下降 0.472%,且后两者在 1% 水平上显著。这一结果似乎与预期不符。然而,如果某年冬夏均出现极

---

① 直接比较 IV-LPM 和 IV-Probit 模型第二阶段的回归系数是没有意义的,因为 Probit 的回归系数还要经过概率分布假设的调整。因此本章在表 6.3 中计算了两个模型结果的偏弹性。经比较,$\ln w_E/w_K$ 对 $P(EKbias=1)$ 的平均处理效应和 $\ln w_E/w_M$ 对 $P(EMbias=1)$ 的平均处理效应结果基本一致,IV-LPM 模型中 $\ln w_E/w_L$ 对 $P(ELbias=1)$ 的平均处理效应没有得到显著的结果,而 IV-Probit 模型结果显著。

端高温,而第二年冬夏气温均恢复正常值,冬夏温差的绝对值依然有可能上升,这种情况下对能源的需求可能反而减弱,从而降低能源价格。此外,由于冬夏温差一定不会受到能源相对价格的影响,具有严格外生性,因此只要其回归系数显著,就是一个好的工具变量。另一个工具变量 lnbrent 系数在三个方程中均显著为正,说明国际布伦特原油价格的上涨会推高国内能源相对价格,与预期相一致。

表 7.3　价格诱发有偏技术进步的 IV-Probit 模型估计结果

有偏技术进步对要素价格的回归结果					
	IV-LPM 模型			IV-Probit 模型		
因变量	EKbias	ELbias	EMbias	EKbias	ELbias	EMbias
$\ln w_E/w_K$	2.218**			5.367***		
	(0.930)			(1.385)		
$\ln w_E/w_L$		9.588			5.585***	
		(7.760)			(0.686)	
$\ln w_E/w_M$			0.350**			1.983***
			(0.149)			(0.658)
$\ln t$	−0.302	1.981		−0.759*	1.154***	
	(0.239)	(1.516)		(0.423)	(0.178)	
常数	0.405***	−1.603	0.742***	−0.183	−1.224***	0.528***
	(0.143)	(1.449)	(0.053)	(0.338)	(0.208)	(0.203)
要素相对价格对工具变量的回归结果						
因变量	$\ln w_E/w_K$	$\ln w_E/w_L$	$\ln w_E/w_M$	$\ln w_E/w_K$	$\ln w_E/w_L$	$\ln w_E/w_M$
lntemp	0.039	−0.258	−0.473***	−0.002	−0.266***	−0.472***
	(0.403)	(0.233)	(0.151)	(0.069)	(0.060)	(0.049)
lnbrent	0.106***	0.063	0.226***	0.113***	0.061***	0.226***
	(0.033)	(0.054)	(0.016)	(0.014)	(0.014)	(0.027)
lnt	0.163***	−0.241***		0.159***	−0.239***	
	(0.027)	(0.044)		(0.016)	(0.022)	
常数	−0.499	0.859	0.958**	−0.384*	0.890***	0.955***
	(0.403)	(0.664)	(0.463)	(0.213)	(0.166)	(0.140)

续表

有偏技术进步对要素价格的回归结果					
Wald test p	0.000	0.345	0.019	0.009	0.000	0.965
样本	432	432	432	432	432	432

注:括号内为调整了行业组间异方差的稳健标准误,*、**、*** 分别表示在 10%、5%和 1%水平上显著。
Wald test p 为 Wald 检验的 p 值。

表 7.4 要素相对价格对有偏技术进步影响的平均处理效应

自变量	因变量	平均处理效应	
		IV-LPM 模型	IV-Probit 模型
$\ln w_E/w_K$	P($EKbias=1$)	1.268*	1.008***
$\ln w_E/w_L$	P($ELbias=1$)	9.587	1.666***
$\ln w_E/w_M$	P($EMbias=1$)	0.350**	0.423***

注:*、**、*** 分别表示在 10%、5%和 1%水平上显著。

(二)偏向型技术进步对碳强度影响的面板数据模型回归结果

IV-Probit 模型考察了能源相对价格每提高 1%,可以诱发节约能源的技术进步概率提高的百分点。在此基础上,分别拟合出 $EKbias=1$、$ELbias=1$ 和 $EMbias=1$ 的响应概率 $fEKbias$、$fELbias$ 和 $fEMbias$ 进行第二步分析,建立面板数据模型考察节约能源的技术进步概率提高对碳强度的影响。为消除不随时间变化的行业效应,首先采用固定效应面板数据模型进行回归。然而,由于碳强度和节约能源技术进步之间可能存在内生关系,因此建立动态面板数据模型,分别采用差分 GMM 和系统 GMM 进行估计。

固定效应模型中 $\ln CI_{t-1}$ 为前定变量,$fEKbias$、$fELias$、$fEMbias$、$\ln MA$、$\ln y$、$\ln t$ 均为外生变量;在动态面板数据模型中,前定变量为 $\ln CI_{t-1}$,内生变量为 $fEKbias$、$fELias$、$\ln MA$、$\ln EFF$、$\ln y$、$\ln ef$,其余为外生变量[①];前定变量的一阶及更

---

① 根据第一步 IV-Probit 模型的回归结果,$fEMbias$ 的内生性并不显著。

高阶的滞后项为工具变量,内生变量的两阶及更高阶的滞后项为工具变量,同时引入外部工具变量 ln$temp$ 和 ln$brent$。

不论是静态面板数据的固定效应模型还是动态面板数据模型,回归结果均显示,技术进步在能源和资本、劳动力、中间品之间节约能源概率的升高有助于降低碳强度;中性技术进步和技术效率的改进可以降低碳强度;碳强度的滞后一阶对当期值的影响显著为正;碳排放系数的系数为正,即能源结构恶化会提高碳强度;人均增加值和时间趋势对碳强度影响显著为负。固定效应模型的拟合优度达 0.965。差分 GMM 和系统 GMM 估计的 AR 检验显示其扰动项存在一阶自相关,但不存在二阶自相关,Hansen 检验显示工具变量是有效的,从而差分 GMM 和系统 GMM 的估计是有效的。在控制了内生性问题之后,相关变量的回归系数均显著。考虑到系统 GMM 相比差分 GMM 可以提高估计的有效性,因此采用系统 GMM 的回归结果展开分析。

$fEKbias$、$fELias$、$fEMbias$ 回归系数为半弹性形式。结果显示:技术进步在能源和资本之间节约能源的概率 $fEKbias$ 每提高 1 个百分点,碳强度将下降 0.117%;技术进步在能源和劳动力之间节约能源的概率 $fELbias$ 每提高 1 个百分点,碳强度将下降 0.125%;技术进步在能源和中间品之间节约能源的概率 $fEMbias$ 每提高 1 个百分点,碳强度将下降 0.318%。

系统 GMM 估计同时也给出了其他控制变量系数的显著估计量:首先,中性技术进步和技术效率改进有助于降低工业碳强度,中性技术进步指数 MATECH 每提高 1%,碳强度将下降 0.058%;技术效率变化指数 EFFCH 每提高 1%,碳强度将下降 0.104%。其次,碳强度对自身过去的轨迹存在很强的路径依赖,其滞后一期每提高 1% 将使当期值提高 0.392%。第三,行业人均增加值的提高有助于降低碳强度,人均增加值每提高 1%,碳强度将下降 0.525%,说明随着行业人均增加值的提高,节能减排意识得到增强,从而促使碳强度下降。第四,能源结构恶化将提高工业碳强度,碳排放系数每提高 1%,碳强度将上升 0.907%。

表 7.5　有偏技术进步对碳强度影响的面板数据模型回归结果

	模型 1	模型 2	模型 3
	FE	diff-GMM	sys-GMM
$fEKbias$	−0. 1280 **	−0. 1190 *	−0. 1170 *
	(0. 0644)	(0. 0592)	(0. 0598)
$fELbias$	−0. 1190 **	−0. 1520 ***	−0. 1250 ***
	(0. 0515)	(0. 0378)	(0. 0414)
$fEMbias$	−0. 2610 *	−0. 2640 ***	−0. 3180 ***
	(0. 149)	(0. 0790)	(0. 0962)
$\ln MA$	−0. 1080 **	−0. 0425 *	−0. 0557 *
	(0. 0439)	(0. 0245)	(0. 0293)
$\ln EFF$	−0. 0824 ***	−0. 1070 ***	−0. 1040 ***
	(0. 0290)	(0. 0235)	(0. 0252)
$\ln CI_{t-1}$	0. 4820 ***	0. 3870 ***	0. 3920 ***
	(0. 0281)	(0. 0292)	(0. 0302)
$\ln y$	−0. 4220 ***	−0. 5210 ***	−0. 5250 ***
	(0. 0418)	(0. 0302)	(0. 0297)
$\ln ef$	0. 7550 ***	0. 9170 ***	0. 9070 ***
	(0. 0443)	(0. 0356)	(0. 0362)
$\ln t$	0. 0746 **	0. 1010 ***	0. 1060 ***
	(0. 0371)	(0. 0268)	(0. 0309)
常数	5. 1340 ***		6. 2810 ***
	(0. 4700)		(0. 368)
R^2	0. 965		
AR(1)		0. 002	0. 003
AR(2)		0. 738	0. 793
Hansen		1. 000	1. 000
样本	396	360	396

注:回归系数括号中为稳健标准误,AR、Hansen test 和 F 统计量分别报告 prob>z、prob>z 和 prob>F(chiz)
的值;*、**、*** 分别表示 10%、5%和 1%水平上显著;在 GMM 估计中,前定变量为 $\ln CI_{t-1}$,内生变量
为 $fEKbias$、$fELias$、$\ln MA$、$\ln EFF$、$\ln y$,其余为外生变量;前定变量的一阶及更高阶的滞后项为工具变
量,内生变量的两阶及更高阶的滞后项为工具变量,同时引入外部工具变量 $\ln temp$ 和 $\ln brent$。

二、实证结果分析

第四章的实证结果显示,当技术进步在能源和资本之间、能源和劳动力、能源和中间品之间节约能源时,将促使碳强度下降。第六章则指出,政策工具有助于诱发节能减排技术创新。本章进一步研究了碳定价等政策导致的能源价格外生上升对节约能源技术进步的诱发作用,并揭示有偏技术进步对碳强度的影响渠道,从而考察价格诱发的有偏技术进步如何影响工业碳强度。实证研究表明,外生因素导致的能源相对价格上升可以诱发节约能源的技术进步,而针对不同的要素组合,节约能源的技术进步又将降低碳强度的影响效应。本节将在上文 IV-Probit 模型和动态面板数据模型的回归结果的基础上,计算价格诱发的有偏技术进步对碳强度的影响。

(一)价格诱发的技术进步对碳强度的影响

能源与其他要素相对价格的提高均有助于提高技术进步节约能源的概率。根据表 7.4 计算的平均处理效应,w_E/w_K、w_E/w_L 和 w_E/w_M 每提高 1%,技术进步在能源和资本、能源和劳动力、能源和中间品之间节约能源的概率就分别提高 1.008 个百分点、1.666 个百分点和 0.423 个百分点。同时,由动态面板数据模型的估计结果可知,技术进步在能源和资本之间节约能源的概率每提高 1 个百分点,碳强度将下降 0.117%;技术进步在能源和劳动力之间节约能源的概率每提高 1 个百分点,碳强度将下降 0.125%;技术进步在能源和中间品之间节约能源的概率每提高 1 个百分点,碳强度将下降 0.318%。由此可以计算出外生因素导致能源相对价格提高对碳强度影响的弹性系数:能源资本相对价格每提高 1%,通过诱发节约能源技术进步将使碳强度下降 0.118%(= 1.008×0.117%);能源劳动力相对价格每提高 1%,通过诱发节约能源技术进步将使碳强度降低 0.208%(= 1.666×0.125%);能源中间品相对价格每提高 1%,通过诱发节约能源技术进步将使碳强度降低 0.135%(= 0.432×0.318%)。因此,在资本、劳动力和中间品价格保持不变的情况下,能源价格每提高 1%,将通过诱发节约能源技术进步促使碳强度下降0.461%。

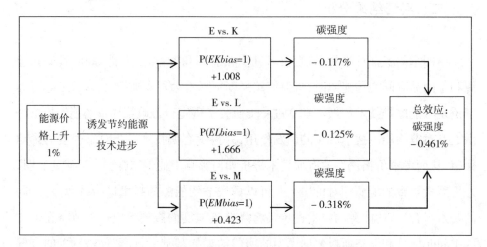

图7.3 诱发的偏向型技术进步对碳强度的影响

注:图中数据为本章计算结果整理所得。

(二)1999—2011年价格诱发技术进步对中国工业碳强度的影响

过去数十年,中国一直在经历能源价格非管制化的过程,从工业平均要素相对价格在1999—2011年的变化趋势来看,能源资本和能源中间品的相对价格有显著的上升,而能源劳动力相对价格则随时间下降,鉴于这一时期同时也是中国劳动力要素丰裕度下降,甚至逼近刘易斯拐点的时期,能源劳动力相对价格下降是劳动力价格上升更快的结果。由这一要素相对价格趋势来看,1999—2011年期间,在能源、资本和中间品之间有助于诱发节约能源技术进步,这将降低碳强度。在能源和劳动力之间有助于诱发的节约劳动力技术进步,不利于碳强度的降低。具体来说,1999—2011年能源资本相对价格上升了55.36%,将促使碳强度下降6.53%;能源劳动力相对价格下降了31.76%,将导致碳强度上升6.61%;能源中间品价格下降了48.20%,将促使碳强度下降6.48%。价格诱发的偏向型技术进步在这一时期的总效应是导致碳强度下降6.40%。因此,尽管能源价格的上升通过诱发技术进步对碳强度的影响是多方面的,但总体而言在2011年以前有利于碳强度下降。这也说明,提高能源价格从而诱发节约能源技术进步,发挥其减排效应存在较大潜力。

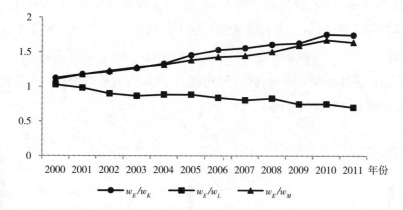

图7.4 中国工业能源与资本、劳动力和中间品的相对价格

注:图中数据为作者根据《中国统计年鉴》、《中国劳动统计年鉴》、《中国物价统计年鉴》计算整理。

(三)碳价格对节约能源技术进步的诱发及其对碳强度的影响

市场化的碳减排手段,如碳税、碳交易等政策工具通过给碳排放定价,可以将减排的社会成本内部化,从而实现一定的减排目标。一般认为,碳价格会增加排放二氧化碳的成本,从而达到促进减排的目的。而本章的研究则可以揭示,碳价格在工业行业可以通过诱发节约能源技术进步来促使碳强度的下降。

由于工业二氧化碳排放绝大部分来自于能源消费,因此碳价格相当于在目前能源价格之上外生增加一部分加价。假设碳价格为 p,则对应的能源价格(每单位标准煤)加价可近似看做碳价格和标准煤排放系数的乘积:$\Delta w_E = p \cdot ef$。根据 2012 年和 2013 年各行业的综合能源价格,可以推算出不同的碳价格情景将导致行业能源价格相对 2013 年上涨的百分比,从而估算出碳价格通过诱发节约能源技术进步对碳强度的影响。根据本章的实证结论,当碳价格为 50 元/吨时,在其他条件不变的情况下,通过诱发节约能源技术进步将使工业碳强度降低 2.77%;当碳价格为 20 元/吨时,该效应为 1.11%;碳价格每提高 1 元/吨时,可以通过诱发节约能源技术进步使工业碳强度降低 0.055%。这一影响效应在不同的工业行业之间存在较大的差异(见图7.5 和图7.6)。碳价格通过诱发技术进步对碳强度下降的贡献作用在 G01 煤炭采选业、G18 石油加工炼焦及核燃料加工业、G34 电力、热力的生产和供应业三个行业最强：当碳价格为 50 元/吨时，通过诱发技术进步，这三个行业碳强度的下降幅度均超过 4%；当碳价格为 20元/吨时，这三个行业的碳强度下降幅度也将超过 1.6%。而在影响最小的 G04有色金属矿采选业和 G36 水的生产和供应业，50 元/吨的碳价格仅会分别导致碳强度下降 0.27% 和 0.11%。

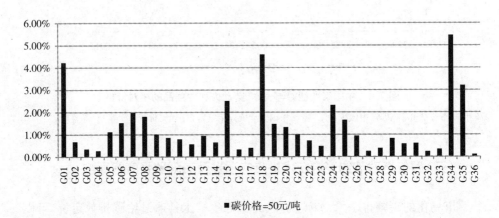

图 7.5　50 元/吨的碳价格诱发节约能源技术进步对工业行业碳强度下降的贡献
注：图中数据为本章计算结果整理所得。

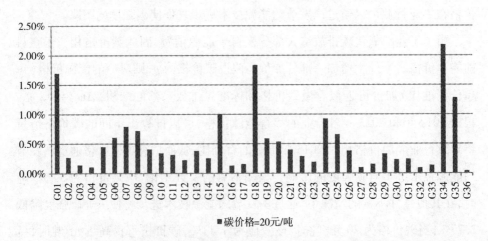

图 7.6　20 元/吨的碳价格诱发节约能源技术进步对工业行业碳强度下降的贡献
注：图中数据为本章计算结果整理所得。

第六章的实证分析发现,市场型和命令型两种政策工具对不同行业诱发节能减排技术创新的效果有所区别。对于石化和电力行业来说,政策管控效果更强。但第六章和本章的结论并不存在矛盾之处。首先,第六章也指出,价格工具对所有行业诱发节能减排技术创新的作用均显著为正,只是对石化和电力行业的诱发作用并没有强于其他行业。其次,在这里碳价格效应的行业异质性主要是由行业能源结构的差异引起的。由于电力、石化行业大量消耗高排放的化石能源,单位碳价格相当于更大的能源价格加价,从而产生更强的诱发技术进步效应并促进碳强度下降。可见,对于密集使用化石燃料的高排放行业来说,碳定价政策的诱发技术进步效应更强,并能带来碳强度更大幅度的下降。

以"碳定价"为特征的市场型减排政策工具已在中国的节能减排政策体系中被提到了重要的位置。这类工具既包括控制价格的碳税,也包括控制排放数量的碳交易政策。而即使是后者,也将通过市场机制形成碳排放权价格。由于工业碳排放主要来自于化石能源消耗,因此碳价格可以视为能源价格的外生加价。根据前述章节的论述,将有助于诱发节能偏向的技术进步,进而降低碳强度。本章即度量碳定价政策通过这一影响链条,对中国工业碳强度产生的潜在影响。

施加碳定价政策类似于能源要素价格的外生上涨。除了产生要素替代效应之外,由于能源变得更加昂贵,此举将有助于诱发节约能源的技术进步,产生更大的节能减排效应。从中国工业历史数据来看,是否已发生了价格诱发的节约能源技术进步? 诱发技术进步对碳强度又将产生怎样的影响? 这可以对碳定价政策的潜在效果估算提供经验参考。本章通过理论和实证分析得出,外生因素导致的能源价格提高有助于诱发节约能源的技术进步,整体而言也将有助于降低碳强度。具体而言,本章的实证结论发现:

第一,中国工业行业技术进步的方向存在明显的价格诱发效应,能源相对价格的外生提高有助于诱发节约能源的技术进步。能源资本相对价格、能源劳动力相对价格和能源中间品相对价格每提高 1%,技术进步在能源和资本、能源和劳动力、能源和中间品之间节约能源的概率就分别提高 1. 008 个百分点、1. 666 个百分点和 0. 423 个百分点。

第二,节约能源的技术进步通过改变不同要素组合之间的比例可以降低碳强度,从而使得能源价格提高的总体效应有助于降低碳强度。在资本、劳动力和中间品价格保持不变的情况下,能源价格每提高 1%,将通过诱发节约能源技术进步促使碳强度下降 0. 461%。其中,能源资本相对价格每提高 1%,通过诱发节约能源技术进步将使碳强度下降 0. 118%;能源劳动力相对价格每提高 1%,通过诱发节约能源技术进步将使碳强度降低 0. 208%;能源中间品相对价格每提高 1%,通过诱发节约能源技术进步将使碳强度降低 0. 135%。

本章是第四章研究的溯源,也是第六章研究结论的拓展。第四章指出,节约能源的偏向型技术进步对降低中国工业碳强度有着重要的作用,第六章则指出以“碳定价”为特征的市场型工具和以政府管制为特征的命令型工具均可以诱发这种节约能源的技术创新。而本章则进一步指出,碳定价作为一种重要的政策工具,其政策效果类似于外生的能源要素价格上升,可以诱发节约能源的技术进步,这种诱发的技术进步效应可以促进碳强度下降。由于工业二氧化碳排放绝大部分来自于能源消费,碳价格在工业行业可以通过诱发节约能源技术进步来促使碳强度的下降。当碳价格为 50 元/吨时,在其他条件不变的情况下,可以通过诱发节约能源技术进步使工业碳强度降低 2. 77%;当碳价格为 20 元/吨时,这一效应为 1. 11%;碳价格每提高 1 元/吨时,可以通过诱发节约能源技术进步使工业碳强度降低 0. 055%。这一影响效应在不同的工业行业之间存在较大的差异,对于密集使用化石能源的行业,碳定价所对应的能源价格加价更高,因而诱发技术进步效应和促进碳强度下降效应更强。因此,诱发技术进步是碳税、碳交易等市场化减排政策工具促进碳强度下降的重要渠道之一。

第八章 结论和政策建议

2030 年以前,在应对气候变化领域中国将依然采用碳强度目标。工业是中国最主要的碳排放部门。促进技术进步,从而降低工业碳强度对实现中国的减排目标至关重要,因此亟须立足中国的理论和实证研究为有效实施减排政策提供参考和依据。然而,工业碳排放主要来自于化石能源的消耗,现有相关研究往往忽略了能源作为一种生产投入要素与其他要素之间的相互关系。将能源视为一种生产投入要素时,技术进步可以通过两种途径对碳强度产生影响,一是同比例增进不同要素的边际生产率,从而降低碳强度,称之为中性技术进步;二是改变能源和其他要素之间的边际替代率,从而改变能源和其他要素的使用比例,即偏向型技术进步。其中,如果技术进步的偏向是节约能源的,那么它对与能源消耗密切相关的中国工业碳排放和碳强度都具有重要的意义。本书正是基于这一视角研究偏向型技术进步对中国工业碳强度的影响,并深入分析哪些因素和政策可以引起中国工业的偏向型技术进步,并进而促使碳强度降低。作为结束章节,首先将回顾全书前述章节得出的主要结论,并结合研究成果,为降低中国工业碳强度的减排政策、科技政策、贸易政策和外资政策提出相关建议。

第一节　主要结论

为了探讨偏向型技术进步对中国工业碳强度的影响,本书在回顾相关理论及初步梳理中国工业数据的趋势之后,分四个层次展开了研究。一是中国工业行业技术进步偏向的判断。对此,第三章采用 DEA 方法计算出中国工业偏向型技术进步的 IBTECH 指数,考察偏向型技术进步对中国工业全要素生产率的作用,并判断技术进步的方向。二是偏向型技术进步对中国工业碳强度影响效应的测度和估计。在第三章构建的 IBTECH 指数基础上,第四章通过 DEA 分解、处理效应模型和动态面板数据方法,考察偏向型技术进步对中国工业碳强度下降的贡献。三是偏向型技术进步的不同来源及影响。第五章构建包含不同来源偏向型技术进步的超越对数成本函数模型,考察 R&D、贸易和 FDI 的技术溢出等不同来源技术进步的不同要素偏向及其对碳强度的影响。四是对促进中国工业行业节能减排偏向型技术进步的政策工具进行考察。第六章利用行业专利和政策执行的面板数据,实证检验了市场型和命令型政策工具对中国工业节能减排技术创新的不同诱发效果;第七章则针对日趋重要的市场型"碳定价"政策,通过 IV-Probit 模型和动态面板数据模型考察其能否诱发节约能源的技术进步,并进而降低中国工业碳强度。通过上述研究,本书可以得出如下主要结论:

第一,中国工业发生了偏向型技术进步,其对全要素生产率的贡献总体而言是积极的;技术进步的要素偏向呈现出一定的节约能源的特征,并且这一趋势随着时间得到了增强。1999—2011 年期间,偏向型技术进步对中国工业生产率增进的作用稳定上升。在此期间,中国工业的技术进步呈现如下偏向:在能源和资本之间偏向节约能源,在能源和劳动力之间偏向节约劳动力,在能源和中间品之间偏向节约能源。节约能源的技术进步尽管在考察期的初始阶段行业分布较少,但数量有明显的增加。从分时间阶段的考察结果来看,1999—2011 年期间技术进步在能源和资本、中间品之间更加偏向节约能源,在能源和劳动力之间更加偏向节约劳动力,而这一趋势是到"十一五"期间才得以加强的。在"十五"期间,对大部分行业来说技术进步依然更多地节约资本;节约劳动力的行业数也比"十一五"期间多。

第二,偏向型技术进步每年对碳强度下降的贡献稳中有升,且贡献程度 2008 年以后存在明显提高。节约能源的技术进步可以促使碳强度下降,并且如果偏向型技术进步的总效应可以提高生产率,那么它有助于降低碳强度。具体来说,偏向型技术进步每年贡献的碳强度下降为 2% 左右,并呈逐年小幅上升趋势。2010 年开始,偏向型技术进步对碳强度下降率的贡献比例已达 50%,而中性技术进步甚至导致碳强度上升。节约能源的技术进步可以降低碳强度。如果技术进步在能源和资本、劳动力、中间品之间节约能源,则可以分别促使碳强度下降 2.05%、2.01% 和 4.56%。综合技术进步在不同要素组合之间偏向的总影响,它将促进中国工业碳强度下降,偏向型技术进步指数 IBTECH 每上升 1%,碳强度将下降 0.107%。

第三,不同来源技术进步的要素偏向有所不同,因而对碳强度的影响也存在差异。R&D、FDI 的水平溢出是能源节约型的,进口、出口、FDI 前向和后向溢出是能源使用型的;R&D 和 FDI 的水平溢出和前向溢出可以显著降低碳强度,出口、进口、FDI 的后向溢出将导致碳强度的上升。偏向型技术进步对碳强度的影响非常明显。如果一种技术进步表现出较强的能源节约型特征,那么它可以降低碳强度,如果其表现出较强的能源使用型特征,那么它将提高碳强度。中性技术进步仅在 FDI 的前向溢出效应中比较明显,其他来源技术进步的中性技术进步对能源强度的影响较小,且差异不大。

第四,市场型和命令型的减排政策工具均有助于诱发中国工业节能偏向的技术创新,但其诱发效应各有特点。市场型工具存在外溢性,除了节能减排技术创新之外,还有助于其他类别技术创新的共同增长,为企业提供更灵活的选择;命令型工具的诱发效应则对创新含量更高的发明专利更强,并且有赖于政策的有效执行。此外,两种政策工具的效果存在行业异质性。一方面,市场型工具在电煤价格长期受到政策干预的电力行业作用受限,而命令型工具在国有化程度高的行业效果更强。另一方面,对电力、石化等国有化程度高的上游行业命令型工具更为有效,而对钢铁、有色金属等产能过剩行业市场型工具效果更明显。

第五,日趋重要的市场型"碳定价"政策工具可以带来能源相对价格的外生提高,有助于诱发节约能源的技术进步,这一效应总体来看有助于降低碳强度。能源资本相对价格、能源劳动力相对价格和能源中间品相对价格每提高 1%,技术进步在这三对要素组合之间节约能源的概率就分别提高 1.008、1.666 和 0.423 个百分点。尽管节约能源的技术进步通过改变不同要素组合的比例对碳强度的影响存在差异,但是总体效应有助于降低碳强度。在资本、劳动力和中间品价格保持不变的情况下,能源价格每提高 1%,将通过诱发节约能源技术进步促使碳强度下降 0.461%。

第六,降低高排放行业的碳强度对中国工业节能减排具有重要意义,偏向型技术进步可以在其中发挥重要的作用。R&D 和 FDI 技术溢出的要素偏向总体而言有利于降低高排放行业的碳强度,但是其影响效应仍然具有提高的潜力。2011 年,7 个高排放行业的碳排放之和占整个工业行业碳排放的 93.52%,而这几个行业的碳强度和能源要素份额在统计上也显著高于工业其他行业。偏向型技术进步的总效应在 1999—2011 年对高排放行业碳强度的下降有着较为积极的贡献,但是从不同来源来看,除了 R&D 在高排放行业的规模与中等排放行业相类似,并明显高于低排放行业分组,出口、进口、FDI 三种溢出效应的规模在高排放行业均小于其他行业,并且 R&D、FDI 水平溢出通过偏向型技术进步对碳强度下降的影响弹性系数要低于工业平均。当然,FDI 前向溢出效应在高耗能行业是能源节约型的并能降低碳强度,这一点优于工业平均状况。

第二节　政策建议

本书的研究结论显示,偏向型技术进步在降低工业碳强度方面有着重要的作用。为了充分引导技术进步节约能源的偏向,发挥其对碳强度降低的积极贡献,本书提出如下三个方面的政策建议:

第一,充分发挥市场型和命令型节能减排政策组合的互补和协同作用。

一方面,采用市场化的减排政策工具,通过给碳"定价",不仅可以通过要素替代的作用实现碳减排,还可以诱发节约能源的偏向型技术进步,进而降低碳强度或减排成本。通过本书第六章和第七章的研究结论可知,碳价格有助于诱发节能减排技术创新,特别是在钢铁、有色金属等市场化程度较高的制造业行业,这一诱发作用更强。当碳价格为 50 元/吨时,在其他条件不变的情况下,可以通过诱发节约能源技术进步使工业碳强度降低 2.77%;当碳价格为 20 元/吨时,这一效应为 1.11%;碳价格每提高 1 元/吨时,可以通过诱发节约能源技术进步使工业碳强度降低 0.055%。

这一结论具有很强的政策含义。碳交易和碳税是目前最常见的两类市场化减排工具,前者被称为数量政策,后者被称为价格政策。碳税固然可以为碳排放设定一个固定的价格,而碳交易一样可以通过设定碳排放权总量来创造碳排放权的稀缺性,以形成"碳价格"(碳市场中配额的价格)。自 2013 年起,中国在七个省市进行碳排放权交易的"实验"。2013 年底,深圳、北京、上海、广东、天津的碳交易试点相继展开了交易,2014 年,湖北、重庆试点启动碳市场。通过碳交易市场形成的碳价格可以视为在能源价格的基础之上形成了一个外生加价,这有助于诱发节约能源的技术进步并促进碳强度的进一步下降。从中国七省市试点的碳价格来看,2014 年以来经济增速换挡,各个试点省市的碳价格普遍呈现下降趋势。北京和深圳试点碳价格维持在 40 元/吨左右,其他试点价格则在 10—20 元/吨左右。根据本书的研究结论,这样的碳价格有助于通过偏向型技术进步促进碳强度下降 1%—2.5% 左右。当然,在"总量和交易"(cap-and-trade)的政策设计中,碳交易体系的排放量只要不超过总量即可,在这种情况下,偏向型技术进步由于具有额外的降低碳强度的效应,依然有助于降低企业的减排成本。

尽管如此,在电力、石化等国有化程度高的上游行业,短期内命令型减排政策工具依然具有显著为正的诱发节能减排技术创新效应。特别是对电力行业,尽管其已被纳入 2017 年全国碳交易市场,但仍然有必要采取管控措施。在这些行业中,能耗限额标准、清洁生产标准、行业准入标准等政策措施已对促进节能减排技术创新发挥了积极的作用,下一阶段应继续严格执行现有标准和技术规范,并可研究制定碳排放限额标准,引导技术升级。当然,新一轮电力体制改革的深化有助于增强市场工具的有效性,届时碳市场对电力行业节能减排技术创新的促进作用将得以提高。

第二,区别不同来源技术进步的要素偏向。为了引导不同来源技术进步节约能源的偏向,需要有区别地制定科技、贸易和外资政策。

其中,一是要充分发挥研发活动能源节约型的特征,促进工业企业的自主研发,并引导其对节能技术的研发。对工业企业节能减排的研究、节能技术的引进和吸收方面给予项目、金融、补贴方面的政策激励。

　　二是要重视进出口贸易技术溢出对碳强度的影响。尽管国际贸易技术溢出对中国工业碳强度的影响程度相对较小,但其影响总体而言是消极的。需要完善进口产品能效标准的制定和管理,通过进口产品对下游的传导机制和进口产品的示范效应来促进工业行业碳强度的降低。出口由于存在较强的市场导向,倾向于更多地使用能源,这是由出口技术溢出固有的特征所致,但依然可以通过规范出口企业生产过程中的能效标准来约束出口技术溢出对碳强度的影响。

　　三是要在政策上区分 FDI 对工业碳强度的不同效应。FDI 的水平溢出可以显著降低能源强度,说明外资进入加剧了行业竞争,并在节能减排方面起到一定的示范作用。然而,FDI 的前向和后向溢出效应是使用能源的,需要中国在制定外资政策的时候,通过产品能耗标准等手段加强对外资企业及其上下游产业链的管理。FDI 的前向溢出虽然总体而言可以降低碳强度,但是其偏向型技术进步效应是使用能源的,也反映出外资企业可能更多的是向高能耗行业提供产品,或是向下游提供的产品能效水平并不一定优于内资企业。外商在中国从事生产活动需要遵从本地的环境、能源和产品标准,上述结论反映出中国的外资政策在行业选择和产品标准上还有待完善。FDI 的后向溢出会提高碳强度,并且其偏向型技术进步也是使用能源的,一定程度可以反映外资企业在生产经营的过程当中并没有对上游供应商的中间产品采取严格的环境能源标准,或者没有对其提供有效的节能减排技术支持,可以通过完善产品市场和中间品市场来进行引导。

　　第三,充分引导不同来源技术进步在高排放行业节约能源的偏向。进一步促进高排放行业对节能减排技术的研发、引进和吸收,提高高排放行业节能减排技术相关项目的补贴力度,简化审批程序;设立这些行业中企业采购的能源环境约束标准。高排放行业的排放量占中国工业碳排放总量的 90% 以上,而其碳强度却在统计上高于中低排放行业分组。因此,通过合理的政策引导高排放行业节约能源的技术进步从而降低碳强度至关重要。通过本书的研究可以看出,人均 R&D 在高排放行业的规模相对可观,是高排放行业最主要的技术进步来源,但是其节约能源的偏向和降低碳强度的弹性系数都比工业行业平均水平要低。这说明在高排放行业的研发及成果的运用过程中,节约能源的特性并不明显。

目前,中国确实出台了相关的节能减排项目补贴、奖励政策,然而由于其补贴力度有限,申请程序复杂,并未在企业引进先进节能减排技术和设备方面给予充分的鼓励。建议在高排放行业的节能技术引进、节能设备引进和替换等项目的补贴和奖励政策上,优化政策的执行流程,从而增强对高排放行业节约能源偏向技术进步的引导。此外,在高排放行业,FDI 的水平溢出和前向溢出效应对降低碳强度的影响都是积极的,这说明在高排放行业外资企业的竞争效应、示范效应、人员流动效应和对产业链下游的影响有助于促进技术进步的节能减排效果。这与中国外资政策对高污染、高耗能行业的准入限制是一致的。然而,在高排放行业,FDI 对上游供应商的技术溢出是使用能源的,并能导致碳强度上升,建议在这些行业的采购环节设立更为严格的环境能源标准。

参考文献

[1]白俊红、江可申、李婧:《中国地区研发创新的相对效率与全要素生产率增长分解》,《数量经济技术经济研究》2009 年第 3 期。

[2]陈诗一:《中国碳排放强度的波动下降模式及经济解释》,《世界经济》2011 年第 4 期。

[3]陈诗一:《中国工业分行业统计数据估算:1980—2008》,《经济学(季刊)》2012 年第 10 卷第 3 期。

[4]陈宇峰、贵斌威、陈启清:《技术偏向与中国劳动收入份额的再考察》,《经济研究》2013 年第 6 期。

[5]代明、殷仪金、戴谢尔:《创新理论:1912—2012》,《经济学动态》2012 年第 4 期。

[6]杜立民:《我国二氧化碳排放的影响因素:基于省级面板数据的研究》,《南方经济》2010 年第 11 期。

[7]繁茂清、任若恩、陈高才:《技术变化、要素替代和贸易对能源强度影响的实证研究》,《经济学(季刊)》2009 年第 1 期。

[8]范丹、王维国,《中国产业能源消费碳排放变化的因素分解——基于广义 GFI 的指数分解》,《系统工程》2012 年第 11 期。

[9]郭朝先:《中国碳排放因素分解:基于 LMDI 分解技术》,《中国人口、资源与环境》2010 年第 12 期。

[10]郭庆宾、柳剑平:《进口贸易、技术溢出与中国碳排放》《中国人口、资源与环境》2013 年第 3 期。

[11]何小钢、张耀辉:《技术进步、节能减排与发展方式转型——基于中国

工业 36 个行业的实证考察》,《数量经济技术经济研究》2012 年第 3 期。

[12]李平:《技术扩散中的溢出效应分析》,《南开学报》1999 年第 2 期。

[13]李国志、李宗植:《人口、经济和技术对二氧化碳排放的影响分析——基于动态面板模型》,《人口研究》2010 年第 5 期。

[14]李有、刘万岚:《国际贸易与技术溢出:经验研究的最新进展》,《国际贸易问题》2007 年第 3 期。

[15]林毅夫,张鹏飞:《后发优势、技术引进和落后国家的经济增长》,《经济学(季刊)》2005 第 4 期。

[16]鲁万波、仇婷婷、杜磊:《中国不同经济增长阶段碳排放影响因素研究》,《经济研究》2013 年第 4 期。

[17]申萌、李凯杰、曲如晓:《技术进步、经济增长与二氧化碳排放:理论和经验研究》,《世界经济》2012 年第 7 期。

[18]盛斌、吕越:《外国直接投资对中国环境的影响——来自工业行业面板数据的实证研究》,《中国社会科学》2012 年第 5 期。

[19]宋冬林、王林辉、董直庆:《技能偏向型技术进步存在吗?——来自中国的经验证据》,《经济研究》2010 年第 5 期。

[20]孙广生、黄祎、田海峰、王凤萍:《全要素生产率、投入替代与地区间的能源效率》,《经济研究》2012 年第 9 期。

[21]孙作人、周德群、周鹏:《工业碳排放驱动因素研究:一种生产分解分析新方法》,《数量经济技术经济研究》2012 年第 5 期。

[22]陶小马、邢建武、黄鑫、周雯:《中国工业部门的能源价格扭曲与要素替代研究》,《数量经济技术经济研究》2009 年第 11 期。

[23]涂正革:《中国的碳减排路径与战略选择——基于八大行业部门碳排放量的指数分解分析》,《中国社会科学》2012 年第 3 期。

[24]王锋、吴丽华、杨超:《中国经济发展中碳排放增长的驱动因素研究》,《经济研究》2010 年第 2 期。

[25]王锋、冯根福、吴丽华:《中国经济增长中碳强度下降的省区贡献分解》,《经济研究》2013 年第 8 期。

[26]魏巍贤、杨芳:《技术进步对中国二氧化碳排放的影响》,《统计研究》2010年第7期。

[27]宣烨、周绍东:《技术创新、回报效应与中国工业行业的能源效率》,《财贸经济》2011年第1期。

[28]杨芳:《技术进步对中国二氧化碳排放的影响及政策研究》,经济科学出版社2013年版。

[29]姚西龙、于渤:《规模效率和技术进步对碳排放影响的实证》,《中国人口、资源与环境》2011年第12期。

[30]张友国:《经济发展方式变化对中国碳排放强度的影响》,《经济研究》2010年第4期。

[31]周亚虹、贺小丹、沈瑶:《中国工业企业自主创新的影响因素和产出绩效研究》,《经济研究》,2012年第5期。

[32]Acemoglu, D. and F., Zilibotti, "Productivity Differences", *The Quarterly Journal of Economics*, Vol. 116, No. 2(2001).

[33]Acemoglu, D., "Directed Technical Change" *The Review of Economic Studies*, Vol. 69, No. 4(2002).

[34]Acemoglu, D., "Pattern of Skill Premia", *The Review of Economic Studies*, Vol. 70, No. 2(2003a).

[35] Acemoglu, D., "Labor-and Capital-Augmenting Technical Change", *Journal of European Economic Association*, Vol. 1, No. 1(2003b).

[36]Acemoglu, D., "Equilibrium Bias of Technology", *Econometrica*, Vol. 75, No. 5(2007).

[37]Acemoglu, D., Aghion, P., Bursztyn. L., Hemous, D., "The Environment and Directed Technical Change", *The American Economic Review*, Vol. 102, No. 1 (2012).

[38]Aghion, P., Dechezlepretre, A., Hemous, D., Martin, R., Van. Reenen, J., "Carbon Taxes, Path Dependency and Directed Technical Change: Evidence from the Auto Industry", *Journal of Political Economy*, Vol. 124, No. 1(2012).

［39］Ahmad, S., "On the Theory of Induced Innovation", *The Economic Journal*, Vol. 76(1966).

［40］Aitken, B.J.and Harrison, A.E., "Are There Spillovers from Foreign Direct Investment, Evidence from Panel Data for Venezuela", mimeo, MIT and the World Bank, 1991 November.

［41］Arellano, Manuel and Bond, Stephen, "Some Tests of Specification for Panel Data: Monte Carlo Evidence and an Application to Employment Equations", *Review of Economic Studies*, Vol. 58, No. 2(1991).

［42］Arnberg, S., and Bjorner, T.B. "Substitution between Energy, Capital and Labour within Industrial Companies: A Micro Panel Data Analysis", *Resource and Energy Economics*, Vol. 29(2007).

［43］Arrow, J.K., "The Organization of Economic Activity: Issues Pertinent to the Choice of Market versus Non-market Allocation, in The Analysis and Evaluation of Public Expenditures: The PPB System", Vol. 1, Joint Economic Committee, 91st US Congress, 1st Sessio, Washington, DC: US Government Printing Office, 1969.

［44］Bae, Z.and J.Lee, "Technology Development Patterns of Small and Medium Sized Companies in the Korean Machinery Industry", *Technovation*, Vol. 4 No. 4 (1986).

［45］Barker, T., Winne, S., "Decarbonizing the Global Economy with Induced Technological Change: Scenarios to 2100 using E3MG", *Energy Journal*, *Special Issue on Endogenous Technological Change and the Economics of Atmospheric Stabilisation* (2006).

［46］Barros, C. P. and W. L. Weber. "Productivity Growth and Biased Technological Change in UK Airports", *Transportation Research*, Part E, Vol. 45 (2009).

［47］B Barros, C.P., S.Managi and Y.Yoshida, "Productivity Growth and Biased Technological Change in Japanese Airports", *Transport Policy*, Vol. 17(2010).

［48］Berndt, E. R. and Wood, D. O., "Technology, Prices, and the Derived

Demand for Energy", *The Review of Economics and Statistics*, Vol. 69(1975).

[49]Binswanger, H.P., "A Microeconomic Approach to Induced Innovation", *The Economic Journal*, Vol. 84(1974).

[50] Blackorby C. and R. Robert Russell, "Will the Real Elasticity of Substitution Please Stand Up? (A Comparison of the Allen/Uzawa and Morishima E-lasticity)", *The American Economic Review*, Vol. 79(1989).

[51] Blalock, G., and Veloso, F., "Imports, Productivity Growth, and Supply Chain Learning", *World Development*, Vol. 35(2007).

[52] Blomstron, M. A. and A. Kokko, "Multinational Corporations and Spillovers", *Journal of Economic Surveys*, Vol. 12 No. 3(1998).

[53] Bond, S.R., Hoeffler, A. and Temple, J., "GMM Estimation of Empirical Growth Models", *Economic Papers*, Vol. 159, NO. 1(2001).

[54] Buonanno, P., C. Carraro, M. Galeotti, "Endogenous Induced Technical Change and the Cost of Kyoto", *Resource and Energy Economics*, Vol. 25(2003).

[55]Calel, R.and A. Dechezleprêtre, "Environmental Policy and Directed Tech-nological Change: Evidence from the European Carbon Market", *The Review of Economics and Statistics*, Vol. 98(2012).

[56]Carland, J., "Innovation: The Soul of Entrepreneurship", *Small Business Institute National Proceedings*, Vol. 33 No. 1(2009).

[57] Caselli, F., G. Esquivel and F. Lefort, "Reopening the Convergence Debate: A New Look at Cross-country Growth Empirics", *Journal of Economic Growth*, Vol. 1, No. 3(1996).

[58]Caselli, F.and W.J. Coleman, "The World Technology Frontier", *The American Economic Review*, Vol. 96, No. 3(2006).

[59]Chen, P.and M. Yu, "Total Factor Productivity Growth and Directions of Technical Change Bias: Evidence from 99 OECD and non-OECD Countries", *Annals of Operations Research*, Vol. 214, No. 1(2014).

[60]Cho, W.G., Nam, K. and Pagan, J.A., "Economic Growth and Interfac-

tor/Interfuel Substitution in Korea", *Energy Economics*, Vol. 26, No. 1(2004).

[61]Coe, D. T. and E. Helpman, "International R&D Spillovers", *European E-conomic Review*, Vol. 39(2015).

[62]Das, S., "Externalities, and Technology Transfer through Multinational Cor-porations: A Theoretical Analysis", *Journal of International Economics*, Vol. 22 (1987).

[63]Dechezleretre, A., Glachant, M., Haščič, I., Johnstone, N., Ménière, Y., et al., "Invention and Transfer of Climate Change-Mitigation Technologies: A Global A-nalysis", *Review of Environmental Economics and Policy*, Vol. 5, Issue 1(2011).

[64] Dowlatabadi, H. and M. A. Oravetz, "US Long-term Energy Intensity: Backcast Projection", *Energy Policy*, Vol. 34(2006).

[65]Drandakis E. M. and E. S. Phelps, "A Model of Induced Invention, Growth and Distribution", *The Economic Journal*, Vol. 76(1966).

[66] Du, L., Harrison, A. and Jefferson, G. H., "Testing for Horizontal and Vertical Foreign Investment Spillovers in China, 1998—2007", *Journal of Asian Eco-nomics*, Vol. 23(2012).

[67]Eaton, J. and Kortum, S., "Technology, Geography, and Trade", *Econometri-ca*, Vol. 70(2002).

[68] Fan Y., Liu L. C., Wu G., Tsai HT., Wei YM., "Changes in Carbon Intensity in China: Empirical Findings from 1980—2003", *Ecological Economics*, Vol. 62(2007).

[69] Fare, R., E. Grifell-Tatje, S. Grosskopf and C. A. K. Lovell, "Biased Technical Change and Malmquist Productivity Index", *Scandinavian Journal of Eco-nomics*, Vol. 99, No. 1(1997).

[70]Fare, R., S. Grosskopf and M. Norris, "Productivity Growth, Technical Pro-gress, and Efficiency Change in Industrialized Countries Reply", *The American Eco-nomic Review*, Vol. 87, No. 5(1994).

[71]Fare, R., S. Grosskopf and W. Lee, "Productivity and Technical Change:

The Case of Taiwan", *Applied Economics*, Vol. 33, No. 15 (December 2010), pp. 1911–1925.

[72] Findley, R., " Relative Backwardness, Direct Foreign Investment and Transfer of Technology: A Simple Dynamic Model", *Quarterly Journal of Economics*, Vol. 37(1978).

[73] Fisher-Vanden, K. and Jefferson, G.H., "Technology Diversity and Development: Evidence from China's industrial Enterprises", *Journal of Comparative Economics*, Vol. 36(2008).

[74] Gerlagh, R., " A Climate-change Policy Induced Shift from Innovations in Carbon-energy Production to Carbon-energy Savings", *Energy Economics*, Vol. 30 (2008).

[75] Girma, S., Y.Gong and H.Gorg, "Can You Teach Old Dragons New Tricks? FDI and Innovation Activity in Chinese State-Owned Enterprises", The University of Nottingham, Research Paper 2005/34, 2006.

[76] Goulder, L.H. and S.H.Schneider, "Induced Technological Change and the Attractiveness of CO2 Abatement Policies", *Resource and Energy Economics*, Vol. 21 (1999).

[77] Goulder, L.H. and K.Mathai, "Optimal CO2 Abatement in the Presence of Induced Technological Change", *Journal of Environmental Economics and Management*, Vol. 39(2000).

[78] Griliches, Z., " Research Expenditures, Education, and the Aggregate Production Function", *The American Economic Review*, Vol. 54(1964).

[79] Griliches, Z., " Productivity, R&D and Basic Research at the Firm Level in the 1970s", *The American Economic Review*, Vol. 76, No. 6(1986).

[80] Griffin, J. M., and Gregory, P. R., " An Intercountry Translog Model of Energy Substitution Responses", *The American Economic Review*, Vol. 66(1976).

[81] Growiec, J., " A New Class of Production Functions and an Argument Against Purely Labor-augmenting Technical Change", *International Journal of*

Economic Theory, Vol. 4(2008).

[82] Growiec, J., "Factor-augmenting Technology Choice and Monopolistic Competition", *Journal of Macroeconomics*, Vol. 38(2013).

[83] Grubb, M., J. Kohler, and D. Anderson, "Induced Technical Change in Energy and Environmental Modeling: Analytic Approaches and Policy Implications", *Annul Review of Energy and the Environment*, Vol. 27(2002).

[84] Hicks, J., The Theory of Wages, McMillian, 1932.

[85] Hale, G.and Long, C., "Are There Productivity Spillovers from Foreign Direct Investment in China", *Pacific Economic Review*, Vol. 16(2011).

[86] Hassler J., P. Krusell and Olovsson C., "Energy-saving Technical Change", NBER Working Paper, 2012.

[87] Hudson, E. A., and Jorgenson, D. W., "U. S. Energy Policy and Economic Growth, 1975—2000", *The Bell Journal of Economics and Management Science*, Vol. 5, No. 2(1974).

[88] Javorcik, S., "Does Foreign Direct Investment Increase the Productivity of Domestic Firms? In Search of Spillovers Through Backward Linkages", *The American Economic Review*, Vol. 94 No. 1(2004).

[89] Johnstone, N., I.Haščič, D.Popp, "Renewable Energy Policies and Technological Innovation: Evidence Based on Patent Counts", *Environmental and Resource Economics*, Vol. 45, No. 1(2010).

[90] Jones, C.I., "The Shape of Production Function and the Direction of Technical Change", *The Quarterly Journal of Economics*, Vol. 120, No. 2(2005).

[91] Jorgenson, D. W. and P. J. Wilcoxen, *Reducing U. S. Carbon Dioxide Emissions: The Cost of Different Goals*, Cambridge, MA: Harvard University Press, 1990.

[92] Kamien, M. I. and N. L. Schwartz, "Optimal 'Induced' Technical Change", *Econometrica*, Vol. 36, No. 1(1968).

[93] Keller, W., "International Trade, Foreign Direct Investment, and

Technology Spillover", NBER Working Paper, No. 15442, 2009.

[94] Kennedy, C., "Induced Bias in Innovation and the Theory of Distribution", *The Economic Journal*, Vol. 74 (1964).

[95] Kennedy, C., "A Generalisation of the Theory of Induced Biases in Technical Progress", *The Economic Journal*, Vol. 83 (1973).

[96] Kumar, S., "A Decomposition of Total Productivity Growth: A Regional Analysis of Indian Industrial Manufacturing Growth", *International Journal of Productivity and Performance Management*, Vol. 55, No. 3/4 (2006).

[97] Kumar, S. and S. Managi, "Energy Price-induced and Exogenous Technological Change: Assessing the Economic and Environmental Outcomes", *Resource and Energy Economics*, Vol. 31 (2009).

[98] Kokko, A., "Technology, Market Characteristics, and Spillovers", *Journal of Development Economics*, Vol. 43 (1994).

[99] Kortelainen, M., "Dynamic Environmental Performance Analysis: A Malmquist Index Approach", *Ecological Economics*, Vol. 64 (2008).

[100] Lanjouw, J.O. and A. Mody, "Innovation and the International Diffusion of Environmentally Responsive Technology", *Research Policy*, Vol. 25 (1996).

[101] Leon-Ledesma, M.A., P. McAdam and A. Willman, "Identifying the Elasticity of Substitution with Biased Technical Change", *The American Economic Review*, Vol. 100, No. 4 (2010).

[102] Lin, P., Liu, Z. and Zhang, Y., "Do Chinese Domestic Firms Benefit from FDI Inflow? Evidence of Horizontal and Vertical Spillovers", *China Economic Review*, Vol. 20 (2009).

[103] Liu, X. and Buck, T., "Innovation Performance and Channels for International Technology Spillovers: Evidence from Chinese High-tech Industries", *Research Policy*, Vol. 36 (2007).

[104] Loschel, A., Bohringer, C., "Climate Policy Induced Investments in Developing Countries", *Social Science Electronic Publishing*, Vol. 31, No. 3 (2002).

[105] Lovell, K., "The Decomposition of Malmquist Productivity Indexes", *Journal of Productivity Analysis*, Vol. 20(2003).

[106] Ma, H., Oxley, L., Gibson, J., Kim, B., "China's Energy Economy: Technical Change, Factor Demand and Interfactor/Interfuel Substitution", *Energy Economics*, Vol. 30(2008).

[107] Ma, H., Oxley, L. and Gibson, J., "Substitution Possibilities and Determinants of Energy Intensity for China", *Energy Policy*, Vol. 37(2009).

[108] Malerba, F. and L. Orsenigo, "Schumpeterian Patterns of Innovation are Technology-specific", *Research Policy*, Vol. 25(1996).

[109] Malmquist, S., "Index Numbers and Indifference Surfaces", *Trabajos de Estadistica*, Vol. 4(1953).

[110] Managi, S. and D. Karemera, "Input and Output Biased Technological Change in US Agriculture", *Applied Economic Letters*, Vol. 11(2004).

[111] Manne, A., R. Mendelsohn, and R. Richels, "MERGE: A Model for Evaluating Regional and Global Effects of GHG Reduction Policies", *Energy Policy*, Vol. 23, No. 1(1995).

[112] Mansfield, E. and A. Romeo, "Technology Transfer to Overseas Subsidiaries by U.S.-Based Firms", *Quarterly Journal of Economics*, Vol. 95 No. 4 (1980).

[113] Markusen, J.R., "The Boundaries of Multinational Enterprises and the Theory of International Trade", *The Journal of Economic Perspective*, Vol. 9 No. 2 (1995).

[114] Martin, P.S. and Y. Yang, "The Impact of Exporting on Firm Productivity: A Meta-Analysis of the Learning-By-Exporting Hypothesis", *Review of World Economics*, Vol. 145(2009).

[115] Meade, J.E., "The Theory of Labour-managed Firms and of Profit Sharing", *Economic Journal*, Vol. 82(1972).

[116] Nelson, R. R. and S. G. Winter, *An Evolutionary Theory of Economic*

Change, MA: Harvard University Press, 1982.

[117] Newell, R.G., A.B.Jaffe, and R.N.Stavins, "The Induced Innovation Hypothesis and Energy-Saving Technological Change", *The Quaterly Journal of Economics*, Vol. 114, No. 3(1999).

[118] Nin, A., C.Arndt and P.V.Preckel, "Is Agricultural Productivity in Developing Countries Really Shrinking? New Evidence Using a Modified Nonparametric Approach", *Journal of Development Economics*, Vol. 71(2003).

[119] Nordhaus, W.D., "Some Skeptical Thoughts on the Theory of Induced Innovation", *The Quarterly Journal of Economics*, Vol. 87, No. 2(1973).

[120] Nordhaus, W., *Managing the Global Commons: The Economics of Climate Change*, Cambridge: MIT Press, 1994.

[121] Nordhaus, W.D., "Modeling Induced Innovation in Climate-Change Policy", Presented at the IIASA workshop on Induced Technological Change and the Environment, Institute for Applied Systems Analysis, Laxenburg, Austria, 1999.

[122] Paltsev, S., Reily, J.M., Jacoby, H.D., Eckaus, R.S., Mcfarland, J.R., Sarofim, M., Asadoorian, M.O., Babiker, M.H., "The MIT Emissions Prediction and Policy Analysis (EPPA) Model: Version 4", MIT Joint Program on the Science and Policy of Global Change, Report, Vol. 125, 2005.

[123] Peck, S.C. and Teisberg, T.J., "CETA: A Model for Carbon Emissions Trajectory Assessment", *The Energy Journal*, Vol. 13(1992).

[124] Pindyck, R.S., and Rotemburg, J.J., "Dynamic Factor Demands and the Effects of Energy Price Shocks", *The American Economic Review*, Vol. 73(1983).

[125] Popp, D., "Induced Innovation and Energy Prices", *The American Economic Review*, Vol. 92, No. 1(2002).

[126] Popp, D., "Lessons from Patents: Using Patents to Measure Technological Change in Environmental Models", *Ecological Economics*, Vol. 54(2005).

[127] Popp, D., "International Innovation and Diffusion of Air Pollution Control Technologies: The Effects of NOx and SO2 Regulation in the US, Japan, and Germa-

ny", *Journal of Environmental Economics and Management*, Vol. 51(2006).

[128] Popp, D., "Innovation and Climate Policy", NBER Working Paper, No. 15673, 2010.

[129] Popp, D., "The Role of Technological Change in Green Growth", NBER Working Paper 18506, 2012.

[130] Ray, S.C. and L. Chen, "Data Envelopment Analysis for Performance E-valuation: A Child's Guide", *Indian Economic Review*, Vol. 45, No. 2(2010).

[131] Rutherford, T., "The Welfare Effect of Fossil Carbon Reductions: Results from Recursive Dynamic Trajectory Assessment", *The Energy Journal*, Vol. 13, No. 1 (1992).

[132] Ruttan, V.W. Induced Innovation, "Evolutionary Theory and Path Dependence: Sources of Technical Change", *The Economic Journal*, Vol. 107(1997).

[133] Salter, W. E. G., *Productivity and Technical Change*, Cambridge: Cambridge University Press, 1960.

[134] Samuelson, P.A., "A Theory of Induced Innovation along Kennedy-Weizsacker Lines", *Review of Economics and Statistics*, Vol. 47, No. 4(1965).

[135] Sawhney, A. and M. E. Kahn, "Understanding Cross-national Trends in High-tech Renewable Power Equipment Exports to the United States", *Energy Policy*, Vol. 46(2012).

[136] Schmidt, T.S. et al., "The Effects of Climate Policy on the Rate and Direction of Innovation: A Survey of the EU ETS and the Electricity Sector", *Environmental Innovation and Societal Transitions*, Vol. 2(2012).

[137] Shephard, R.W., *Cost and Production Functions*, Princeton: Princeton University Press, 1953.

[138] Smyth, R., Narayan, P.K. and Shi, H., "Substitution between Energy and Classical Factor Inputs in the Chinese Steel Sector", *Applied Energy*, Vol. 88, No. 1 (2001).

[139] Sue Wing, I., "Representing Induced Technological Change in Models for

Climate Policy Analysis", *Energy Economics*, Vol. 28(2006).

[140]Taheri, A.A. and R. Stevenson, Energy Price, Environmental Policy, and Technological Bias, The Energy Journal, Vol. 23, No. 4(2002).

[141] Tour, A., M. Glachant and Y. Meniere. "Innovation and International Technology Transfer: The Case of the Chinese Photovoltaic Industry", *Energy Policy*, Vol. 39(2011).

[142]Walden, J.B., J.E. Kirkley, R. Fare, and P. Logan, "Productivity Change under and Individual Transferable Quota Management System", *American Journal of Agricultural Economics*, Vol. 94, No. 4(2012).

[143]Weber, W.L. and B.R. Domazlicky, "Total Factor Productivity Growth in Manufacturing: A Regional Approach Using Linear Programming", *Regional Science and Urban Economics*, 29(1999).

[144]Wei, Y. and Liu, X., "Productivity Spillovers from R&D, exports and FDI in China's Manufacturing Sector", *Journal of International Business Studies*, Vol. 37 (2006).

[145]Welsch, H. and Ochsen, C., "The Determinants of Aggregate Energy Use in West Germany: Factor Substitution, Technological Change and Trade", *Energy Economics*, Vol. 27(2005).

[146] Weyant, J.P., Olavson, T., "Issues in modeling induced technological change in energy, environment, and climate policy", *Environmental Modeling & Assessment*, Vol. 4, No. 2(1999).

[147]Wooldridge, J.M., *Econometric Analysis of Cross Section and Panel Data*, Cambridge, MA: MIT Press, 2002.

[148]Yang, Y. and Mallick, S., "Export Premium, Self-selection and Learning-by-Exporting: Evidence from Chinese Matched Firms", *The World Economy*, Vol. 33 (2010).

[149] Zhang, M. et al., "Decomposition of energy-related CO2 emission over 1991—2006 in China", *Ecological Economics*, Vol. 68(2009).

附　　录

附录 1　中国 36 个工业行业

　　在本书中,除了第六章第一节归并行业专利需要之外,其余章节均根据中国统计行业分类,并删去部分数据缺失行业,最终归并形成中国 36 个工业行业(见附表 1)。

附表 1　本书归并的中国 36 个工业行业

G1	煤炭采选业
G2	石油和天然气开采业
G3	黑色金属矿采选业
G4	有色金属矿采选业
G5	非金属矿采选业
G6	农副食品加工业
G7	食品制造业
G8	饮料制造业
G9	烟草制品业
G10	纺织业
G11	纺织服装、鞋、帽制造业
G12	皮革、毛皮、羽毛、绒及其制品业
G13	木材加工及木、竹、藤、棕、草制品业
G14	家具制造业
G15	造纸及纸制品业

G16	印刷业和记录媒介的复制
G17	文教体育用品制造业
G18	石油加工炼焦及核燃料加工业
G19	化学原料及化学制品制造业
G20	医药制造业
G21	化学纤维制造业
G22	橡胶制品业
G23	塑料制品业
G24	非金属矿物制品业
G25	黑色金属冶炼及压延加工业
G26	有色金属冶炼及压延加工业
G27	金属制品业
G28	通用设备制造业
G29	专用设备制造业
G30	交通运输设备制造业
G31	电气机械及器材制造业
G32	通信设备、计算机及其他电子设备制造业
G33	仪器仪表及文化、办公用机械制造业
G34	电力、热力的生产和供应业
G35	燃气生产和供应业
G36	水的生产和供应业

附录2　第五章实证模型的系数和约束

第5章中,在方程(5.3)中各项系数具体为:

$\boldsymbol{\alpha}'_w = (\alpha_K, \alpha_L, \alpha_E, \alpha_M)$ 分别为 $\ln w_K$、$\ln w_L$、$\ln w_E$、$\ln w_M$ 的系数;α_{rd}、α_{ex}、α_{im}、α_{hfdi}、α_{ffdi}、α_{bfdi} 分别为 R&D、出口、进口、FDI 水平溢出、FDI 前向溢出、FDI 后向溢出的系数,α_t 为时间趋势 t 的系数,α_Y 为产出对数项 $\ln Y$ 的系数。

$\boldsymbol{\beta}'_{rdw} = (\beta_{rdK}, \beta_{rdL}, \beta_{rdE}, \beta_{rdM})$ 分别为 $\ln(rd)$ 和 $\ln w_K$、$\ln w_L$、$\ln w_E$、$\ln w_M$ 乘积项的

系数；

$\boldsymbol{\beta}'_{exw} = (\beta_{exK}, \beta_{exL}, \beta_{exE}, \beta_{exM})$ 分别为 $\ln(ex)$ 和 $\ln w_K$、$\ln w_L$、$\ln w_E$、$\ln w_M$ 乘积项的系数；

$\boldsymbol{\beta}'_{imw} = (\beta_{imK}, \beta_{imL}, \beta_{imE}, \beta_{imM})$ 分别为 $\ln(im)$ 和 $\ln w_K$、$\ln w_L$、$\ln w_E$、$\ln w_M$ 乘积项的系数；

$\boldsymbol{\beta}'_{hfdiw} = (\beta_{hfdiK}, \beta_{hfdiL}, \beta_{hfdiE}, \beta_{hfdiM})$ 分别为 $\ln(hfdi)$ 和 $\ln w_K$、$\ln w_L$、$\ln w_E$、$\ln w_M$ 乘积项的系数；

$\boldsymbol{\beta}'_{ffdiw} = (\beta_{ffdiK}, \beta_{ffdiL}, \beta_{ffdiE}, \beta_{ffdiM})$ 分别为 $\ln(ffdi)$ 和 $\ln w_K$、$\ln w_L$、$\ln w_E$、$\ln w_M$ 乘积项的系数；

$\boldsymbol{\beta}'_{bfdiw} = (\beta_{bfdiK}, \beta_{bfdiL}, \beta_{bfdiE}, \beta_{bfdiM})$ 分别为 $\ln(bfdi)$ 和 $\ln w_K$、$\ln w_L$、$\ln w_E$、$\ln w_M$ 乘积项的系数；

$\boldsymbol{\beta}'_{tw} = (\beta_{tK}, \beta_{tL}, \beta_{tE}, \beta_{tM})$ 分别为 t 和 $\ln w_K$、$\ln w_L$、$\ln w_E$、$\ln w_M$ 乘积项的系数；

$\boldsymbol{\beta}'_{Yw} = (\beta_{YK}, \beta_{YL}, \beta_{YE}, \beta_{YM})$ 分别为 $\ln Y$ 和 $\ln w_K$、$\ln w_L$、$\ln w_E$、$\ln w_M$ 乘积项的系数；

$$\boldsymbol{\beta}'_{ww} = \begin{pmatrix} \beta_{KK} & \beta_{KL} & \beta_{KE} & \beta_{KM} \\ \beta_{LK} & \beta_{LL} & \beta_{LE} & \beta_{LM} \\ \beta_{EK} & \beta_{EL} & \beta_{EE} & \beta_{EM} \\ \beta_{MK} & \beta_{ML} & \beta_{ME} & \beta_{MM} \end{pmatrix}$$，其中 β_{KK}、β_{LL}、β_{EE}、β_{MM} 分别为 $(\ln w_K)^2$、

$(\ln w_L)^2$、$(\ln w_E)^2$、$(\ln w_M)^2$ 的系数，其余系数为 $\ln w_K$、$\ln w_L$、$\ln w_E$、$\ln w_M$ 之间交叉相乘项的系数。

同时，为了保证估计的成本函数满足对称性和价格的一阶齐次性，本章将对系数设立如下的约束条件（其中 i 为单位向量）：

$\beta_{jk} = \beta_{kj}, i \cdot \boldsymbol{\alpha}_w = 1, \boldsymbol{\beta}_{ww} \cdot i = 0, \boldsymbol{\beta}_{rdw} \cdot i = 0, \boldsymbol{\beta}_{exw} \cdot i = 0, \boldsymbol{\beta}_{imw} \cdot i = 0,$

$\boldsymbol{\beta}_{hfdiw} \cdot i = 0, \boldsymbol{\beta}_{ffdiw} \cdot i = 0, \boldsymbol{\beta}_{bfdiw} \cdot i = 0, \boldsymbol{\beta}_{tw} \cdot i = 0, \boldsymbol{\beta}_{Yw} \cdot i = 0$

附录3 第六章第一节行业分类和
统计标准分类对照表

第六章根据 OTC 专利—行业索引,将专利数据归并至国际标准行业分类(ISIC),再将 ISIC 对应到中国标准行业分类。然而在对应的过程中,部分中国标准行业难以完全区分开,故最终归并为 29 个工业行业。本文行业分类、编号和中国标准行业分类名称对照表如下。

附表2　第六章行业分类和统计标准分类对照表

本书行业分类编号	本文行业分类名称	中国标准行业分类
1	煤炭采选	煤炭采选业
2	油气开采	石油和天然气开采
3	金属采选	黑色金属矿采选业 有色金属矿采选业
4	非金采选	非金属矿采选业
5	食品饮料	农副食品加工业 食品制造业 饮料制造业
6	烟草制造	烟草制造业
7	纺织工业	纺织业
8	纺织服装	纺织服装、鞋、帽制造业
9	皮革羽毛	皮革、毛皮、羽毛、绒及其制品业
10	木材加工	木材加工及木、竹、藤、棕、草制品业
11	家具文教	家具制造业 文教体育用品制造业
12	造纸制品	造纸及纸制品业
13	印刷媒介	印刷业和记录媒介的复制
14	石油加工	石油加工炼焦及核燃料加工业
15	化学制品	化学原料及化学制品制造业
16	医药制造	医药制造业
17	化学纤维	化学纤维制造业

本书行业分类编号	本文行业分类名称	中国标准行业分类
18	橡胶塑料	橡胶制品业 塑料制品业
19	非金制品	非金属矿物制品业
20	黑色金属	黑色金属冶炼及压延加工业
21	有色金属	有色金属冶炼及压延加工业
22	金属制品	金属制品业
23	设备制造	通用设备制造业 专用设备制造业
24	运输设备	交通运输设备制造业
25	电器机械	电器机械及器材制造业
26	通信设备	通信设备、计算机及其他电子设备制造业
27	仪器仪表	仪器仪表及文化、办公用机械制造业
28	电力燃气	电力、热力的生产和供应业 燃气生产和供应业
29	水的供应	水的生产和供应业

责任编辑:陈　登

图书在版编目(CIP)数据

偏向型技术进步对中国工业碳强度的影响研究/王班班 著. —北京:
　人民出版社,2017.2
ISBN 978－7－01－017285－9

Ⅰ.①偏…　Ⅱ.①王…　Ⅲ.①工业技术-技术进步-影响-二氧化碳-排气-节能
　减排-中国　Ⅳ.①F424.3②X511

中国版本图书馆 CIP 数据核字(2017)第 014158 号

偏向型技术进步对中国工业碳强度的影响研究

PIANXIANGXING JISHU JINBU DUI ZHONGGUO GONGYE TANQIANGDU DE YINGXIANG YANJIU

王班班　著

人民出版社 出版发行
(100706　北京市东城区隆福寺街 99 号)

环球东方(北京)印务有限公司印刷　新华书店经销

2017 年 2 月第 1 版　2017 年 2 月北京第 1 次印刷
开本:710 毫米×1000 毫米 1/16　印张:14.25
字数:216 千字

ISBN 978－7－01－017285－9　定价:36.00 元

邮购地址 100706　北京市东城区隆福寺街 99 号
人民东方图书销售中心　电话 (010)65250042　65289539

版权所有·侵权必究
凡购买本社图书,如有印制质量问题,我社负责调换。
服务电话:(010)65250042